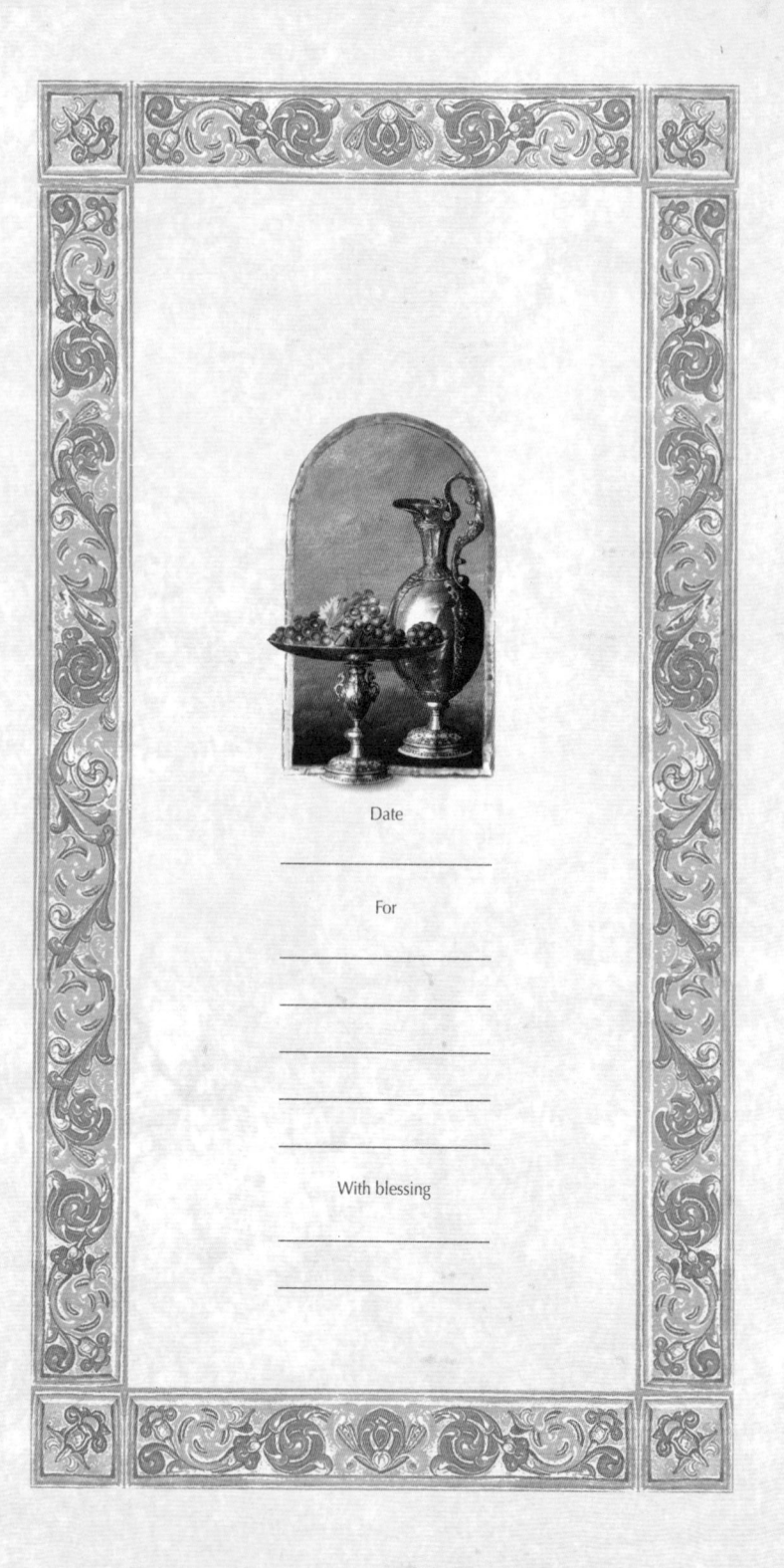

Date

_____

For

_____

_____

_____

_____

With blessing

_____

_____

ספר הברכות

The Book
of Blessings

MATAN ARTS

Matan Art Publishers Ltd.
P.O.B. 92, Ben Gurion Airport 70100
Tel. 03-9734080 Fax. 03-9734020
mtn@matan-arts.co.il
www.matan-arts.co.il

Art direction and Design:	Raymond Cintas
Chief Editor:	David Arnon
Editor:	Helli Doucani
Text for blessing and prayers:	Eliyahu Shitreet, Jerusalem
Liturgical translation	
(except for Haggadah):	Hillel Fendel
Torah advice and editing:	Rabbi Moshe Menachem
	Katzburg, Modi'in Elit

Pre-press: Total Plus Shapira	Ltd., Tel Aviv
Printing:	Kal Press Ltd., Tel Aviv-Jaffa
Paper embellishment:	Hi-Tech Print Ltd., Holon
Binding:	Weiss Bindings Ltd.,
	Kibbutz Netiv Halamed-Heh

ISBN: 978-965-7309-05-6

Printed in Israel

First edition: February 2007

9789657309056

ספר הברכות

The Book of Blessings

For the Sabbath and
Holidays with the Family

Includes questions and answers
Includes the Passover Haggadah

Contents

Introduction 6

Shabbat

Questions and Answers 13
Lighting Shabbat and Festival Candles 14
Blessing of the Children 16
"Shalom Aleikhem" [Peace Be With You] 18
"Eshet Chayil" [Woman of Valor] 20
Shabbat Eve Blessing 22
"Dror Yikra" and "Yedid Nefesh" 26

Rosh Hashanah [New Year]

Questions and Answers 31
Blessings for Rosh Hashanah Eve 32
Prayers for Rosh Hashanah Eve 36

Yom Kippur [Day of Atonement]]

Questions and Answers 43
Lighting the Candles 44
Blessing the Boys........ 46
Blessing the Girls 48
Havdalah for Yom Kippur 50

Sukkot [Feast of the Tabernacles]

Questions and Answers 55
Ushpizzin [guests]........ 56
Blessings for Sukkot Eve 60

Shmini Atzeret and Simchat Torah

Questions and Answers 69
Blessings for the Holiday Eve 70

Chanukkah

Questions and Answers 77
Lighting Chanukkah Candles 78
Psalm: A Song for the Dedication of the House of David 80
Song "Maoz Tzur" 82

4

Contents

Purim

Questions and Answers 87
Purim Mitzvot [Precepts] 88

Pesach

Questions and Answers 93
Pesach Haggadah 94

Shavuot [Pentecost]

Questions and Answers 175
Blessings for the Holiday Eve 176

Morning Kiddush and Havdalah

Questions and Answers 183
Morning Kiddush for Shabbat and Holidays 184
Havdalah for the conclusion of Shabbat 188
Havdalah for the conclusion of a Holiday 192
Blessing for Eruv Tavshilin [Eruv for Cooking] 194

Other Holidays, Memorial Days, and Miscellaneous Blessings

Tu B'Shvat [New Year for Trees] 198
Memorial Day for the Fallen of the Holocaust 200
Mourner's Kaddish 202
Memorial Day for the Fallen in Wars and Victims of Terrorism 204
Independence Day 206
Lag BaOmer [33rd day of the Omer] 208
Sfirat HaOmer [Counting of the Omer] 208
Tu B'Av [15th of Av] 208
Yemei Ta'anit [Fast Days] 210
Birkat HaMazon [Grace after Meals – Ashkenaz Liturgy] 212
Birkat Me'eyn Shalosh [Grace After-blessing after certain foods] 228
Birkat HaMazon [Grace after Meals – Sephardic Liturgy] 232
Birkat Me'eyn Shalosh [Grace After-blessing after certain foods] 248
Birkhot HaNehenin [Blessings of Enjoyment] 250
Birkat HaCholeh [Blessing of the Sick] 252
Birkat HaMezuzah [Blessing of the Mezuzah] 254

Family Pages (for marking family occasions) 257

5

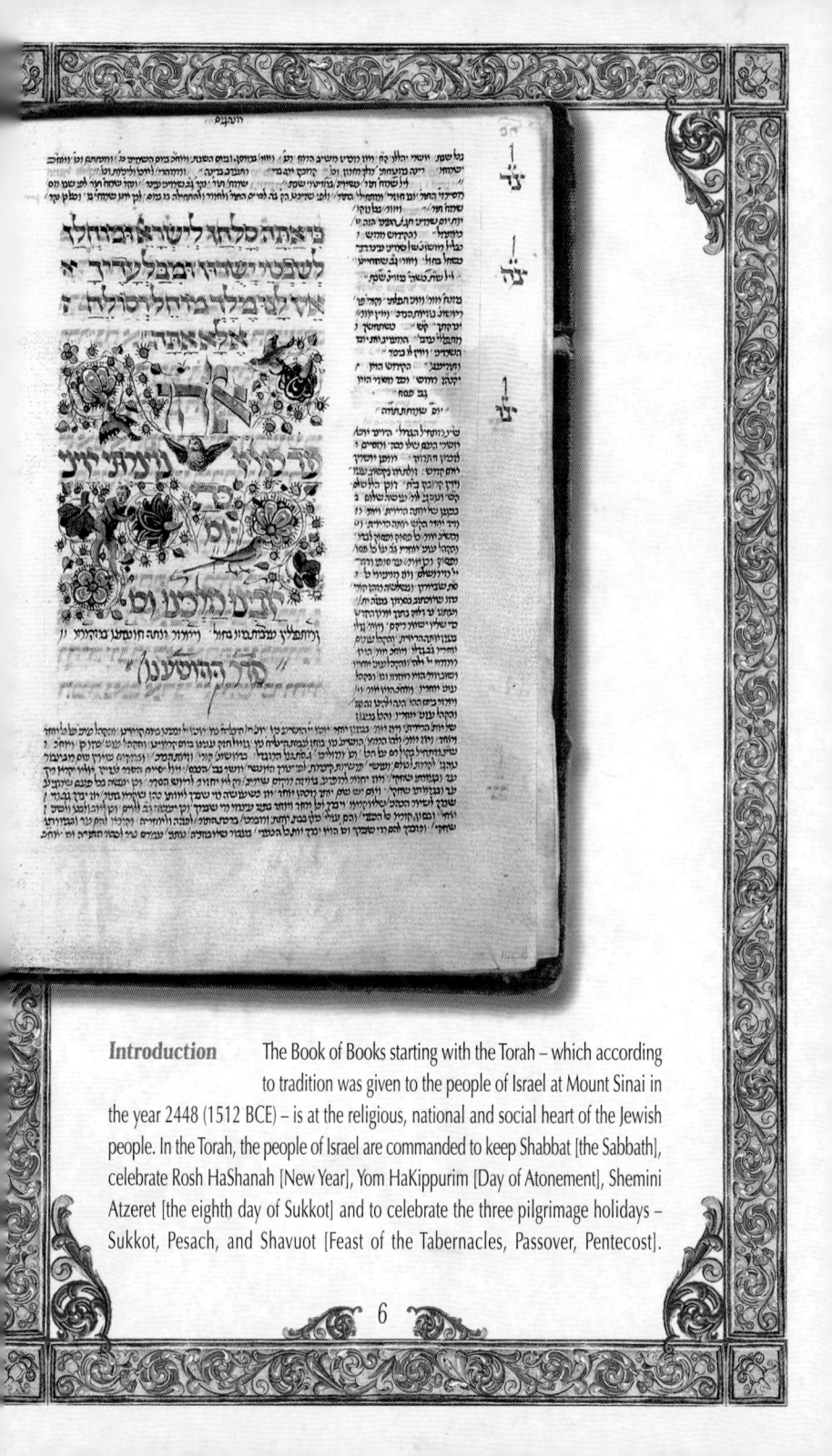

Introduction

The Book of Books starting with the Torah – which according to tradition was given to the people of Israel at Mount Sinai in the year 2448 (1512 BCE) – is at the religious, national and social heart of the Jewish people. In the Torah, the people of Israel are commanded to keep Shabbat [the Sabbath], celebrate Rosh HaShanah [New Year], Yom HaKippurim [Day of Atonement], Shemini Atzeret [the eighth day of Sukkot] and to celebrate the three pilgrimage holidays – Sukkot, Pesach, and Shavuot [Feast of the Tabernacles, Passover, Pentecost].

Over the years, the Jewish sages decided upon additional holidays and days of note, especially to commemorate important national events, such as Purim and Chanukkah. A wide range of celebratory songs to glorify and enrich the holidays was also added over time and they became part of the existing versions of blessings and prayers, to create the extensive liturgy of blessings and hymns for Shabbat and all the Jewish holidays [chag (sing.), chaggim (pl.)].

The form of the blessings and prayers was, on the whole, set during the time of the Second Temple (mid-5th century BCE) by "The men of the Great Assembly" led by Ezra HaSofer, who considered the various additions to be a direct continuation of the precepts of the Torah, as written in the Mishnah: "Moses received the Torah from Sinai, and he delivered it to Jehoshua, and Jehoshua to the elders, and the elders to the prophets, and the prophets delivered it to the men of the Great Assembly." (Tractate of the Fathers 1:1)

The days of exile from the Land of Israel and the endless expulsions between the exiles were also difficult for the Jewish people in terms of religious observance. In Jewish communities that dispersed around the world slightly different versions [Noosach] of prayer and blessings developed, even if the essential parts remained the same. Some of these versions have been lost to the world, but some have remained in the communities that survived the difficult times of the Diaspora.

The most well known versions of blessings and prayers are the Noosach Ashkenaz (used in the Diaspora of central and eastern Europe), the Noosach Sephardim (used in the Spanish Diaspora and in the communities established around the world following the expulsion from Spain in 1492), and Noosach Sephard (whose origins come from the Hassidic Judaism of Eastern Europe in the 18th century, and is actually a combination of the Noosach Ashkenaz and Noosach Sephardim). Nonetheless, the different communities also preserved their own individual versions.

During the period of the Geonim (7th -11th centuries CE) versions of prayer began to appear in the Babylonian Diaspora that were collated into manuscripts, which were called "siddurei tefillah" [orders of prayer]. These manuscripts were primarily intended for the use of cantors in synagogues. As most of the prayers and customs began to be accepted into the siddurei tefillah, "siddurim" began to appear containing prayers for the Sabbath and the days of the week, while prayers for the Holidays were collated into a separate "machzor tefillot" [cycle of prayers].

The first siddur with which we are familiar today was collated by Rabbi Natronai Gaon (head of the Babylonian Sura Yeshiva between 853-858 CE). Two other well-known siddurim that appeared afterwards are the siddur of Rabbi Sa'adia Gaon (Babylon, 882-942) and of the Rambam (Rabbi Moses Maimonides) (1138-1204).

Some of the machzorim and siddurim were written in artistic calligraphy and beautifully illustrated by various artists in order to glorify and exalt the Sabbath and holidays. Among the illustrated machzorim worth mentioning are the "Machzor of Northern France" from 1280 and the ca. 1470 "Rothschild Miscellany" from northern Italy.

With the invention of printing in the late 15th century and its advances over the following centuries, the Jews also enjoyed the availability of the new means of communication. The study, learning, and worship of the Lord was dispersed to all and was even intensified through the clear pamphlets and books that were sometimes beautifully illustrated. A relatively new custom, begun in the era of printing, was to collate in a single book the blessings and prayers said in a person's home, as opposed to those said in the synagogue.

In this book we offer a collection of blessings, benedictions, prayers, and songs read at home, with the family and guests on Shabbat or on chaggim. For the interested reader lacking knowledge in certain areas, we have, in the spirit of Jewish tradition, added questions and answers or explanations and clarifications.

This special book combines traditional holiday blessings, thousands of years old, with splendid works of art from around the world. The unique combination is aided by advanced printing techniques and contemporary design, which give supreme honor to the culture of Israel in general, and to the art of writing and printing in particular.

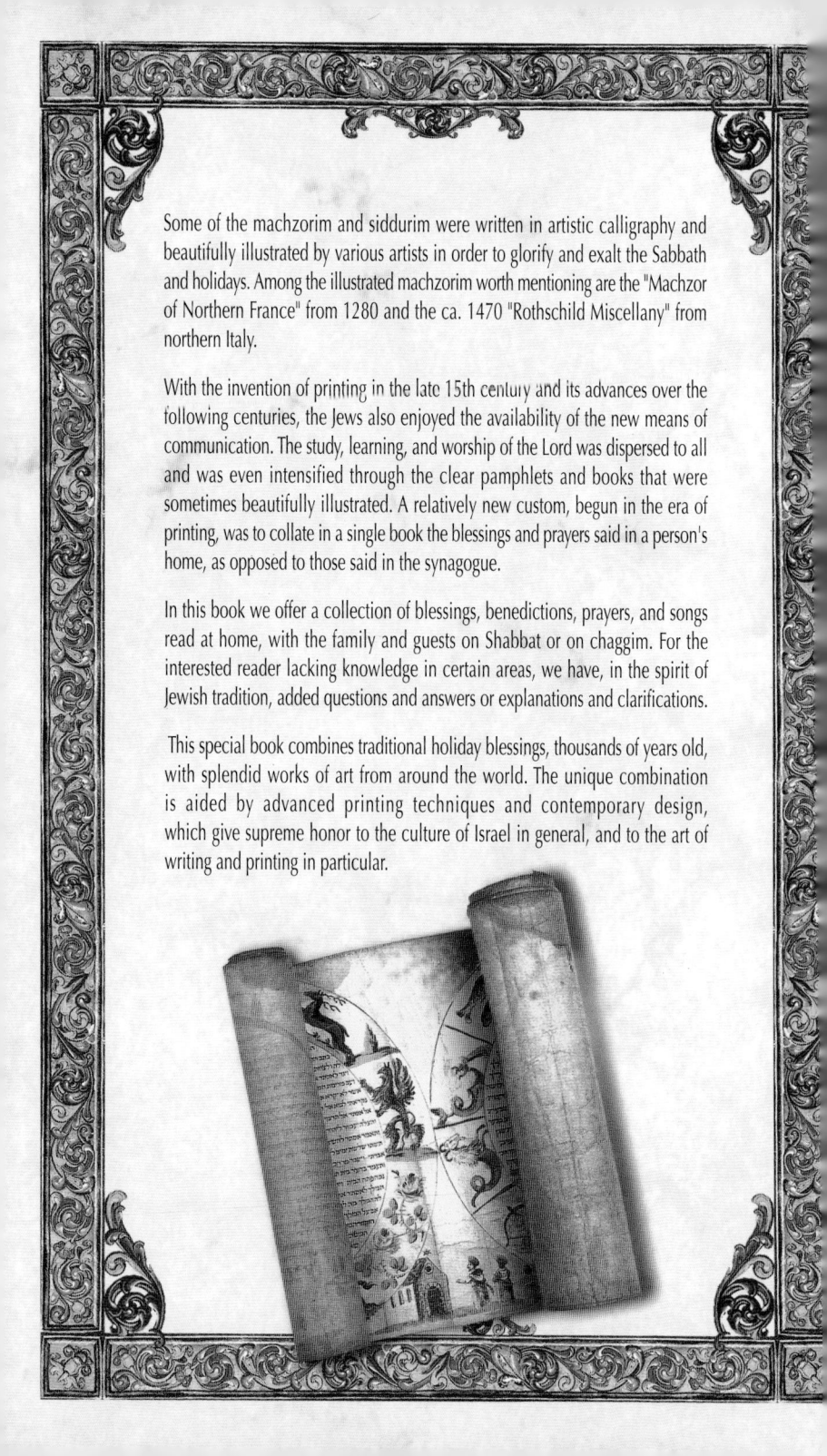

opposite: Kiddush Cup in silver and gold, Augsburg, Germany, 1737,
Collection of the Israel Museum, Jerusalem

שבת

Shabbat

God blessed the
Seventh Day and
sanctified it, for on it
He ceased performing
all His work that He
had created.

(Breishit 2,3)

Why light Shabbat candles?

The Shabbat is at the center of a Jew's life. By keeping the Shabbat, a Jew expresses his faith in the Creator, the full expression of which is keeping the mitzvot [precepts] of the Torah. A person must respect the Shabbat, the day on which the Torah was given; honoring the day is honoring the Creator and the people of Israel, for only they were commanded to keep the Shabbat without which The Holy One has no rest in the world. The Shabbat is a good gift given by The Holy One to the Jewish people, as it is said: "Ye shall keep My Sabbaths, for it is a sign between Me and you throughout your generations, that ye may know that I am the Lord who sanctifies you. [...] Wherefore the children of Israel shall keep the Sabbath, to observe the Sabbath throughout their generations, for a perpetual covenant" (Exodus 31:13-16). Honoring the Sabbath is done by lighting candles while it is still day, before it comes in, traditionally lighting at least two candles, to commemorate two sentences from the Ten Commandments: "Remember the Sabbath day, to keep it holy" (Exodus 20:8); "Observe the Sabbath day, to keep it holy, as the Lord thy God commanded thee" (Deutoronomy 5:12).

What is the role and importance of the blessing over the wine?

In the Torah it is said "Remember the Sabbath day, to keep it holy", and our Rabbis interpreted this commandment as one to remember at the start and end of the day the importance of the day and its value and to differentiate it from the other days that came before it and will come after it. We are commanded to say these things over a glass of wine, to emphasize them and to respect them; just as the nature of wine is to cause and awaken wonder in a person's soul, thus is the song of the Shabbat. The sages ruled that wine should be blessed on holidays as on the Shabbat. The commandment of remembering the Shabbat includes the centrality of the Shabbat to the whole week by counting the days "Yom Rishon [day one] from Shabbat, Yom Sheni [day two] from Shabbat," and so on, in contrast to the other nations who gave separate names for each day of the week as with the months.

What is the importance of the Shabbat meals?

Just as we were commanded to honor the Shabbat, so we were commanded to enjoy it with three meals – one at night and two during the day – with meat and fish and all that a person enjoys, and with song and music and with words of the Torah from the weekly portion. These meals are begun with "lechem mishneh" – the blessing over two loaves of hallah, in memory of the miracle of the Shabbat during the forty years in the desert. During those days we were sustained by "mana" – bread from the heavens – that would fall every day except on the Shabbat, but on Friday a double amount would fall for the Shabbat. On this it is said, "See that the Lord hath given you the Sabbath; therefore He giveth you on the sixth day the bread of two days" (Exodus 16:29). It is customary to place the two loaves of challah covered by a cloth on a table covered with a tablecloth, in memory of the "mana" that would fall on the layer of dew that was then covered by dew. Likewise, the Shabbat is made more enjoyable by many fruit and sweets, and by rest, sleep, and Torah learning.

13

❈ בשבת ❈

בערב השבת תדליק האשה את הנרות ואחר-כך תברך:

בָּרוּךְ אַתָּה יְהֹוָה, אֱלֹהֵינוּ מֶלֶךְ הָעוֹלָם, אֲשֶׁר
קִדְּשָׁנוּ בְּמִצְוֹתָיו, וְצִוָּנוּ לְהַדְלִיק נֵר שֶׁל שַׁבָּת.

❈ יום טוב ❈

בערב החג תדליק האשה את הנרות ואחר-כך תברך: (ויש נוהגות לברך קודם ההדלקה)

בָּרוּךְ אַתָּה יְהֹוָה, אֱלֹהֵינוּ מֶלֶךְ הָעוֹלָם, אֲשֶׁר
קִדְּשָׁנוּ בְּמִצְוֹתָיו, וְצִוָּנוּ לְהַדְלִיק נֵר שֶׁל
(אם חל בשבת שַׁבָּת וְ) יוֹם-טוֹב.

ביום א' של פסח, בשבועות, בשני הימים של ראש השנה,
ביום א' של סוכות ובשמיני עצרת, מברכים אחרי הדלקת הנרות:

בָּרוּךְ אַתָּה יְיָ, אֱלֹהֵינוּ מֶלֶךְ הָעוֹלָם,
שֶׁהֶחֱיָנוּ וְקִיְּמָנוּ וְהִגִּיעָנוּ לַזְּמַן הַזֶּה.

❈ יש הנוהגות להוסיף: ❈

אשכנזי יְהִי רָצוֹן מִלְּפָנֶיךָ יְהֹוָה אֱלֹהַי וֵאלֹהֵי אֲבוֹתַי
שֶׁתְּחוֹנֵן אוֹתִי (וְאֶת-אִישִׁי וְאֶת-בָּנַי וְאֶת-בְּנוֹתַי
וְאֶת-אָבִי וְאֶת-אִמִּי) וְאֶת-כָּל-קְרוֹבַי, וְתִתֶּן לָנוּ
וּלְכָל-יִשְׂרָאֵל חַיִּים טוֹבִים וַאֲרֻכִּים, וְתִזְכְּרֵנוּ בְּזִכְרוֹן
טוֹבָה וּבְרָכָה, וְתִפְקְדֵנוּ בִּפְקֻדַּת יְשׁוּעָה וְרַחֲמִים, וּתְבָרְכֵנוּ
בְּרָכוֹת גְּדוֹלוֹת, וְתַשְׁלִים בָּתֵּינוּ, וְתַשְׁכֵּן שְׁכִינָתְךָ בֵּינֵינוּ.
וְזַכֵּנִי לְגַדֵּל בָּנִים וּבְנֵי בָנִים חֲכָמִים וּנְבוֹנִים, אוֹהֲבֵי יְהֹוָה
יִרְאֵי אֱלֹהִים אַנְשֵׁי אֱמֶת, זֶרַע קֹדֶשׁ בַּיהֹוָה דְּבֵקִים,
וּמְאִירִים אֶת הָעוֹלָם בַּתּוֹרָה וּבְמַעֲשִׂים טוֹבִים וּבְכָל-מְלֶאכֶת

for Sabbath:

On Shabbat eve the woman of the house lights the candles and then recites the blessing:

Blessed art Thou, the Lord God, King of the Universe, Who has sanctified us with His commandments, and commanded us to light Sabbath candles.

for Festivals:

On the holiday eve the woman of the house lights the candles and then recites the blessing (some first bless and then light):

Blessed art Thou, the Lord God, King of the Universe, Who has sanctified us with His commandments, and commanded us to light holiday [On Shabbat and Sabbath] candles.

On the first day of Pesach, Shavuot, the two days of Rosh HaShanah, the first day of Sukkot and on Shmini Atzeret, this blessing is recited after lighting the candles:

Blessed art Thou, the Lord God, King of the Universe, Who has given us life, and sustained us, and brought us to this time.

Some women add:

Ashkenaz **May it be Your will, my God and the God of my fathers, that You grace me (and my husband and my sons and my daughters and my father and my father) and all my relatives, and give us and all of Israel good and long lives. May you note us with goodness and blessing, and visit us with salvation and mercy. May you bless us with great blessings, and make our households perfect, and rest your Divine Presence in our midst. Please grant me the privilege of raising children and children's children who are knowledgeable and wise, loving and fearful of God, people of truth and holy seed, who cleave to God and illuminate the world with Torah, good deeds, and every activity of service of the Creator.**

עֲבוֹדַת הַבּוֹרֵא. אָנָּא שְׁמַע אֶת תְּחִנָּתִי בָּעֵת הַזֹּאת בִּזְכוּת שָׂרָה וְרִבְקָה וְרָחֵל וְלֵאָה אִמּוֹתֵינוּ. וְהָאֵר נֵרֵנוּ שֶׁלֹּא יִכְבֶּה לְעוֹלָם וָעֶד. וְהָאֵר פָּנֶיךָ וְנִוָּשֵׁעָה. אָמֵן.

ספרדי יְהִי רָצוֹן מִלְּפָנֶיךָ. יְהֹוָה אֱלֹהַי אֲבוֹתַי. שֶׁתָּחוּס וּתְרַחֵם עָלַי. וְתַגְדִּיל חַסְדְּךָ עִמָּדִי לָתֵת לִי זֶרַע אֲנָשִׁים עוֹשֵׂי רְצוֹנֶךָ. וְעוֹסְקִים בְּתוֹרָתְךָ לִשְׁמָהּ. וְיִהְיוּ מְאִירִים בַּתּוֹרָה בִּזְכוּת נֵרוֹת הַשַּׁבָּת הַלָּלוּ. כְּמוֹ שֶׁכָּתוּב: כִּי נֵר מִצְוָה וְתוֹרָה אוֹר. וְגַם תָּחוּס וּתְרַחֵם עַל בַּעֲלִי (פלוני בן פלונית) וְתִתֵּן לוֹ אֹרֶךְ יָמִים וּשְׁנוֹת חַיִּים עִם בְּרָכָה וְהַצְלָחָה. וּתְסַיְּעֵהוּ לַעֲשׂוֹת רְצוֹנֶךָ בִּשְׁלֵמוּת. כֵּן יְהִי רָצוֹן. אָמֵן.
וִיהִי נֹעַם אֲדֹנָי אֱלֹהֵינוּ עָלֵינוּ. וּמַעֲשֵׂה יָדֵינוּ כּוֹנְנָה עָלֵינוּ. וּמַעֲשֵׂה יָדֵינוּ כּוֹנְנֵהוּ.

ברכת הילדים

נהוג לברך את הילדים בליל שבת

לבן: יְשִׂמְךָ אֱלֹהִים כְּאֶפְרַיִם וְכִמְנַשֶּׁה
לבת: יְשִׂימֵךְ אֱלֹהִים כְּשָׂרָה. רִבְקָה. רָחֵל וְלֵאָה

יְבָרֶכְךָ יְהֹוָה וְיִשְׁמְרֶךָ:
יָאֵר יְהֹוָה פָּנָיו אֵלֶיךָ וִיחֻנֶּךָּ:
יִשָּׂא יְהֹוָה פָּנָיו אֵלֶיךָ וְיָשֵׂם לְךָ שָׁלוֹם:

Please, hear my prayer at this time, in the merit of our mothers Sarah, Rivka, Rachel and Leah; let our light illuminate without ever being extinguished. Shine Your face upon us that we may be redeemed, Amen

Sefard **May it be Your will, the God of my fathers, that You have compassion and mercy upon me, and increase Your kindness upon me, giving me descendants who perform Your will, who engage in Torah for its own sake, and who shine in Torah, in the merit of these Sabbath candles. As is written: For the commandment is a lamp, and the Torah is light.** (Prov. 6,23) **And also please have compassion and mercy upon my husband [** his name **] son of [** his mother's name **], and grant him long years of blessing and success, and help him to perform Your will with perfection; May this be Your will, Amen. May the pleasantness of our God be upon us, and grant success to the work of our hands; give prosperity to our work.** (Psalms 90, 17)

Blessing the Children

It is customary to bless the children on Shabbat eve

for boys: **May God make you as Ephraim and Menashe.**

for girls: **May God make you as Sarah, Rivka, Rachel and Leah.**

May God bless you and protect you.
May God shine His countenance upon you and be gracious to you.
May God lift His countenance towards you, and place peace upon you.

זמירות קודם הקידוש והסעודה:

שָׁלוֹם עֲלֵיכֶם

מַלְאֲכֵי הַשָּׁרֵת, מַלְאֲכֵי עֶלְיוֹן, מִ/מֶּלֶךְ מַלְכֵי הַמְּלָכִים

הַקָּדוֹשׁ בָּרוּךְ הוּא. שלוש פעמים

בּוֹאֲכֶם לְשָׁלוֹם

מַלְאֲכֵי הַשָּׁלוֹם, מַלְאֲכֵי עֶלְיוֹן, מִ/מֶּלֶךְ מַלְכֵי הַמְּלָכִים

הַקָּדוֹשׁ בָּרוּךְ הוּא. שלוש פעמים

בָּרְכוּנִי לְשָׁלוֹם

מַלְאֲכֵי הַשָּׁלוֹם, מַלְאֲכֵי עֶלְיוֹן, מִ/מֶּלֶךְ מַלְכֵי הַמְּלָכִים

הַקָּדוֹשׁ בָּרוּךְ הוּא. שלוש פעמים

ספרדי

בְּשִׁבְתְּכֶם לְשָׁלוֹם

מַלְאֲכֵי הַשָּׁלוֹם, מַלְאֲכֵי עֶלְיוֹן, מֶלֶךְ מַלְכֵי הַמְּלָכִים

הַקָּדוֹשׁ בָּרוּךְ הוּא. שלוש פעמים

בְּצֵאתְכֶם לְשָׁלוֹם

מַלְאֲכֵי הַשָּׁלוֹם, מַלְאֲכֵי עֶלְיוֹן, מִ/מֶּלֶךְ מַלְכֵי הַמְּלָכִים

הַקָּדוֹשׁ בָּרוּךְ הוּא. שלוש פעמים

כִּי מַלְאָכָיו יְצַוֶּה לָּךְ

לִשְׁמָרְךָ בְּכָל דְּרָכֶיךָ: יְהוָה יִשְׁמָר־צֵאתְךָ וּבוֹאֶךָ

מֵעַתָּה וְעַד עוֹלָם:

Songs before the Kiddush and meal

Peace unto you,
ministering angels, angels from on high,
from the King Who reigns over kings,
the Holy One, the source of all blessing. (x3)

May you come in peace,
angels of peace, angels from on high,
from the King Who reigns over kings,
the Holy One, the source of all blessing. (x3)

Bless me with peace,
angels of peace, angels from on high,
from the King Who reigns over kings,
the Holy One, the source of all blessing. (x3)

Sefard:
As you sit in peace,
ministering angels, angels from on high
the King Who reigns over kings,
the Holy One, the source of all blessing. (x3)

May you go in peace,
angels of peace, angels from on high,
from the King Who reigns over kings,
the Holy One, the source of all blessing. (x3)

For He will command
his angels to protect you on all your paths.
May God protect you as you leave and as you come,
from now and evermore.

אֵשֶׁת חַיִל

אֵשֶׁת חַיִל מִי יִמְצָא. וְרָחֹק מִפְּנִינִים מִכְרָהּ:
בָּטַח בָּהּ לֵב בַּעְלָהּ. וְשָׁלָל לֹא יֶחְסָר:
גְּמָלַתְהוּ טוֹב וְלֹא רָע. כֹּל יְמֵי חַיֶּיהָ:
דָּרְשָׁה צֶמֶר וּפִשְׁתִּים. וַתַּעַשׂ בְּחֵפֶץ כַּפֶּיהָ:
הָיְתָה כָּאֳנִיּוֹת סוֹחֵר. מִמֶּרְחָק תָּבִיא לַחְמָהּ:
וַתָּקָם בְּעוֹד לַיְלָה. וַתִּתֵּן טֶרֶף לְבֵיתָהּ וְחֹק לְנַעֲרֹתֶיהָ:
זָמְמָה שָׂדֶה וַתִּקָּחֵהוּ. מִפְּרִי כַפֶּיהָ נָטְעָה כָּרֶם:
חָגְרָה בְעוֹז מָתְנֶיהָ. וַתְּאַמֵּץ זְרוֹעֹתֶיהָ:
טָעֲמָה כִּי טוֹב סַחְרָהּ. לֹא יִכְבֶּה בַלַּיְלָה נֵרָהּ:
יָדֶיהָ שִׁלְּחָה בַכִּישׁוֹר. וְכַפֶּיהָ תָּמְכוּ פָלֶךְ:
כַּפָּהּ פָּרְשָׂה לֶעָנִי. וְיָדֶיהָ שִׁלְּחָה לָאֶבְיוֹן:
לֹא תִירָא לְבֵיתָהּ מִשָּׁלֶג. כִּי כָל בֵּיתָהּ לָבֻשׁ שָׁנִים:
מַרְבַדִּים עָשְׂתָה לָּהּ. שֵׁשׁ וְאַרְגָּמָן לְבוּשָׁהּ:
נוֹדָע בַּשְּׁעָרִים בַּעְלָהּ. בְּשִׁבְתּוֹ עִם זִקְנֵי אָרֶץ:
סָדִין עָשְׂתָה וַתִּמְכֹּר. וַחֲגוֹר נָתְנָה לַכְּנַעֲנִי:
עֹז וְהָדָר לְבוּשָׁהּ. וַתִּשְׂחַק לְיוֹם אַחֲרוֹן:
פִּיהָ פָּתְחָה בְחָכְמָה. וְתוֹרַת חֶסֶד עַל לְשׁוֹנָהּ:
צוֹפִיָּה הֲלִיכוֹת בֵּיתָהּ. וְלֶחֶם עַצְלוּת לֹא תֹאכֵל:
קָמוּ בָנֶיהָ וַיְאַשְּׁרוּהָ. בַּעְלָהּ וַיְהַלְלָהּ:
רַבּוֹת בָּנוֹת עָשׂוּ חָיִל. וְאַתְּ עָלִית עַל כֻּלָּנָה:
שֶׁקֶר הַחֵן וְהֶבֶל הַיֹּפִי. אִשָּׁה יִרְאַת יְהֹוָה הִיא תִתְהַלָּל:
תְּנוּ לָהּ מִפְּרִי יָדֶיהָ. וִיהַלְלוּהָ בַשְּׁעָרִים מַעֲשֶׂיהָ:

Eshet Chayil
(Proverbs 31)

Who can find a woman of valor? Her worth is more than pearls.

Her husband's heart safely trusts in her, and fortune he shall not lack.

She will repay his good, but not his evil, all the days of her life.

She seeks wool and flax, and works with her hands willingly.

She is like the merchant ships, she brings her food from afar.

She rises while it is yet night, and gives food to her household,
and a portion to her maidens.

She examines a field and buys it; with the fruit of her handiwork
she plants a vineyard.

She girds her loins with might, and gains strength for her arms.

She perceives that her merchandise is good; her candle does not go out by night.

She lays her hands to the distaff, and her palms hold the spindle.

She opens her palm to the poor, she extends her hands to the needy.

She fears not the cold for her household, for they are all clad in warm clothing.

She makes herself rugs, her clothing is fine linen and purple.

Her husband is known in the city gates, as he sits among the elders of the land.

She makes cloaks and sells them, and gives leftover sashes
to the Canaanite peddler.

Clothed in strength and glory, she gladly awaits the last days.

Her mouth she opens with wisdom, her tongue expresses a teaching of kindness.

She supervises the ways of her household, and does not eat the bread of idleness.

Her children arise and render her fortunate, her husband praises her, saying,

"Many women have done well, but you have excelled more than all of them."

Charm is deceptive and beauty is hollow; a G-d-fearing woman - she shall be praised.

Give her praise for her achievements, and let her deeds speak her
praise in the city gates.

סדר ליל שבת

קידוש ליל שבת

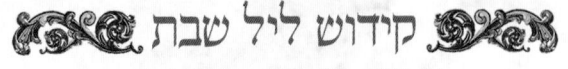

ימלא את הכוס ביין, יעמוד, ייטול הכוס ביד ימין,
יגביהנו מעל השולחן ויאמר:

אשכנזי (בלחש) וַיְהִי עֶרֶב וַיְהִי בֹקֶר

יוֹם הַשִּׁשִּׁי: וַיְכֻלּוּ הַשָּׁמַיִם וְהָאָרֶץ וְכָל
צְבָאָם: וַיְכַל אֱלֹהִים בַּיּוֹם הַשְּׁבִיעִי
מְלַאכְתּוֹ אֲשֶׁר עָשָׂה.
וַיִּשְׁבֹּת בַּיּוֹם הַשְּׁבִיעִי מִכָּל
מְלַאכְתּוֹ אֲשֶׁר עָשָׂה:
וַיְבָרֶךְ אֱלֹהִים אֶת
יוֹם הַשְּׁבִיעִי וַיְקַדֵּשׁ אֹתוֹ.
כִּי בוֹ שָׁבַת מִכָּל מְלַאכְתּוֹ אֲשֶׁר
בָּרָא אֱלֹהִים לַעֲשׂוֹת:

ספרדי סָבְרֵי מָרָנָן ועונים: לְחַיִּים | אשכנזי סָבְרֵי מָרָנָן וְרַבָּנָן וְרַבּוֹתַי

בָּרוּךְ אַתָּה יְהֹוָה, אֱלֹהֵינוּ מֶלֶךְ הָעוֹלָם,
בּוֹרֵא פְּרִי ספרדי הַגֶּפֶן אשכנזי הַגָּפֶן. ועונים אָמֵן.

בָּרוּךְ אַתָּה יְהֹוָה, אֱלֹהֵינוּ מֶלֶךְ הָעוֹלָם.
אֲשֶׁר קִדְּשָׁנוּ בְּמִצְוֹתָיו וְרָצָה בָנוּ. וְשַׁבַּת
קָדְשׁוֹ בְּאַהֲבָה וּבְרָצוֹן הִנְחִילָנוּ. זִכָּרוֹן

22

Kiddush for Sabbath Night

A cup of wine is filled, and the following is recited while holding
the cup in the right hand above the table:

Ashkenaz the following is said softly: **It was evening and it was morning**

The sixth day.

The creation of the heavens and earth and all
their hosts was completed. God completed, on
the seventh day, the work He had done,
 and He rested on the seventh day
from all the work He had done.
God blessed the seventh day
and sanctified it, for on it
He ceased performing all His
work that He had created.

Sefard: Pay heed, our masters.
the assembled respond: **To life!**
Ashkenaz: Pay heed, our masters and teachers:

**Blessed art Thou, the Lord God,
King of the Universe, Who creates
the fruit of the vine.** they answer: **Amen.**

Blessed art Thou, the Lord God, King of the Universe,
Who sanctified us with His commandments and
desired us; and His holy Sabbath he granted us with
love and desire - a remembrance

לְמַעֲשֵׂה בְרֵאשִׁית. אשכנזי כִּי הוּא יוֹם תְּחִלָּה
לְמִקְרָאֵי קֹדֶשׁ. זֵכֶר לִיצִיאַת מִצְרָיִם.
אשכנזי כִּי בָנוּ בָחַרְתָּ וְאוֹתָנוּ קִדַּשְׁתָּ מִכָּל
הָעַמִּים וְשַׁבַּת קָדְשְׁךָ בְּאַהֲבָה וּבְרָצוֹן
הִנְחַלְתָּנוּ. בָּרוּךְ אַתָּה יְהֹוָה. מְקַדֵּשׁ הַשַּׁבָּת.

יטעם מהכוס ויחלק לכל המסובין. ייטול ידיו ויברך:

בָּרוּךְ אַתָּה יְהֹוָה.
אֱלֹהֵינוּ מֶלֶךְ הָעוֹלָם.
אֲשֶׁר קִדְּשָׁנוּ
בְּמִצְוֹתָיו וְצִוָּנוּ
עַל נְטִילַת יָדָיִם:

יברך על שתי חלות:

בָּרוּךְ אַתָּה יְהֹוָה. אֱלֹהֵינוּ מֶלֶךְ
הָעוֹלָם. הַמּוֹצִיא לֶחֶם מִן הָאָרֶץ:

יבצע החלה ויטעם, יחלק לכל המסובין (לפחות כזית לכל אחד)

סעודת השבת

of the Act of Creation. Ashkenaz: For it is the day that is
the first of the days that are proclaimed
sacred, by which we remember the Exodus from Egypt.
Ashkenaz: For we are those You chose
and we are those You sanctified,
from among all the nations and Your holy Sabbath You
granted us with love and desire.
Blessed art Thou, God, Who sanctifies the Sabbath.

Drink of the wine and distribute to the others.
The participants then wash their hands and recite this blessing:

Blessed art Thou, the Lord God,
King of the Universe,
Who sanctified us
with His commandments
and commanded us
regarding the washing of hands.

Recite over the two challah-breads:

Blessed art Thou, the Lord God,
King of the Universe, Who brings forth bread
from the earth.

Cut the challah, taste, and distribute to the others.

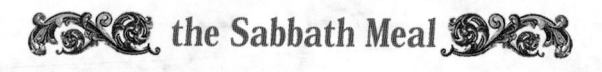

the Sabbath Meal

דרור יקרא

דְּרוֹר יִקְרָא לְבֵן עִם בַּת, וְיִנְצָרְכֶם כְּמוֹ בָבַת.
נְעִים שִׁמְכֶם וְלֹא יֻשְׁבַּת, שְׁבוּ וְנוּחוּ בְּיוֹם שַׁבָּת.
דְּרוֹשׁ נָוִי וְאוּלָמִי, וְאוֹת יֶשַׁע עֲשֵׂה עִמִּי.
נְטַע שׂוֹרֵק בְּתוֹךְ כַּרְמִי, שְׁעֵה שַׁוְעַת בְּנֵי עַמִּי.
דְּרוֹךְ פּוּרָה בְּתוֹךְ בָּצְרָה, וְגַם בָּבֶל אֲשֶׁר גָּבְרָה.
נְתוֹץ צָרַי בְּאַף וְעֶבְרָה, שְׁמַע קוֹלִי בְּיוֹם אֶקְרָא.
אֱלֹהִים תֵּן בַּמִּדְבָּר הַר, הֲדַס שִׁטָּה בְּרוֹשׁ תִּדְהָר.
וְלַמַּזְהִיר וְלַנִּזְהָר, שְׁלוֹמִים תֵּן כְּמֵי נָהָר.
הֲדוֹךְ קָמַי (חַי) אֵל קַנָּא, בְּמוֹג לֵבָב וּבַמְּגִנָּה.
וְנַרְחִיב פֶּה וּנְמַלְּאֶנָּה, לְשׁוֹנֵנוּ לְךָ רִנָּה.
דְּעֵה חָכְמָה לְנַפְשֶׁךָ, וְהִיא כֶתֶר לְרֹאשֶׁךָ.
נְצוֹר מִצְוַת קְדוֹשֶׁךָ, שְׁמוֹר שַׁבַּת קָדְשֶׁךָ.

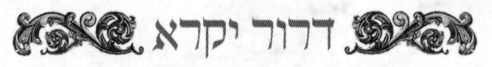

ידיד נפש

יְדִיד נֶפֶשׁ אָב הָרַחֲמָן, מְשׁוֹךְ עַבְדְּךָ אֶל רְצוֹנֶךָ.
יָרוּץ עַבְדְּךָ כְּמוֹ אַיָּל, יִשְׁתַּחֲוֶה מוּל הֲדָרֶךָ.
יֶעֱרַב לוֹ יְדִידוּתֶיךָ, מִנֹּפֶת צוּף וְכָל טָעַם.
הָדוּר נָאֶה זִיו הָעוֹלָם, נַפְשִׁי חוֹלַת אַהֲבָתֶךָ.
אָנָּא אֵל נָא רְפָא נָא לָהּ, בְּהַרְאוֹת לָהּ נֹעַם זִיוֶךָ.
אָז תִּתְחַזֵּק וְתִתְרַפֵּא, וְהָיְתָה לָהּ שִׂמְחַת עוֹלָם.
וָתִיק יֶהֱמוּ נָא רַחֲמֶיךָ, וְחוּסָה נָא עַל בֵּן אֲהוּבֶךָ.
כִּי זֶה כַּמָּה נִכְסוֹף נִכְסַפְתִּי. לִרְאוֹת בְּתִפְאֶרֶת עֻזֶּךָ.
אֵלֶּה חָמְדָה לִבִּי. וְחוּסָה נָא וְאַל תִּתְעַלָּם.
הִגָּלֶה נָא וּפְרוֹס חֲבִיבִי. עָלַי אֶת סֻכַּת שְׁלוֹמֶךָ.
תָּאִיר אֶרֶץ מִכְּבוֹדֶךָ, נָגִילָה וְנִשְׂמְחָה בָךְ.
מַהֵר אֱהֹב כִּי בָא מוֹעֵד, וְחָנֵּנוּ כִּימֵי עוֹלָם.

Dror Yikra

God will proclaim redemption to boy and girl,	and will guard you like the apple of His eye.
Your name will bring pleasure that will not be silenced -	[when you] relax and rest on the Sabbath day.
Seek My beautiful Temple and its hall,	and a sign of redemption do for Me:
Plant a choice vine in My vineyard,	and hear My nation's entreaty.
Crush Batzrah [Edom] as in a winepress,	and Babylon as well, which defeated us.
Smite my foes with anger and wrath.	Hear my voice on the day I call.
O God, let the desolate mountain bloom with myrtle,	acacia, cypress and elm trees.
To those who warn others and those who are scrupulous,	give peace that flows like river waters.
Crush my enemies, O zealous God,	with faint-heartedness and fear.
We will open our mouth and fill it [with praise]	and our tongue [will sing] joyful song to You.
Gain wisdom for your soul	and it will be a crown for your head.
Observe that which your Holy One has commanded,	Observe your holy Sabbath.

Yedid Nefesh

Love of my soul, merciful Father,	draw Your servant close to Your desire.
Your servant will run swiftly like a deer,	and will bow down before Your glory.
Your love is sweeter to him	than the sap of the honeycomb and any flavor.
Glorious, Beautiful, Radiance of the world,	My soul is lovesick for You.
Please God, please cure her,	as You show her the pleasantness of Your radiance.
She will then gain strength and be healed,	and will have everlasting joy.
Ancient One, may Your mercy be aroused,	and have pity on the child, on Your beloved.
For it has been so long that I have yearned and longed to see,	so soon, the grandeur of Your strength.
These are what my heart has desired;	please have compassion and do not hide away.
Please reveal Yourself and spread, my beloved,	over me the shelter of Your peace.
Let the world be illuminated with Your honor,	and we will rejoice and be happy with You.
Quickly, show love, for the time has come,	and show us grace as long as the world exists.

א'-ב' בתשרי
1-2 of Tishrei

ראש
השנה

Rosh
HaShanah

And in the seventh month,
on the first day of the month, [it] will
be a day proclaimed of holiness for
you. All manner of work you shall not
do; it shall be a day of sounding
the Shofar for you.

(Numbers 29,1)

What is Rosh HaShanah and how is the date set?

According to tradition, the Lord completed all His acts of creation on Rosh HaShanah. Since on this day the Lord's sovereignty began to expand in the world He had created, and because Adam, the first man, stood in judgment for his sins on this day and was forgiven, so this day was set as judgment day for all those who come into the world, for all their actions in the past and all their actions in the year to come. The first judgment day is Rosh HaShanah even though it is a celebratory holiday, and the ten Days of Repentance begin on Rosh HaShanah and end on Yom HaKippurim.

Why is the shofar [ram's horn] blown on Rosh HaShanah?

Before and during the Musaf prayer the shofar is blown in different ways: "tkiya" – one long drawn-out note; "shvarim" – a series of three short notes; and "truah" – a series of several fast notes. We are commanded in the Torah: "And in the seventh month, on the first day of the month [...] it is a day of blowing the horn unto you." Maimonides wrote of this in Hilkhot Teshuvah: "Even though the sounding of the shofar on New Year is a statute of the Torah, it nevertheless carries a message, instructing sinners to arouse, become aware of their actions, and repent; and for those who have forgotten the truth and engaged in useless activities to give up such activities, and for everyone to give up their bad ways and return to the good." There are other reasons for this mitzvah, among them: "A kind of "clarion call of trumpets" made by the angels to announce and declare the start of their work – thus we do to crown our creator. Blowing the shofar reminds us of Mount Sinai, the words of the prophets, the destruction of the Temple, the binding of Isaac and more" (Rabbi Saadia Gaon).

What is the origin of eating "symbols" on Rosh HaShanah?

The sages said: "The symbol is the thing." Therefore on Rosh HaShanah it became custom to make symbols symbolizing good, so that we will be judged favorably and so that we will have a good year. A piece of the "challah" and then a slice of sweet apple is dipped in honey, and then one recites a short prayer for a good and sweet new year. Likewise, many types of food are eaten whose names or shapes allude to good, and when eating them one says "yehi ratzon" over each one taking interest in the clue in each one. It should be noted that the principle is also valid in the negative direction – that is to say, one should refrain from eating sour foods and actions with negative meanings.

What is the Tashlikh ritual?

On the afternoon of the first day of Rosh HaShanah it is customary to go to the sea shore or bank of a river or any other water source and pray a special prayer called "tashlikh". This prayer is a supplication to the Holy One to throw our sins to the depths of the sea, according to the verse "and Thou wilt cast all their sins into the depths of the sea" (Micah 7:19). It is customary to shake out one's pockets, as a symbol of shaking off one's transgressions and sins.

קידוש ליל ראש השנה
(א׳ וב׳)

ימלא את הכוס ביין, יעמוד, ייטול הכוס ביד ימין,
יגביהנו מעל השולחן ויאמר:

כשחל בשבת מתחילים כאן:

אשכנזי (בלחש) וַיְהִי עֶרֶב וַיְהִי בֹקֶר

יוֹם הַשִּׁשִּׁי: וַיְכֻלּוּ הַשָּׁמַיִם וְהָאָרֶץ וְכָל צְבָאָם: וַיְכַל אֱלֹהִים בַּיּוֹם הַשְּׁבִיעִי מְלַאכְתּוֹ אֲשֶׁר עָשָׂה. וַיִּשְׁבֹּת בַּיּוֹם הַשְּׁבִיעִי מִכָּל מְלַאכְתּוֹ אֲשֶׁר עָשָׂה: וַיְבָרֶךְ אֱלֹהִים אֶת יוֹם הַשְּׁבִיעִי וַיְקַדֵּשׁ אֹתוֹ. כִּי בוֹ שָׁבַת מִכָּל מְלַאכְתּוֹ אֲשֶׁר בָּרָא אֱלֹהִים לַעֲשׂוֹת:

כשחל בחול מתחילים כאן:

ספרדי וּבְיוֹם שִׂמְחַתְכֶם וּבְמוֹעֲדֵיכֶם וּבְרָאשֵׁי חָדְשֵׁכֶם וּתְקַעְתֶּם בַּחֲצֹצְרֹת עַל עֹלֹתֵיכֶם וְעַל זִבְחֵי שַׁלְמֵיכֶם וְהָיוּ לָכֶם לְזִכָּרוֹן לִפְנֵי אֱלֹהֵיכֶם אֲנִי יְהֹוָה אֱלֹהֵיכֶם:

סָבְרֵי מָרָנָן. ועונים לְחַיִּים

אשכנזי סַבְרֵי מָרָנָן וְרַבָּנָן וְרַבּוֹתַי

בָּרוּךְ אַתָּה יְהֹוָה, אֱלֹהֵינוּ מֶלֶךְ הָעוֹלָם, בּוֹרֵא פְּרִי ספרדי הַגֶּפֶן אשכנזי הַגָּפֶן. ועונים אָמֵן.

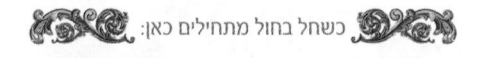

Kiddush

First and second night

A cup of wine is filled, and the following is recited while
holding the cup in the right hand above the table:

 On the Sabbath, begin here:

Ashkenaz the following is said softly: *It was evening and it was morning*

The sixth day.

The creation of the heavens and earth and all their hosts
was completed. God completed, on the seventh day,
the work He had done, and He rested on the seventh
day from all the work He had done. God blessed the
seventh day and sanctified it, for on it He ceased
performing all His work that He had created.

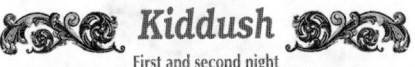 On a week-night,
the prayer begins here:

Sefard: *"And on the day of your rejoicing,
and on your festivals, and on your new-month celebrations,
you shall sound the trumpets on your burnt-offerings
and over your sacrificial peace-offerings, and they shall be for
you a remembrance before your God.
I am the Lord your God."*
Pay heed, our masters. the assembled respond: **To life!**

Ashkenaz: **Pay heed, our masters and teachers:**

**Blessed art Thou, the Lord God,
King of the Universe, Who creates
the fruit of the vine.** they answer: **Amen.**

בָּרוּךְ אַתָּה יְהוָה, אֱלֹהֵינוּ מֶלֶךְ
הָעוֹלָם, אֲשֶׁר בָּחַר בָּנוּ מִכָּל־עָם,
וְרוֹמְמָנוּ מִכָּל־לָשׁוֹן, וְקִדְּשָׁנוּ בְּמִצְוֹתָיו, וַתִּתֶּן
לָנוּ יְהוָה אֱלֹהֵינוּ בְּאַהֲבָה, אֶת יוֹם (בשבת הַשַּׁבָּת
הַזֶּה, וְאֶת יוֹם) הַזִּכָּרוֹן הַזֶּה, ספרדי אֶת יוֹם טוֹב מִקְרָא
קֹדֶשׁ הַזֶּה. יוֹם (בשבת זִכְרוֹן) תְּרוּעָה (בשבת בְּאַהֲבָה)
מִקְרָא קֹדֶשׁ זֵכֶר לִיצִיאַת מִצְרָיִם.
אשכנזי כִּי בָנוּ בָחַרְתָּ וְאוֹתָנוּ קִדַּשְׁתָּ מִכָּל הָעַמִּים
וּדְבָרְךָ ספרדי מַלְכֵּנוּ אֱמֶת וְקַיָּם לָעַד.
בָּרוּךְ אַתָּה יְהוָה, מֶלֶךְ עַל כָּל הָאָרֶץ, מְקַדֵּשׁ
(בשבת הַשַּׁבָּת וְ) יִשְׂרָאֵל וְיוֹם הַזִּכָּרוֹן. ועונים אָמֵן.

ביום טוב שחל במוצאי שבת מוסיפים
שתי ברכות אלו קודם ברכת "שהחיינו":

בָּרוּךְ אַתָּה יְהוָה, אֱלֹהֵינוּ מֶלֶךְ הָעוֹלָם,
בּוֹרֵא מְאוֹרֵי הָאֵשׁ. ועונים אָמֵן.
בָּרוּךְ אַתָּה יְהוָה, אֱלֹהֵינוּ מֶלֶךְ הָעוֹלָם, הַמַּבְדִּיל
בֵּין קֹדֶשׁ לְחֹל, בֵּין אוֹר לְחֹשֶׁךְ, בֵּין יִשְׂרָאֵל לָעַמִּים,
בֵּין יוֹם הַשְּׁבִיעִי לְשֵׁשֶׁת יְמֵי הַמַּעֲשֶׂה. בֵּין קְדֻשַּׁת שַׁבָּת
לִקְדֻשַּׁת יוֹם טוֹב הִבְדַּלְתָּ, וְאֶת יוֹם הַשְּׁבִיעִי מִשֵּׁשֶׁת
יְמֵי הַמַּעֲשֶׂה קִדַּשְׁתָּ. הִבְדַּלְתָּ וְקִדַּשְׁתָּ אֶת
עַמְּךָ יִשְׂרָאֵל בִּקְדֻשָּׁתֶךָ. בָּרוּךְ אַתָּה יְהוָה, הַמַּבְדִּיל
בֵּין קֹדֶשׁ לְקֹדֶשׁ. ועונים אָמֵן.

בָּרוּךְ אַתָּה יְהוָה, אֱלֹהֵינוּ מֶלֶךְ הָעוֹלָם,
שֶׁהֶחֱיָנוּ וְקִיְּמָנוּ, וְהִגִּיעָנוּ לַזְּמַן הַזֶּה.

יטעם מהכוס ויחלק לכל המסובין

Blessed art Thou, the Lord God, King of the Universe,
Who has chosen us from among all the nations,
and has raised us above all the tongues, and has sanctified us
with His commandments. You have given us, Hashem Our God,
with love, this day of (Sabbath: **Sabbath and**) remembrance,
Sefard: **this holiday, a day that is called sacred,**
a day of sounding the Shofar (Sabbath: **with love**),
in commemoration of the Exodus from Egypt.
Ashkenaz: **For us You have chosen, and us You have sanctified,
from among all the nations.** And Your word, Sefard: **our King,**
is truth and everlasting. Blessed art Thou, O God, King of the
entire earth, Who sanctifies (Sabbath: **the Sabbath and**) Israel
and the Day of Remembrance. those present say: Amen.

On a Festival that falls on Saturday night,
add the following two blessings
before the Shehecheyanu:

Blessed art Thou, the Lord God, King of the Universe,
Who creates the lights of the fire. those present say: Amen.

Blessed art Thou, the Lord God, King of the Universe, Who separates
between holy and earthly, and between light and darkness, and
between Israel and the nations, and between the Seventh Day and
the six days of activity. Between the sanctity of the Sabbath and the
sanctity of the festivals You distinguished, and sanctified the Seventh
Day as opposed to the six days of activity. You distinguished and
sanctified Your nation Israel in Your holiness.
Blessed art Thou, God, Who separates between
holy and holy. those present say: Amen.

Blessed art Thou, the Lord God, King of the Universe, Who has
given us life, and sustained us, and brought us to this time.

The leader tastes of the wine and distributes to the others.

סדר ליל ראש השנה

ייטול ידיו ויברך:

בָּרוּךְ אַתָּה יְהֹוָה, אֱלֹהֵינוּ מֶלֶךְ הָעוֹלָם,
אֲשֶׁר קִדְּשָׁנוּ בְּמִצְוֹתָיו וְצִוָּנוּ עַל נְטִילַת יָדָיִם:

מברכים על שתי חלות

בָּרוּךְ אַתָּה יְהֹוָה, אֱלֹהֵינוּ מֶלֶךְ הָעוֹלָם,
הַמּוֹצִיא לֶחֶם מִן הָאָרֶץ:

יבצע, יטבול בדבש או בסוכר (לפי המנהג), יטעם ואחר-כך
ייתן לכל המסובין לחם בדבש, לפחות כזית לכל אחד

ברכות ה"סימנים"

קודם סעודת החג נהוג לברך
ולטעום מאכלים המסמלים ברכה והצלחה לשנה החדשה:

ייקח תמר ויאמר:

בָּרוּךְ אַתָּה יְהֹוָה, אֱלֹהֵינוּ מֶלֶךְ הָעוֹלָם,
בּוֹרֵא פְּרִי הָעֵץ.

יטעם מעט ויאמר:

יְהִי רָצוֹן מִלְּפָנֶיךָ (יְהֹוָה אֱלֹהֵינוּ וֵאלֹהֵי
אֲבוֹתֵינוּ,) שֶׁיִּתַּמּוּ ספרדי אוֹיְבֵינוּ וְשׂוֹנְאֵינוּ:
וְכָל מְבַקְשֵׁי רָעָתֵנוּ.

ייקח סלקא (עלי סלק) ויאמר:

יְהִי רָצוֹן מִלְּפָנֶיךָ (יְהֹוָה אֱלֹהֵינוּ וֵאלֹהֵי
אֲבוֹתֵינוּ,) שֶׁיִּסְתַּלְּקוּ אוֹיְבֵינוּ ספרדי וְשׂוֹנְאֵינוּ,
וְכָל מְבַקְשֵׁי רָעָתֵנוּ.

36

 The hands are washed, and this blessing is recited:

Blessed art Thou, the Lord God, King of the Universe, Who sanctified us with His commandments and commanded us regarding the washing of hands.

 Recited over the two challah-breads:

Blessed art Thou, the Lord God, King of the Universe, Who brings forth bread from the earth.

The Challah is sliced, dipped into honey or sugar, and tasted, and a slice is given to each of the assembled.

 ## The Symbolic Foods

Before the festive meal, it is customary to recite blessings on, and taste of, foods that symbolize success and prosperity for the coming year. The specific wish for each food is based on a word-play of the food's name.

 On dates:

Blessed art Thou, the Lord God, King of the Universe, Who creates the fruit of the tree.

Taste a bit and say:

May it be Your will (Hashem our God and the God of our fathers) that our Sefard: **foes and enemies and all those who wish us harm may be terminated.**

 On beets:

May it be Your will (Hashem our God and the God of our fathers) that we may be rid of our foes Sefard: **and enemies and all those who wish us harm.**

ייקח כרתי ויאמר:

יְהִי רָצוֹן מִלְּפָנֶיךָ (יְהוָה אֱלֹהֵינוּ וֵאלֹהֵי אֲבוֹתֵינוּ,) שֶׁיִּכָּרְתוּ ספרדי אוֹיְבֵינוּ וְשׂוֹנְאֵינוּ, וְכָל-מְבַקְשֵׁי רָעָתֵנוּ.

ייקח קרא (מעין דלעת) ויאמר:

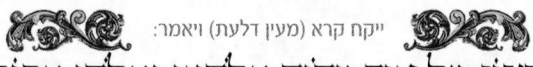

יְהִי רָצוֹן מִלְּפָנֶיךָ (יְהוָה אֱלֹהֵינוּ וֵאלֹהֵי אֲבוֹתֵינוּ,) שֶׁיִּקָּרַע רוֹעַ גְּזַר דִּינֵנוּ וְיִקָּרְאוּ לְפָנֶיךָ זְכֻיּוֹתֵינוּ.

ייקח לוביא (רוביא) ויאמר:

יְהִי רָצוֹן מִלְּפָנֶיךָ (יְהוָה אֱלֹהֵינוּ וֵאלֹהֵי אֲבוֹתֵינוּ,) שֶׁיִּרְבּוּ זְכֻיּוֹתֵינוּ ספרדי וּתְלַבְּבֵנוּ.

ייקח ראש (דג או כבש) ויאמר:

יְהִי רָצוֹן מִלְּפָנֶיךָ (יְהוָה אֱלֹהֵינוּ וֵאלֹהֵי אֲבוֹתֵינוּ,) שֶׁנִּהְיֶה לְרֹאשׁ וְלֹא לְזָנָב, ספרדי וְתִזְכֹּר לָנוּ עֲקֵדָתוֹ וְאֵילוֹ שֶׁל יִצְחָק אָבִינוּ, בֶּן אַבְרָהָם אָבִינוּ עֲלֵיהֶם הַשָּׁלוֹם.

ייקח תפוח בדבש ויאמר:

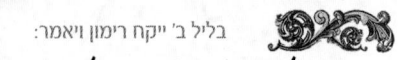

יְהִי רָצוֹן מִלְּפָנֶיךָ (יְהוָה אֱלֹהֵינוּ וֵאלֹהֵי אֲבוֹתֵינוּ,) שֶׁתִּתְחַדֵּשׁ עָלֵינוּ שָׁנָה טוֹבָה וּמְתוּקָה.

בליל ב' ייקח רימון ויאמר:

יְהִי רָצוֹן מִלְּפָנֶיךָ (יְהוָה אֱלֹהֵינוּ וֵאלֹהֵי אֲבוֹתֵינוּ,) אשכנזי שֶׁתַּרְבֶּה זְכֻיּוֹתֵינוּ ספרדי שֶׁנִּהְיֶה מְלֵאִים מִצְוֹת כָּרִמּוֹן.

סעודת החג

 On leeks:

May it be Your will (Hashem our God and the God of our fathers) that our Sefard: **foes and enemies and all those who wish us harm may be cut off.**

 On pumpkin or gourd:

May it be Your will (Hashem our God and the God of our fathers) that the evil decreed upon us be torn asunder, and that our merits be read before You.

 On black-eyed peas (known as rubya or lubya):

May it be Your will (Hashem our God and the God of our fathers) that our merits be increased Sefard: **and that You strengthen us.**

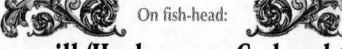 On fish-head:

May it be Your will (Hashem our God and the God of our fathers) that we may be like the head and not like the tail Sefard: **and remember for us the binding and the ram of our Father Yitzchak, son of our Father Avraham, peace be upon them.**

 Apple in honey:

May it be Your will (Hashem our God and the God of our fathers) that a good and sweet year be renewed upon us.

On the second night, a fruit not yet tasted that year is eaten.

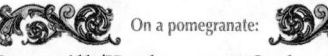 On a pomegranate:

May it be Your will (Hashem our God and the God of our fathers) that Ashkenaz: **You increase our merits**
Sefard: **we be as full of good deeds as a pomegranate.**

 **The Festive Meal**

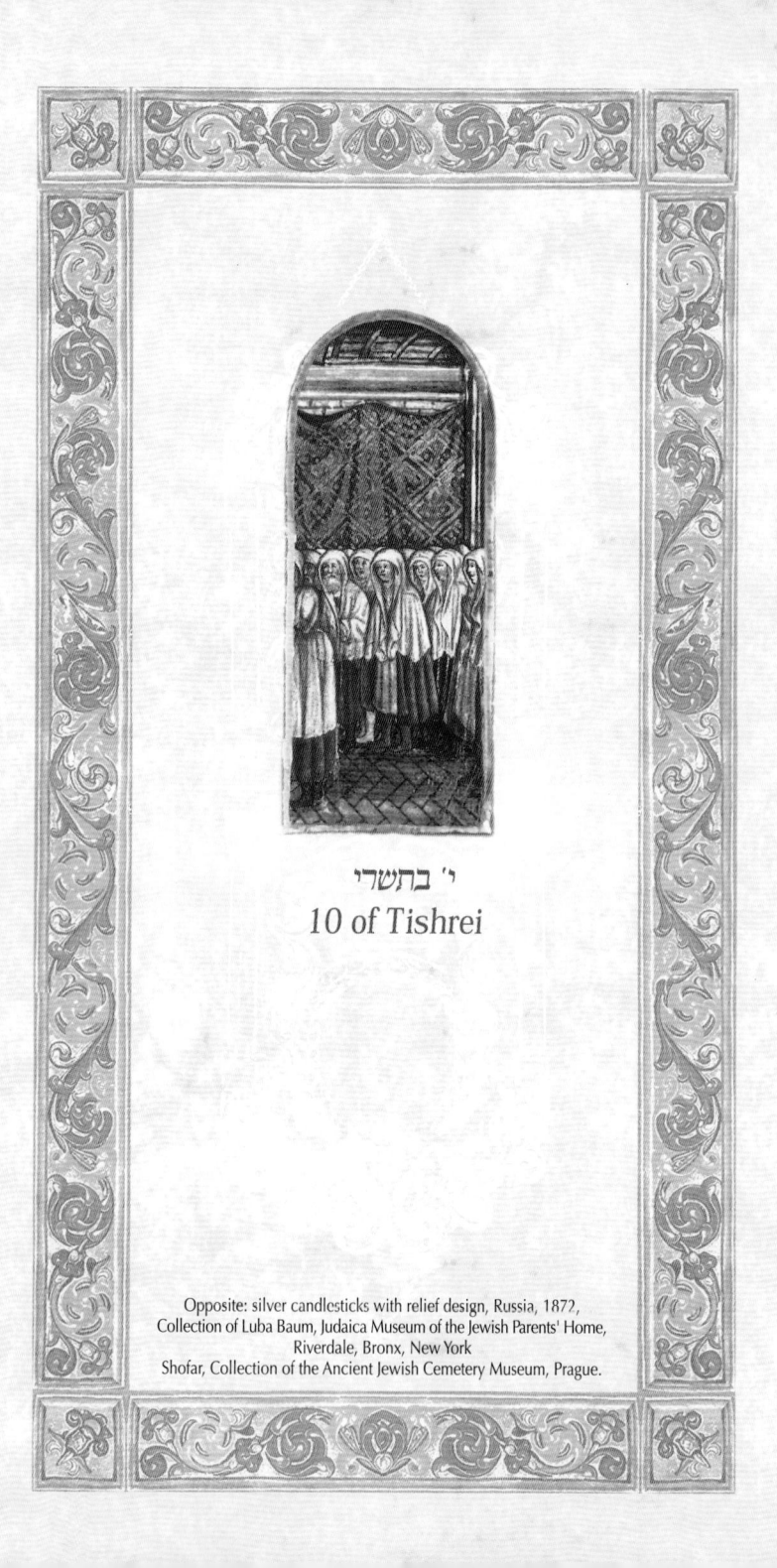

י' בתשרי

10 of Tishrei

יום
הכיפורים

Yom Kippur

This shall be an eternal law for you: In the seventh month, on the tenth
day of the month, you shall afflict your souls, and all work do not do -
both the native-born and the proselyte who joins you. For on this day
you will be atoned for all your sins, to purify you of all your iniquities;
before Hashem you will be purified. It is a Sabbath of Sabbaths to you,
and you shall afflict your souls as an eternal law.

(Lev. 16, 29-31)

Why is Yom Kippur on the tenth day of Tishrei?

At the start of the month of Elul, Moses ascended Mt. Sinai to receive the second set of the Tablets of the Covenant. He sojourned there for forty days and forty nights until the tenth day of Tishrei, when he was told by the Lord that Israel was forgiven the sin of the Golden Calf, on the same day Moses descended the mountain with the tablets in his arms. Since then, these days have been determined as Yemei Ratzon [days of desire], and the Day of Atonement has throughout the generations been set. On this day the judgment of Rosh Hashanah is "signed" according to the person's actions and his repentance and correction of his misdeeds.

What is the importance of Yom Kippur?

Yom Kippur is considered the most holy day of the year, a day of soul-searching and the seeking of forgiveness and redemption for transgressions. Since there is no redemption or forgiveness without repentance, this day is also symbolic of repentance and the correcting of deeds – of the individual, of society, and of the world. From the Sages we learn that God does not forgive transgressions between men, so it is customary to ask forgiveness from those around us in preparation for Yom Kippur. On this day we stop all work, even that which is permitted on a holiday, and refrain from eating and drinking and from the pleasures of the flesh so that the mind and heart will be free to be dedicated to the day. This is because the pleasures of the body lead a person to the material and to desire and it is not fitting for a slave to come before his master on Judgment Day when his soul is involved with material thoughts such as eating and drinking but rather clean and pure like angels. When the Temple existed the rituals of this day were mainly centered around the work of the Temple. In the scriptures it is represented as a day for purifying the Temple from the uncleanliness of the people of Israel, and the repentance also "cleansed" them and allowed the presence of God to be close to them, for the people, naturally, are destined to sin.

What is Hatarat Nedarim and the prayer of Kol Nidrei?

Before the setting of the sun at the start of the sacred day, the prayer leader stands before the open Ark of the Covenant flanked by two important members of the congregation, both holding Torah Scrolls in their hands. After the declaration "we are permitted to pray with transgressors," the recitation of Kol Nidrei is begun. This prayer is intended to annul vows [Hatarat Nedarim] that members of the congregation may make during the coming year, so that no person will have the transgression of vows on the following Yom Kippur. It should be noted that this is not valid for all situations, and it is worthwhile consulting with a Rabbi. According to the Kabbalah, there is also a kind of annulment of vows vis-à-vis Heaven, and this is probably the reason for the great emotion during the recitation.

נהוג לאכול לפני הצום "סעודה מפסקת",
לפני כניסת יום הכיפורים

הדלקת נרות

כשחל בחול:

בָּרוּךְ אַתָּה יְהֹוָה, אֱלֹהֵינוּ מֶלֶךְ
הָעוֹלָם, אֲשֶׁר קִדְּשָׁנוּ בְּמִצְוֹתָיו,
וְצִוָּנוּ לְהַדְלִיק נֵר שֶׁל יוֹם
הַכִּפּוּרִים.

כשחל בשבת:

בָּרוּךְ אַתָּה יְהֹוָה,
אֱלֹהֵינוּ מֶלֶךְ הָעוֹלָם,
אֲשֶׁר קִדְּשָׁנוּ בְּמִצְוֹתָיו,
וְצִוָּנוּ לְהַדְלִיק נֵר שֶׁל
שַׁבָּת וְשֶׁל יוֹם הַכִּפּוּרִים.

בָּרוּךְ אַתָּה יְיָ, אֱלֹהֵינוּ מֶלֶךְ
הָעוֹלָם, שֶׁהֶחֱיָנוּ וְקִיְּמָנוּ
וְהִגִּיעָנוּ לַזְּמַן הַזֶּה.

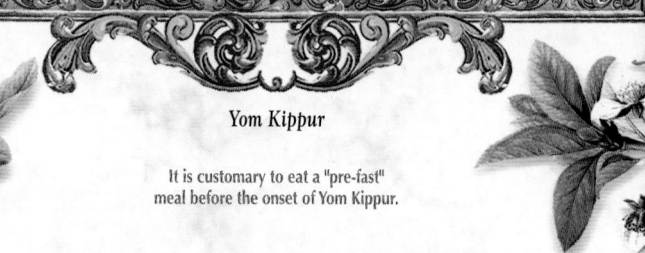

Yom Kippur

It is customary to eat a "pre-fast"
meal before the onset of Yom Kippur.

 ## Candle-lighting:

When Yom Kippur falls on a weekday:

Blessed art Thou, the Lord God,
King of the Universe, Who has sanctified us
with His commandments and commanded
us to light candles of Yom Kippur.

 When Yom Kippur falls on the Sabbath:

Blessed art Thou, the Lord God,
King of the Universe,
Who has sanctified us
with His commandments
and commanded us to light candles
of Sabbath and Yom Kippur.

Blessed art Thou, the Lord God,
King of the Universe, Who has given us life,
and sustained us, and brought us
to this time.

מנהג לברך את הבנים בערב יום הכיפורים, קודם שנכנסים לבית הכנסת, שאז כבר חלה קדושת היום, ושערי רחמים פתוחים

ברכת הבנים

יְשִׂמְךָ אֱלֹהִים כְּאֶפְרַיִם וְכִמְנַשֶּׁה.
יְבָרֶכְךָ יְהֹוָה וְיִשְׁמְרֶךָ: יָאֵר יְהֹוָה פָּנָיו אֵלֶיךָ וִיחֻנֶּךָּ: יִשָּׂא יְהֹוָה פָּנָיו אֵלֶיךָ וְיָשֵׂם לְךָ שָׁלוֹם:
יְהִי רָצוֹן מִלִּפְנֵי אָבִינוּ שֶׁבַּשָּׁמַיִם. שֶׁיִּתֵּן בְּלִבְּךָ אַהֲבָתוֹ וְיִרְאָתוֹ. וְתִהְיֶה יִרְאַת הַשֵּׁם עַל פָּנֶיךָ כָּל יְמֵי חַיֶּיךָ שֶׁלֹּא תֶּחֱטָא. וִיהִי חֶשְׁקְךָ בַּתּוֹרָה וּבַמִּצְוֹות. עֵינֶיךָ לְנֹכַח יַבִּיטוּ. פִּיךָ יְדַבֵּר חָכְמוֹת וְלִבְּךָ יֶהְגֶּה אֵימוֹת. יָדֶיךָ יִהְיוּ עוֹסְקוֹת בַּמִּצְוֹות. רַגְלֶיךָ יָרוּצוּ לַעֲשׂוֹת רְצוֹן אָבִיךָ שֶׁבַּשָּׁמַיִם. וְיִתֵּן לְךָ בָּנִים וּבָנוֹת צַדִּיקִים וְצַדִּיקוֹת עוֹסְקִים בַּתּוֹרָה וּבַמִּצְוֹות כָּל יְמֵיהֶם. וִיהִי מְקוֹרְךָ בָּרוּךְ. וְיַזְמִין לְךָ פַּרְנָסָתְךָ בְּהֶתֵּר בְּנַחַת וּבְרֶוַח מִתַּחַת יָדוֹ הָרְחָבָה. וְלֹא עַל יְדֵי מַתְּנוֹת בָּשָׂר וָדָם. פַּרְנָסָה שֶׁתִּהְיֶה פָּנוּי לַעֲבוֹדַת הַשֵּׁם. וְתִכָּתֵב וְתֵחָתֵם לְחַיִּים טוֹבִים וַאֲרֻכִּים בְּתוֹךְ כָּל צַדִּיקֵי יִשְׂרָאֵל. אָמֵן:

It is customary to bless the children on Yom Kippur eve before entering the synagogue, when the sanctity of the day begins and the Gates of Mercy are open.

Blessing the Sons

May God make you as Ephraim and Menashe. May God bless you and protect you. May God shine His countenance upon you and be gracious to you. May God lift His countenance towards you, and place peace upon you. May it be the will of our Father in Heaven that He place in your heart love and awe of Him, and may His awe be upon you all your life, so that you will not sin. May your passion be directed towards Torah and the commandments; may your eyes look toward the straight and true, may your mouth speak words of wisdom, and your heart shall (merely) muse on terror. May your hands be busy with good deeds, and may your legs run to do the will of your Father in Heaven. May God give you righteous sons and daughters who busy themselves with Torah and the commandments all their lives. May your source be blessed. May God grant you your sustenance in permitted ways, easily and expansively, from under His generous hand - but not via gifts from flesh and blood - a sustenance that will leave you free for the service of God. And may you be inscribed and sealed for a long and good life among all the righteous of Israel, Amen.

ברכת הבנות

יְשִׂימֵךְ אֱלֹהִים כְּשָׂרָה רִבְקָה רָחֵל וְלֵאָה. יְבָרְכֵךְ יְהֹוָה וְיִשְׁמְרֵךְ: יָאֵר יְהֹוָה פָּנָיו אֵלַיִךְ וִיחֻנֵּךְ: יִשָּׂא יְהֹוָה פָּנָיו אֵלַיִךְ וְיָשֵׂם לָךְ שָׁלוֹם:

יְהִי רָצוֹן מִלִּפְנֵי אָבִינוּ שֶׁבַּשָּׁמַיִם, שֶׁיִּתֵּן בְּלִבֵּךְ אַהֲבָתוֹ וְיִרְאָתוֹ, וְתִהְיֶה יִרְאַת הַשֵּׁם עַל פָּנַיִךְ כָּל יְמֵי חַיַּיִךְ שֶׁלֹּא תֶחֱטָאִי. וִיהִי חֶשְׁקֵךְ בַּתּוֹרָה וּבַמִּצְוֹות, עֵינַיִךְ לְנֹכַח יַבִּיטוּ, פִּיךְ יְדַבֵּר חָכְמוֹת וְלִבֵּךְ יֶהְגֶּה אֵימוֹת. יָדַיִךְ יִהְיוּ עוֹסְקוֹת בַּמִּצְוֹות, רַגְלַיִךְ יָרוּצוּ לַעֲשׂוֹת רְצוֹן אָבִיךְ שֶׁבַּשָּׁמַיִם. וְיִתֵּן לָךְ בָּנִים וּבָנוֹת צַדִּיקִים וְצַדִּיקוֹת עוֹסְקִים בַּתּוֹרָה וּבַמִּצְוֹות כָּל יְמֵיהֶם. וִיהִי מְקוֹרֵךְ בָּרוּךְ. וְיַזְמִין לָךְ פַּרְנָסָתֵךְ בְּהֶתֵּר בְּנַחַת וּבְרֶוַח מִתַּחַת יָדוֹ הָרְחָבָה, וְלֹא עַל יְדֵי מַתְּנוֹת בָּשָׂר וָדָם, פַּרְנָסָה שֶׁתִּהְיִי פְּנוּיָה לַעֲבוֹדַת הַשֵּׁם. וְתִכָּתְבִי וְתֵחָתְמִי לְחַיִּים טוֹבִים וַאֲרֻכִּים בְּתוֹךְ כָּל צַדִּיקֵי יִשְׂרָאֵל. אָמֵן:

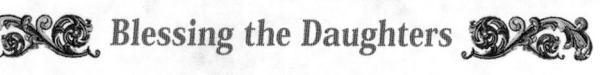

Blessing the Daughters

May God make you as Sarah, Rivka, Rachel and Leah. May God bless you and protect you. May God shine His countenance upon you and be gracious to you. May God lift His countenance towards you, and place peace upon you. May it be the will of our Father in Heaven that He place in your heart love and awe of Him, and may His awe be upon you all your life, so that you will not sin. May your passion be directed towards Torah and the commandments; may your eyes look toward the straight and true, may your mouth speak words of wisdom, and your heart shall (merely) muse on terror. May your hands be busy with good deeds, and may your legs run to do the will of your Father in Heaven. May God give you righteous sons and daughters who busy themselves with Torah and the commandments all their lives.

May your source be blessed. May God grant you your sustenance in permitted ways, easily and expansively, from under His generous hand - but not via gifts from flesh and blood - a sustenance that will leave you free for the service of God. And may you be inscribed and sealed for a long and good life among all the righteous of Israel, Amen.

סדר הבדלה

במוצאי יום הכיפורים יש להדליק את נר ההבדלה (רצוי נר קלוע מיוחד להבדלה) מנר שדלק מערב יום כיפור, למלא את כוס ההבדלה, ליטול הכוס ביד ימין ולברך אל מול אור נר ההבדלה:

ספרדי **כּוֹס יְשׁוּעוֹת אֶשָּׂא. וּבְשֵׁם יְהֹוָה אֶקְרָא:**

סָבְרֵי מָרָנָן ועונים **לְחַיִּים**

אשכנזי **סָבְרֵי מָרָנָן וְרַבָּנָן וְרַבּוֹתַי**

בָּרוּךְ אַתָּה יְהֹוָה, אֱלֹהֵינוּ מֶלֶךְ הָעוֹלָם, בּוֹרֵא פְּרִי ספרדי הַגֶּפֶן אשכנזי הַגָּפֶן. ועונים אָמֵן.

רק אם חל במוצ"ש יברך על הבשמים

בָּרוּךְ אַתָּה יְהֹוָה, אֱלֹהֵינוּ מֶלֶךְ הָעוֹלָם, בּוֹרֵא עֲצֵי/מִינֵי/עִשְׂבֵי/בְשָׂמִים.

יברך על הנר: (ובתוך כך יביט בציפורני יד ימין):

בָּרוּךְ אַתָּה יְהֹוָה, אֱלֹהֵינוּ מֶלֶךְ הָעוֹלָם, בּוֹרֵא מְאוֹרֵי הָאֵשׁ.

בָּרוּךְ אַתָּה יְהֹוָה, אֱלֹהֵינוּ מֶלֶךְ הָעוֹלָם, הַמַּבְדִּיל בֵּין קֹדֶשׁ לְחֹל, בֵּין אוֹר לְחֹשֶׁךְ, בֵּין יִשְׂרָאֵל לָעַמִּים, בֵּין יוֹם הַשְּׁבִיעִי לְשֵׁשֶׁת יְמֵי הַמַּעֲשֶׂה. בָּרוּךְ אַתָּה יְהֹוָה, הַמַּבְדִּיל בֵּין קֹדֶשׁ לְחֹל.

 Havdalah

At the conclusion of Yom Kippur, the Havdalah candle (preferably a braided one reserved for Havdalah) should be lit from a candle that had been burning since Yom Kippur eve. The cup of wine or grape juice is lifted in the right hand and the following is recited to the light of the Havdalah candle:

Sefard: **"A cup of salvations I will raise, and in the Name of God I will call." Pay heed, our masters.** the assembled respond: **To life!**

Ashkenaz: **Pay heed, our masters and teachers:**

Blessed art Thou, the Lord God, King of the Universe, Who creates the fruit of the vine. the assembled respond: **Amen.**

 Only if Yom Kippur coincided with the Sabbath:

Blessed art Thou, the Lord God, King of the Universe, Who creates trees / species / herbs of fragrances.

 On the candle, and while looking at one's right-hand fingernails:

Blessed art Thou, the Lord God, King of the Universe, Who creates the lights of the fire.

Blessed art Thou, the Lord God, King of the Universe, Who separates between holy and earthly, and between light and darkness, and between Israel and the nations, and between the Seventh Day and the six days of activity. Blessed art Thou, God, Who separates between holy and earthly.

ט"ו-כ"א בתשרי

15-21 of Tishrei

above: detail from the "Hoshana" prayer for Sukkot, from the Rothschild
Miscellany, illuminated manuscript from northern Italy, 1450-80,
Collection of The Israel Museum, Jerusalem.
opposite: Silver Citron Case in the shape of a duck, Ottoman Empire,
19th century, Collection of The Israel Museum, Jerusalem.

סוכות

Sukkot

"...And they found written in the
Torah that which God had
commanded, via Moshe,
for the Children of Israel
to dwell in the huts during the
festival of the seventh month."

(Nehemiah 8,14)

What does the holiday of Sukkot represent?

When the people of Israel left Egypt, they were a large people and they left their homes and cities and followed the Lord into an uncultivated land, into the desert where nothing grew. They did not ask their God, "where have you brought us and where will we find shelter from the desert winds and a source of water and from whence will come our food and sustenance?" There in the desert the Lord made booths [sukkot] for them. Some of our sages say actual booths while others say they were surrounded by seven clouds of honor: four from the directions of the four winds, one under their feet, one to provide shade from above, and the seventh cloud before them to guide them and to flatten every gully and hill.

What is the reason for the Mitzvah of the Four Species?

The holiday of Sukkot is also known as the harvest holiday – the end of the agricultural season and the harvest of crops and fruit. The Mitzvah of taking the four species, from which comes the mitzvah of joy, is as written: "And thou shalt rejoice in thy feast" (Deuteronomy 16:14). Many signs are hidden in the Mitzvah of the Four Species, among them:

1. The heart-shaped citron [etrog], the palm frond [lulav] that is as straight as a spine, the eye-shaped myrtle leaf [hadas] and the leaves of the willow [arava] which are like lips remind us to dedicate all our body and thoughts to worshipping the Creator.

2. They contain signs of the Lord: The etrog is a citrus fruit – and it is said of the Lord, "Thou art clothed with glory and majesty" (Psalms 104:1). In Hebrew the word hadar means both citrus and majesty; the lulav is from the palm tree and it is said of the Lord, "The righteous shall flourish like the palm-tree" (Psalms 92:13); the hadas – "and he stood among the myrtle-trees" (Zechariah 1:8); the arava – "extol Him that rideth upon the skies" (Psalms 68:5) [in Hebrew arava can also mean open spaces – here the skies].

3. They also contain signs of Israel: The etrog has taste and smell, and there are those amongst the people of Israel who have Torah (taste) and good deeds (smell): dates have taste but no smell, and so there are those amongst the people of Israel who have Torah but no good deeds; the myrtle has smell but no taste, for those with good deeds but no Torah; and the willow lacks both taste and smell, and so there are those who have no Torah or good deeds. The Lord said: You shall all come together and influence each other.

What is the Ushpizin [guests]?

In the holy book of Zohar it is written: When the people of Israel leave their homes and enter the sukkah in the name of the Lord, they merit to receive the presence of God, and the seven loyal shepherds come down from paradise and come to the sukkah as ushpizin. The meaning of ushpizin is "guests". The seven guests are: The three patriarchs Abraham, Isaac and Jacob, Moses our Teacher and Aaron the Priest, righteous Joseph and King David (there are those who put Joseph before Moses and Aaron). On each day that the people of Israel sit in their sukkot, a different guest visits in order. There are those who place a good chair in the sukkah in honor of the guests, and it is fitting to invite poor guests to join the holiday meals.

שבעה אושפיזין

כל שבעת הלילות אומרים:

ספרדי עוּלוּ אֻשְׁפִּיזִין עִלָּאִין קַדִּישִׁין. עוּלוּ אֲבָהָן עִלָּאִין קַדִּישִׁין לְמֵתַב בְּצִלָּא דִמְהֵימְנוּתָא עִלָּאָה. בְּצִלָּא דְקוּדְשָׁא בְּרִיךְ הוּא:

אשכנזי אֲזַמִּין לִסְעוּדָתִי אוּשְׁפִּיזִין עִלָּאִין אַבְרָהָם יִצְחָק יַעֲקֹב מֹשֶׁה אַהֲרֹן יוֹסֵף וְדָוִד:

ליל א': ספרדי לִיעוּל אַבְרָהָם רְחִימָא אַבָּא קַדִּישָׁא. וְלִיעוּל עִמֵּיהּ: יִצְחָק וְיַעֲקֹב, מֹשֶׁה אַהֲרֹן, יוֹסֵף וְדָוִד:

אשכנזי בְּמָטֵי מִינָךְ אַבְרָהָם אוּשְׁפִּיזִי עִלָּאִי דְּיֵתְבֵי עִמִּי וְעִמָּךְ כָּל אוּשְׁפִּיזֵי עִלָּאֵי יִצְחָק יַעֲקֹב מֹשֶׁה אַהֲרֹן יוֹסֵף וְדָוִד:

ליל ב': ספרדי לִיעוּל יִצְחָק עֲקֵידָא אַבָּא קַדִּישָׁא. וְלִיעוּל עִמֵּיהּ: אַבְרָהָם וְיַעֲקֹב, מֹשֶׁה אַהֲרֹן, יוֹסֵף וְדָוִד:

אשכנזי בְּמָטֵי מִינָךְ יִצְחָק אוּשְׁפִּיזִי עִלָּאִי דְּיֵתְבֵי עִמִּי וְעִמָּךְ כָּל אוּשְׁפִּיזֵי עִלָּאֵי אַבְרָהָם יַעֲקֹב מֹשֶׁה אַהֲרֹן יוֹסֵף וְדָוִד:

ליל ג': ספרדי לִיעוּל יַעֲקֹב שְׁלֵימָא אַבָּא קַדִּישָׁא. וְלִיעוּל עִמֵּיהּ: אַבְרָהָם יִצְחָק, מֹשֶׁה אַהֲרֹן, יוֹסֵף וְדָוִד:

אשכנזי בְּמָטֵי מִינָךְ יַעֲקֹב אוּשְׁפִּיזִי עִלָּאִי דְּיֵתְבֵי עִמִּי וְעִמָּךְ כָּל אוּשְׁפִּיזֵי עִלָּאֵי אַבְרָהָם יִצְחָק מֹשֶׁה אַהֲרֹן יוֹסֵף וְדָוִד:

ליל ד': ספרדי לִיעוּל מֹשֶׁה רַעְיָא מְהֵימְנָא. וְלִיעוּל עִמֵּיהּ: אַבְרָהָם יִצְחָק וְיַעֲקֹב, אַהֲרֹן, יוֹסֵף וְדָוִד:

אשכנזי בְּמָטֵי מִינָךְ מֹשֶׁה אוּשְׁפִּיזִי עִלָּאִי דְּיֵתְבֵי עִמִּי וְעִמָּךְ כָּל אוּשְׁפִּיזֵי עִלָּאֵי אַבְרָהָם יִצְחָק יַעֲקֹב אַהֲרֹן יוֹסֵף וְדָוִד:

Ushpizin

Sefard: Arise and come, holy exalted guests. Arise and come, holy exalted fathers, to sit in the Shade of Faith [the Sukkah], in the shadow of the Holy One, Blessed be He.

Ashkenaz: I will invite to my festival meal the exalted guests Avraham, Yitzchak, Yaakov, Moshe, Aharon, Yosef and David.

On the first night: **Sefard:** Let the compassionate Avraham, the holy forefather, arise and come, and with him Yitzchak, Yaakov, Moshe, Aharon, Yosef and David.

Ashkenaz: If you please, my exalted guest Avraham, let all the other eminent guests - Yitzchak, Yaakov, Moshe, Aharon, Yosef and David - sit here with me and you.

On the second night: **Sefard:** Let the bound Yitzchak, the holy forefather, arise and come, and with him Avraham, Yaakov, Moshe, Aharon, Yosef and David.

Ashkenaz: If you please, my exalted guest Yitzchak, let all the other eminent guests - Avraham, Yaakov, Moshe, Aharon, Yosef and David - sit here with me and you.

On the third night: **Sefard:** Let the complete Yaakov, the holy forefather, arise and come, and with him Avraham, Yitzchak, Moshe, Aharon, Yosef and David.

Ashkenaz: If you please, my exalted guest Yaakov, let all the other eminent guests - Avraham, Yitzchak, Moshe, Aharon, Yosef and David - sit here with me and you.

On the fourth night: **Sefard:** Let the loyal shepherd Moshe arise and come, and with him Avraham, Yitzchak, Yaakov, Aharon, Yosef and David.

Ashkenaz: If you please, my exalted guest Moshe, let all the other eminent guests - Avraham, Yitzchak, Yaakov, Aharon, Yosef and David - sit here with me and you.

ליל ה': ספרדי לִיעוּל אַהֲרֹן כַּהֲנָא. וְלִיעוּל עִמֵּיהּ:
אַבְרָהָם יִצְחָק וְיַעֲקֹב. מֹשֶׁה. יוֹסֵף וְדָוִד:
אשכנזי בְּמָטֵי מִינָךְ אַהֲרֹן אוּשְׁפִּיזִי עִילָּאִי דְּיַתְבֵי עִמִּי וְעִמָּךְ
כָּל אוּשְׁפִּיזֵי עִילָּאִי אַבְרָהָם יִצְחָק יַעֲקֹב מֹשֶׁה יוֹסֵף וְדָוִד:

ליל ו': ספרדי לִיעוּל יוֹסֵף צַדִּיקָא. וְלִיעוּל עִמֵּיהּ:
אַבְרָהָם יִצְחָק וְיַעֲקֹב. מֹשֶׁה. אַהֲרֹן וְדָוִד:
אשכנזי בְּמָטֵי מִינָךְ יוֹסֵף אוּשְׁפִּיזִי עִילָּאִי דְּיַתְבֵי עִמִּי וְעִמָּךְ כָּל
אוּשְׁפִּיזֵי עִילָּאִי אַבְרָהָם יִצְחָק יַעֲקֹב מֹשֶׁה אַהֲרֹן וְדָוִד:

ליל ז': ספרדי לִיעוּל דָּוִד מַלְכָּא מְשִׁיחָא. וְלִיעוּל עִמֵּיהּ:
אַבְרָהָם יִצְחָק וְיַעֲקֹב. מֹשֶׁה אַהֲרֹן וְיוֹסֵף:
אשכנזי בְּמָטֵי מִינָךְ דָּוִד אוּשְׁפִּיזִי עִילָּאִי דְּיַתְבֵי עִמִּי וְעִמָּךְ כָּל
אוּשְׁפִּיזֵי עִילָּאִי אַבְרָהָם יִצְחָק יַעֲקֹב מֹשֶׁה אַהֲרֹן וְיוֹסֵף:

ספרדי בַּסֻּכֹּת תֵּשְׁבוּ שִׁבְעַת יָמִים כָּל הָאֶזְרָח
בְּיִשְׂרָאֵל יֵשְׁבוּ בַּסֻּכֹּת: לְמַעַן יֵדְעוּ דֹרֹתֵיכֶם
כִּי בַסֻּכּוֹת הוֹשַׁבְתִּי אֶת בְּנֵי יִשְׂרָאֵל בְּהוֹצִיאִי
אוֹתָם מֵאֶרֶץ מִצְרָיִם אֲנִי יְהֹוָה אֱלֹהֵיכֶם:
אֵלֶּה מוֹעֲדֵי יְהֹוָה מִקְרָאֵי קֹדֶשׁ. אֲשֶׁר תִּקְרְאוּ
אֹתָם בְּמוֹעֲדָם: וַיְדַבֵּר מֹשֶׁה אֶת מֹעֲדֵי יְהֹוָה.
אֶל בְּנֵי יִשְׂרָאֵל:

On the fifth night: **Sefard:** Let Aharon the High Priest arise and come, and with him Avraham, Yitzchak, Yaakov, Moshe, Yosef and David.

Ashkenaz: If you please, my exalted guest Aharon, let all the other eminent guests - Avraham, Yitzchak, Yaakov, Moshe, Yosef and David - sit here with me and you.

On the sixth night: **Sefard:** Let Yosef the Righteous arise and come, and with him Avraham, Yitzchak, Yaakov, Moshe, Aharon and David.

Ashkenaz: If you please, my exalted guest Yosef, let all the other eminent guests - Avraham, Yitzchak, Yaakov, Moshe, Aharon and David - sit here with me and you.

On the seventh night: **Sefard:** Let King David the Messiah arise and come, and with him Avraham, Yitzchak, Yaakov, Moshe, Aharon and Yosef.

Ashkenaz: If you please, my exalted guest David, let all the other eminent guests - Avraham, Yitzchak, Yaakov, Moshe, Aharon and Yosef - sit here with me and you.

Verses recited according to the Sefardic tradition:

You shall dwell in the huts for seven days; every citizen in Israel shall sit in the huts. In order that your generations shall know that I had the Children of Israel dwell in huts when I took them out of the Land of Egypt; I am the Lord your God. These are the appointed times of God that are proclaimed holy, that you shall proclaim in their times. And Moshe spoke of these holidays to the Children of Israel.

(Leviticus 23:42, 43, 4, 44)

קידוש

ימלא את הכוס ביין, יעמוד, ייטול הכוס ביד ימין,
יגביהנו מעל השולחן ויאמר:

כשחל בשבת מתחילים כאן:

אשכנזי (בלחש) וַיְהִי עֶרֶב וַיְהִי בֹקֶר:

יוֹם הַשִּׁשִּׁי: וַיְכֻלּוּ הַשָּׁמַיִם וְהָאָרֶץ וְכָל צְבָאָם: וַיְכַל אֱלֹהִים בַּיּוֹם הַשְּׁבִיעִי מְלַאכְתּוֹ אֲשֶׁר עָשָׂה. וַיִּשְׁבֹּת בַּיּוֹם הַשְּׁבִיעִי מִכָּל מְלַאכְתּוֹ אֲשֶׁר עָשָׂה: וַיְבָרֶךְ אֱלֹהִים אֶת יוֹם הַשְּׁבִיעִי וַיְקַדֵּשׁ אֹתוֹ. כִּי בוֹ שָׁבַת מִכָּל מְלַאכְתּוֹ אֲשֶׁר בָּרָא אֱלֹהִים לַעֲשׂוֹת:

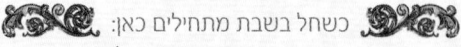

כשחל בחול מתחילים כאן:

ספרדי אֵלֶּה מוֹעֲדֵי יְיָ מִקְרָאֵי קֹדֶשׁ אֲשֶׁר תִּקְרְאוּ אֹתָם בְּמוֹעֲדָם: וַיְדַבֵּר מֹשֶׁה אֶת מֹעֲדֵי יְיָ אֶל בְּנֵי יִשְׂרָאֵל:

ספרדי סַבְרִי מָרָנָן ועונים לְחַיִּים | אשכנזי סַבְרֵי מָרָנָן וְרַבָּנָן וְרַבּוֹתַי

בָּרוּךְ אַתָּה יְהֹוָה, אֱלֹהֵינוּ מֶלֶךְ הָעוֹלָם, בּוֹרֵא פְּרִי
ספרדי הַגֶּפֶן אשכנזי הַגָּפֶן. ועונים אָמֵן.

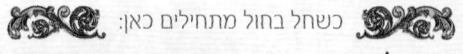

בָּרוּךְ אַתָּה יְהֹוָה, אֱלֹהֵינוּ מֶלֶךְ הָעוֹלָם, אֲשֶׁר בָּחַר בָּנוּ מִכָּל עָם. וְרוֹמְמָנוּ מִכָּל לָשׁוֹן. וְקִדְּשָׁנוּ בְּמִצְוֹתָיו. וַתִּתֶּן לָנוּ יְהֹוָה אֱלֹהֵינוּ בְּאַהֲבָה.

Kiddush

Fill the cup with wine, stand, take the cup in the right hand,
lift it above the table and recite:

On Friday night, begin here:

Ashkenaz the following is said softly: **It was evening and it was morning**

The sixth day.

The creation of the heavens and earth and all their hosts
was completed. God completed, on the seventh day,
the work He had done, and He rested on the seventh
day from all the work He had done. God blessed the
seventh day and sanctified it, for on it He ceased
performing all His work that He had created.

On a week-night,
the prayer begins here:

Sefard: **These are the appointed times of G-d that are proclaimed
holy, that you shall proclaim in their times. And Moshe spoke
of these holidays to the Children of Israel.**
Pay heed, our masters. the assembled respond: **To life!**

Ashkenaz: **Pay heed, our masters and teachers:**

**Blessed art Thou, the Lord God, King of the Universe,
Who creates the fruit of the vine.** they answer: **Amen.**

Blessed art Thou, the Lord God, King of the Universe, Who has
chosen us from among all the nations, and has raised us above
all the tongues, and has sanctified us with His commandments.
You have given us, Hashem Our God, with love,

(בשבת שַׁבָּתוֹת לִמְנוּחָה וּ)
מוֹעֲדִים לְשִׂמְחָה. חַגִּים וּזְמַנִּים
לְשָׂשׂוֹן. אֶת יוֹם (בשבת הַשַּׁבָּת הַזֶּה.
וְאֶת יוֹם) חַג הַסֻּכּוֹת הַזֶּה. ספרדי אֶת יוֹם טוֹב מִקְרָא
קֹדֶשׁ הַזֶּה. זְמַן שִׂמְחָתֵנוּ. (בשבת בְּאַהֲבָה) מִקְרָא
קֹדֶשׁ. זֵכֶר לִיצִיאַת מִצְרָיִם: כִּי בָנוּ בָחַרְתָּ וְאוֹתָנוּ
קִדַּשְׁתָּ מִכָּל הָעַמִּים, (בשבת וְשַׁבָּת ספרדי וְשַׁבָּתוֹת וּ)
מוֹעֲדֵי קָדְשֶׁךָ, (בשבת בְּאַהֲבָה וּבְרָצוֹן) בְּשִׂמְחָה וּבְשָׂשׂוֹן
הִנְחַלְתָּנוּ. בָּרוּךְ אַתָּה יְהוָה, מְקַדֵּשׁ
(בשבת הַשַּׁבָּת וְ) יִשְׂרָאֵל וְהַזְּמַנִּים: ועונים אָמֵן.

ביום טוב שני בחו"ל שחל במוצאי שבת מוסיפים
שתי ברכות אלו קודם ברכת "שהחיינו":

בָּרוּךְ אַתָּה יְהוָה, אֱלֹהֵינוּ מֶלֶךְ
הָעוֹלָם, בּוֹרֵא מְאוֹרֵי הָאֵשׁ. ועונים אָמֵן.

בָּרוּךְ אַתָּה יְהוָה, אֱלֹהֵינוּ מֶלֶךְ הָעוֹלָם,
הַמַּבְדִּיל בֵּין קֹדֶשׁ לְחֹל, בֵּין אוֹר לְחֹשֶׁךְ, בֵּין יִשְׂרָאֵל
לָעַמִּים, בֵּין יוֹם הַשְּׁבִיעִי לְשֵׁשֶׁת יְמֵי הַמַּעֲשֶׂה. בֵּין
קְדֻשַּׁת שַׁבָּת לִקְדֻשַּׁת יוֹם טוֹב הִבְדַּלְתָּ, וְאֶת־יוֹם
הַשְּׁבִיעִי מִשֵּׁשֶׁת יְמֵי הַמַּעֲשֶׂה קִדַּשְׁתָּ. הִבְדַּלְתָּ וְקִדַּשְׁתָּ
אֶת־עַמְּךָ יִשְׂרָאֵל בִּקְדֻשָּׁתֶךָ. בָּרוּךְ אַתָּה יְהוָה, הַמַּבְדִּיל
בֵּין קֹדֶשׁ לְקֹדֶשׁ. ועונים אָמֵן.

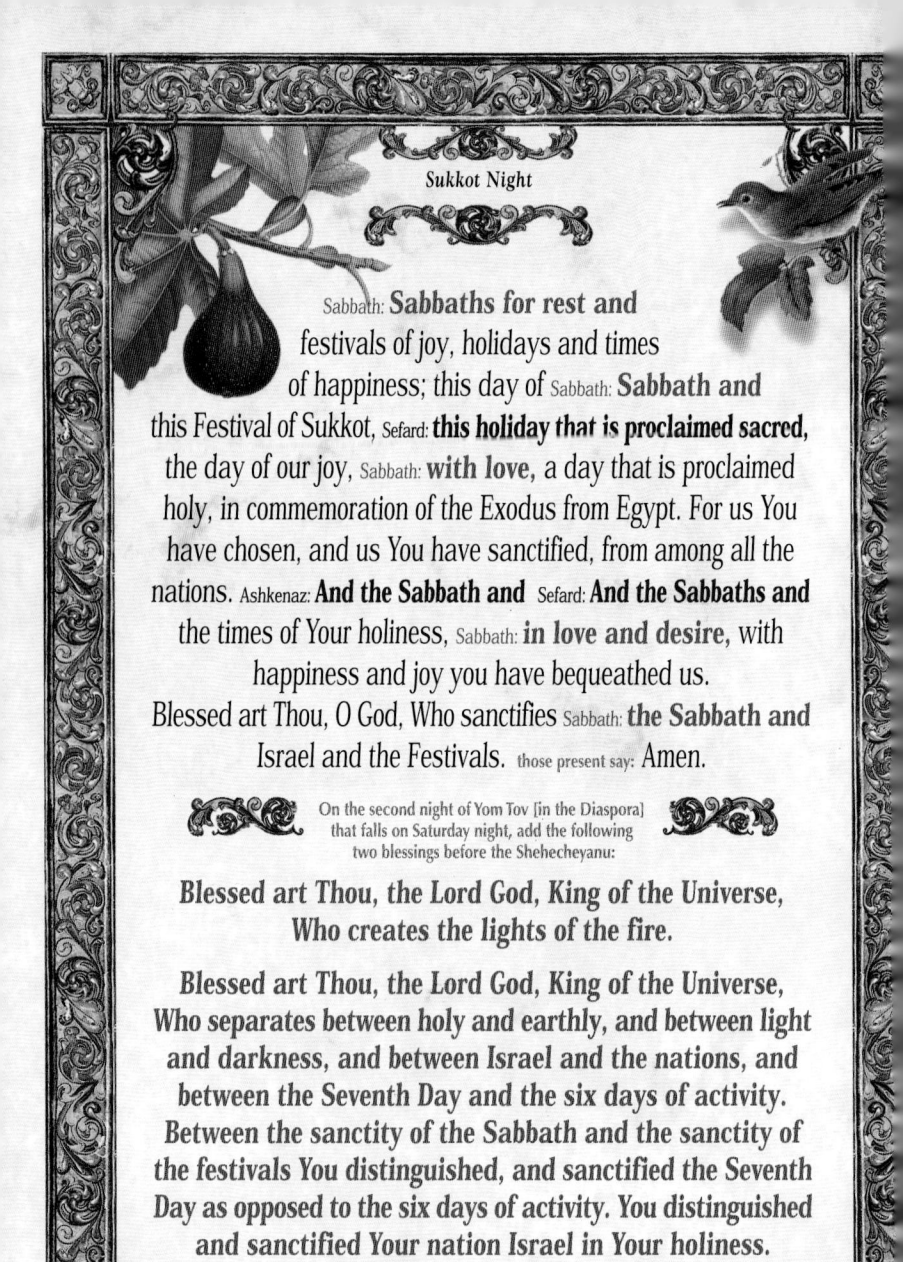

Sabbath: **Sabbaths for rest and** festivals of joy, holidays and times of happiness; this day of Sabbath: **Sabbath and** this Festival of Sukkot, Sefard: **this holiday that is proclaimed sacred,** the day of our joy, Sabbath: **with love,** a day that is proclaimed holy, in commemoration of the Exodus from Egypt. For us You have chosen, and us You have sanctified, from among all the nations. Ashkenaz: **And the Sabbath and** Sefard: **And the Sabbaths and** the times of Your holiness, Sabbath: **in love and desire,** with happiness and joy you have bequeathed us.
Blessed art Thou, O God, Who sanctifies Sabbath: **the Sabbath and** Israel and the Festivals. those present say: Amen.

On the second night of Yom Tov [in the Diaspora] that falls on Saturday night, add the following two blessings before the Shehecheyanu:

Blessed art Thou, the Lord God, King of the Universe, Who creates the lights of the fire.

Blessed art Thou, the Lord God, King of the Universe, Who separates between holy and earthly, and between light and darkness, and between Israel and the nations, and between the Seventh Day and the six days of activity. Between the sanctity of the Sabbath and the sanctity of the festivals You distinguished, and sanctified the Seventh Day as opposed to the six days of activity. You distinguished and sanctified Your nation Israel in Your holiness. Blessed art Thou, God, Who separates between holy and holy. those present say: **Amen.**

63

בָּרוּךְ אַתָּה יְהֹוָה,
אֱלֹהֵינוּ מֶלֶךְ הָעוֹלָם,
אֲשֶׁר קִדְּשָׁנוּ בְּמִצְוֹתָיו
וְצִוָּנוּ לֵישֵׁב בַּסֻּכָּה.

בָּרוּךְ אַתָּה יְהֹוָה, אֱלֹהֵינוּ מֶלֶךְ הָעוֹלָם,
שֶׁהֶחֱיָנוּ וְקִיְּמָנוּ, וְהִגִּיעָנוּ לַזְּמַן הַזֶּה.

יטעם מהכוס ויחלק למסובין

ייטול ידיו ויברך:

בָּרוּךְ אַתָּה יְהֹוָה, אֱלֹהֵינוּ מֶלֶךְ הָעוֹלָם
אֲשֶׁר קִדְּשָׁנוּ בְּמִצְוֹתָיו,
וְצִוָּנוּ עַל נְטִילַת יָדָיִם:

יברך על שתי חלות:

בָּרוּךְ אַתָּה יְהֹוָה, אֱלֹהֵינוּ מֶלֶךְ הָעוֹלָם
הַמּוֹצִיא לֶחֶם מִן הָאָרֶץ:

יבצע החלה ויטעם,
יחלק לכל המסובין (לפחות כזית לכל אחד)

סעודת החג

Blessed art Thou,
the Lord God, King of the Universe,
Who sanctified us with
His commandments and commanded us
to sit in the Sukkah.

Blessed art Thou, the Lord God, King of the
Universe, Who has given us life, and sustained
us, and brought us to this time.

The participants then drink of the wine.

 Wash hands and
recite this blessing :

Blessed art Thou, the Lord God, King of the
Universe, Who sanctified us with His
commandments and commanded us
regarding the washing of hands.

 The leader recites over the two Challah-breads:

Blessed art Thou, the Lord God,
King of the Universe, Who brings
forth bread from the earth.

He cuts the Challah, tastes, and distributes at least
a slice to each of the participants.

 **The Festive Meal**

כ״ב בתשרי

(כ״ג בתשרי, שמחת תורה בחו״ל)

22 of Tishrei
(23 of Tishrei, Simchat Torah outside Israel)

opposite: Carved wooden and silver Torah case, Venice, 17th
century, Collection of the Museum of Jewish Art, Venice;
Silver Torah pointer, 1725, Max Berger Judaica Collection, Vienna

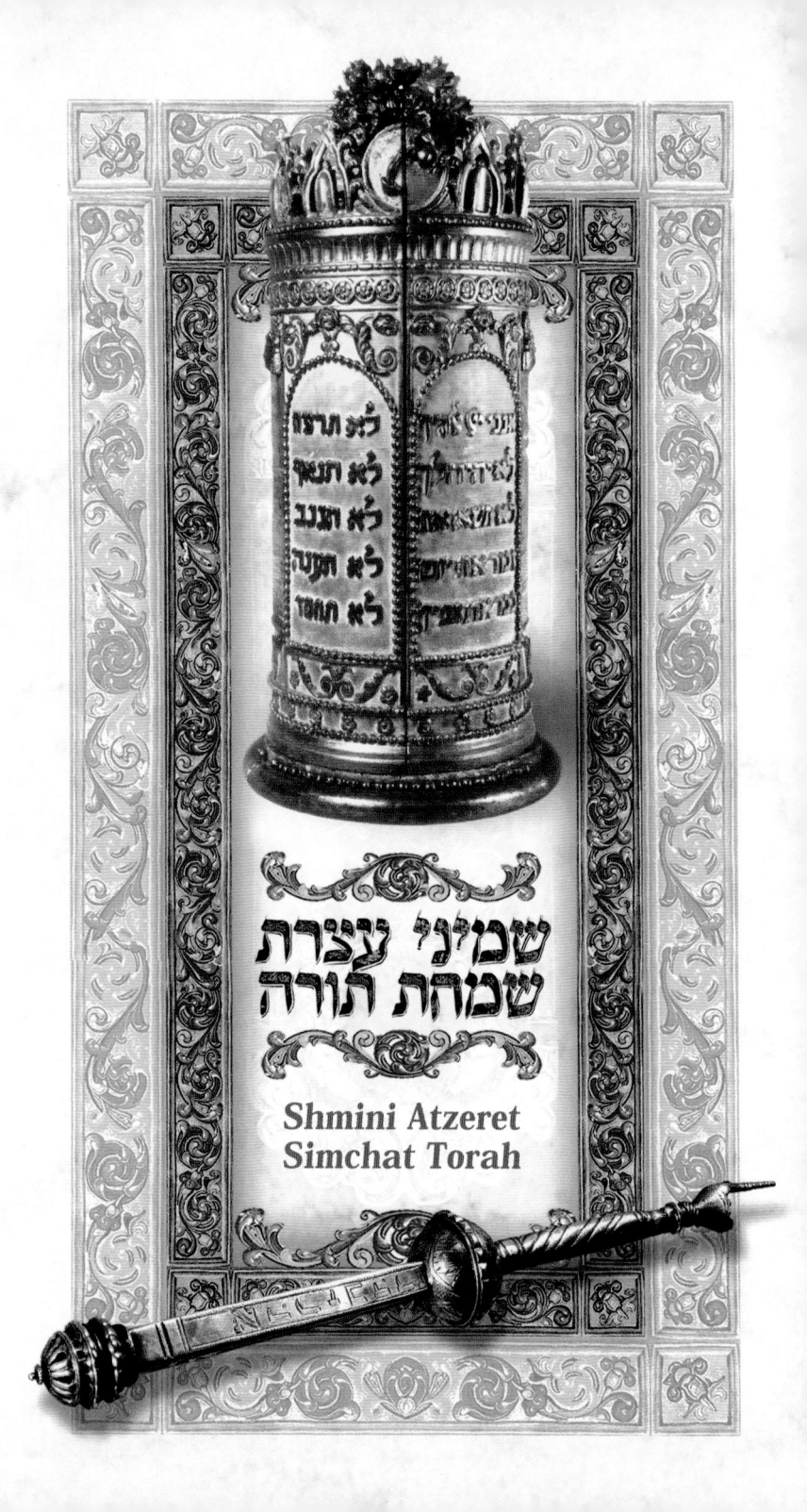

שמיני עצרת
שמחת תורה

Shmini Atzeret
Simchat Torah

On the eighth day, it will be an
assembly for you; no manner
of work shall you do.

(Numbers 29,35)

What is Shmini Atzeret [the eighth days of assembly]?

It is a pilgrimage holiday in itself, and though it follows Sukkot, it is not connected to it. Therefore it includes the "shehecheyanu" blessing during the candle lighting and during the Kiddush, and we do not perform the special mitzvot of Sukkot. Regarding the reason for this holiday, it is said: It is compared to sons taking leave of their father and he said to them, "Your departure is hard for me, stay another day." This day is considered the start of the rainy season, and therefore a prayer for rain is said and we start to mention rains in the Amidah, in the statement "mashiv haruach u'morid hageshem" [blower of wind and rainmaker].

What is Simchat Torah [Joy of the Torah]?

This holiday began to be celebrated during the period of the Geonim (end of the 6th century until the 11th century CE). It marks the end of the public reading of the Torah with the end of the Book of Deuteronomy and the start of a new cycle of reading with the Book of Genesis. Moses told the people of Israel to read the Torah every Shabbat, and the wise men of the generations added that the reading of the Torah should be completed every year with the reading of a portion [parasha] once every Shabbat. It starts with the parasha "Bereshit" [In the Beginning] on the Shabbat after the holiday, and finishes on Shmini Atzeret (in Israel; elsewhere - where festivals are celebrated for two days - it concludes on the next day, Simchat Torah).

What is the source of the custom of encircling [hakafot] and why is it done?

This custom, which is not mentioned in the Mishnah or in the Talmud, is an expression of the great joy of this day. In the Temple they would encircle the altar with willow leaves every day, and on the seventh day – Hoshana Raba – seven times. We perform a reminder of this during Sukkot with the lulav, and with the Torah scrolls on Simchat Torah. The encircling also signifies that as soon as the Torah is completed, we start from the beginning, to show that there is no end to the Torah and its study.

קידוש

ימלא את הכוס ביין, יעמוד, ייטול הכוס ביד ימין,
יגביהנו מעל השולחן ויאמר:

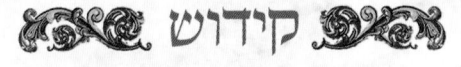

כשחל בשבת מתחילים כאן:

אשכנזי (בלחש) וַיְהִי עֶרֶב וַיְהִי בֹקֶר:

יוֹם הַשִּׁשִּׁי: וַיְכֻלּוּ הַשָּׁמַיִם וְהָאָרֶץ וְכָל צְבָאָם: וַיְכַל אֱלֹהִים בַּיּוֹם הַשְּׁבִיעִי מְלַאכְתּוֹ אֲשֶׁר עָשָׂה. וַיִּשְׁבֹּת בַּיּוֹם הַשְּׁבִיעִי מִכָּל מְלַאכְתּוֹ אֲשֶׁר עָשָׂה: וַיְבָרֶךְ אֱלֹהִים אֶת יוֹם הַשְּׁבִיעִי וַיְקַדֵּשׁ אֹתוֹ. כִּי בוֹ שָׁבַת מִכָּל מְלַאכְתּוֹ אֲשֶׁר בָּרָא אֱלֹהִים לַעֲשׂוֹת:

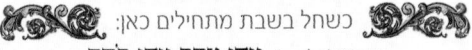

כשחל בחול מתחילים כאן:

ספרדי אֵלֶּה מוֹעֲדֵי יְיָ מִקְרָאֵי קֹדֶשׁ אֲשֶׁר תִּקְרְאוּ אֹתָם בְּמוֹעֲדָם: וַיְדַבֵּר מֹשֶׁה אֶת מֹעֲדֵי יְיָ אֶל בְּנֵי יִשְׂרָאֵל:

ספרדי סָבְרֵי מָרָנָן ועונים לְחַיִּים | אשכנזי סָבְרֵי מָרָנָן וְרַבָּנָן וְרַבּוֹתַי

בָּרוּךְ אַתָּה יְהֹוָה, אֱלֹהֵינוּ מֶלֶךְ הָעוֹלָם, בּוֹרֵא פְּרִי ספרדי הַגֶּפֶן אשכנזי הַגָּפֶן. ועונים אָמֵן.

בָּרוּךְ אַתָּה יְהֹוָה, אֱלֹהֵינוּ מֶלֶךְ הָעוֹלָם, אֲשֶׁר בָּחַר בָּנוּ מִכָּל עָם. וְרוֹמְמָנוּ מִכָּל לָשׁוֹן.

Kiddush

Fill the cup with wine, stand, take the cup in the right hand,
lift it above the table and recite:

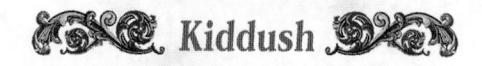 On Friday night, begin here:

Ashkenaz the following is said softly: **It was evening and it was morning**

The sixth day.

The creation of the heavens and earth and all their
hosts was completed. God completed, on the seventh
day, the work He had done, and He rested on the
seventh day from all the work He had done.
God blessed the seventh day and sanctified it,
for on it He ceased performing all His work
that He had created.

 On a week-night,
the prayer begins here:

Sefard: **These are the appointed times of G-d that are
proclaimed holy, that you shall proclaim in their times.
And Moshe spoke of these holidays
to the Children of Israel.
Pay heed, our masters.** the assembled respond: **To life!**

Ashkenaz: **Pay heed, our masters and teachers:**

Blessed art Thou, the Lord God,
King of the Universe,
Who creates the fruit of the vine. they answer: Amen.

Blessed art Thou, the Lord God, King of the Universe,
Who has chosen us from among all the nations,
and has raised us above all the tongues,

וְקִדְּשָׁנוּ בְּמִצְוֹתָיו. וַתִּתֶּן לָנוּ יְהֹוָה אֱלֹהֵינוּ בְּאַהֲבָה. (בשבת שַׁבָּתוֹת לִמְנוּחָה וּ) מוֹעֲדִים לְשִׂמְחָה. חַגִּים וּזְמַנִּים לְשָׂשׂוֹן. אֶת יוֹם (בשבת הַשַּׁבָּת הַזֶּה. וְאֶת יוֹם) שְׁמִינִי חַג עֲצֶרֶת הַזֶּה. ספרדי אֶת יוֹם טוֹב מִקְרָא קֹדֶשׁ הַזֶּה. זְמַן שִׂמְחָתֵנוּ. (בשבת בְּאַהֲבָה) מִקְרָא קֹדֶשׁ. זֵכֶר לִיצִיאַת מִצְרָיִם: כִּי בָנוּ בָחַרְתָּ וְאוֹתָנוּ קִדַּשְׁתָּ מִכָּל הָעַמִּים. (בשבת וְשַׁבָּת ספרדי וְשַׁבָּתוֹת וּ) מוֹעֲדֵי קָדְשֶׁךָ. (בשבת בְּאַהֲבָה וּבְרָצוֹן) בְּשִׂמְחָה וּבְשָׂשׂוֹן הִנְחַלְתָּנוּ.
בָּרוּךְ אַתָּה יְהֹוָה, מְקַדֵּשׁ
(בשבת הַשַּׁבָּת וְ) יִשְׂרָאֵל וְהַזְּמַנִּים:

ועונים אָמֵן.

בָּרוּךְ אַתָּה יְהֹוָה, אֱלֹהֵינוּ מֶלֶךְ הָעוֹלָם, שֶׁהֶחֱיָנוּ וְקִיְּמָנוּ, וְהִגִּיעָנוּ לַזְּמַן הַזֶּה.

יטעם מהכוס ויחלק לכל המסובין. ייטול ידיו ויברך:

בָּרוּךְ אַתָּה יְהֹוָה, אֱלֹהֵינוּ מֶלֶךְ הָעוֹלָם אֲשֶׁר קִדְּשָׁנוּ בְּמִצְוֹתָיו, וְצִוָּנוּ עַל נְטִילַת יָדָיִם:

יברך על שתי חלות:

בָּרוּךְ אַתָּה יְהֹוָה, אֱלֹהֵינוּ מֶלֶךְ הָעוֹלָם הַמּוֹצִיא לֶחֶם מִן הָאָרֶץ:

יבצע החלה ויטעם, יחלק לכל המסובין (לפחות כזית לכל אחד)

סעודת החג

and has sanctified us with His commandments. You have given us, Hashem Our God, with love, Sabbath: **Sabbaths for rest and** festivals of joy, holidays and times of happiness; this day of Sabbath: **Sabbath and** this Eighth Day, this holiday of assembly, Sefard: **this holiday that is proclaimed sacred,** the day of our joy, Sabbath: **with love,** a day that is proclaimed holy, in commemoration of the Exodus from Egypt. For us You have chosen, and us You have sanctified, from among all the nations. Ashkenaz: **And the Sabbath and** Sefard: **And the Sabbaths and** the times of Your holiness, Sabbath: **in love and desire,** with happiness and joy you have bequeathed us. Blessed art Thou, O God, Who sanctifies Sabbath: **the Sabbath and** Israel and the Festivals. those present say: Amen.

Blessed art Thou, the Lord God, King of the Universe, Who has given us life, and sustained us, and brought us to this time.
Drink of the wine and distribute to the others.

The participants then wash their hands and recite this blessing:
Blessed art Thou, the Lord God, King of the Universe, Who sanctified us with His commandments and commanded us regarding the washing of hands.

Recite over the two challah-breads:
Blessed art Thou, the Lord God, King of the Universe, Who brings forth bread from the earth.

He cuts the challah, tastes, and distributes at least
a slice to each of the participants.

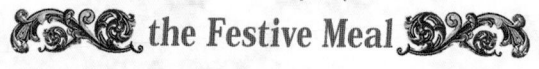 **the Festive Meal**

73

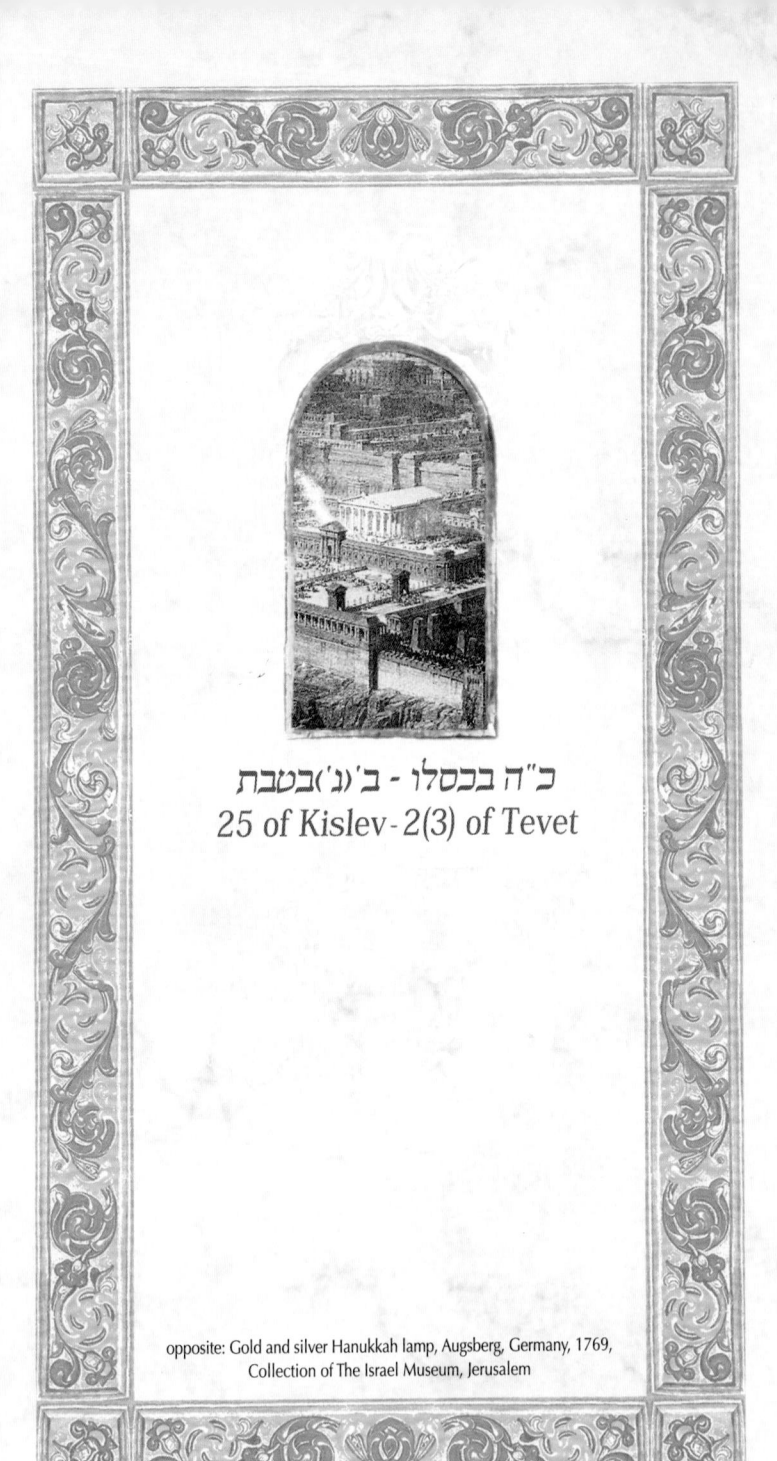

כ"ה בכסלו - ב'(ג')בטבת
25 of Kislev - 2(3) of Tevet

opposite: Gold and silver Hanukkah lamp, Augsberg, Germany, 1769,
Collection of The Israel Museum, Jerusalem

חנוכה

Chanukkah

"And after he [Judah Maccabee]
scrupulously purified [the Holy Temple], he brought in new
vessels: A menorah [candelabrum], table, and altar, made
out of gold. ... He destroyed the altar and built a new one
out of various stones that were not hewn by iron tools. And
on the 25th day of the month of Kislev, which the
Macedonians call Apellaios, they lit candles on
the menorah and offered incense
upon the altar..."

Yosef Ben-Matityahu,
Jewish Antiquities,
Book 12

76

Why do we celebrate Chanukkah?

During the time of the Second Temple, the Land of Israel was under Greek rule (from 333 BCE onwards), which led to the intrusion of its pagan culture and the Hellenization of part of the population - a change sometimes brought about through coercion. The Greeks also tried to take over the Temple in Jerusalem; they broke through the walls and defiled the vessels and oils found there. The invading Greeks' treatment of the local population and of their holy places eventually led to the uprising of the Hasmonean (or Maccabean) priests. In the year 167 BCE the Hasmoneans led a popular uprising against the pagan and heretical rule under the slogan "Who is on the Lord's side, let him come unto me." In 164 BCE the uprising reached its height with the liberation of Jerusalem and the Temple from the yoke of the Greeks. In memory of this victory, and the religious and national independence that followed, those days were set as days of thanksgiving and praise and they were given the name "Chanukkah". The simple explanation of the name is that it comes from the Hebrew term "Chanukkat hamizbeah" – the consecration of the altar. Another interpretation is: "hanu [they rested on] k-h," with the latter two letters signifying the 25th day of Kislev, on which they rested from their enemies. In addition, on this day in the time of Moses, work on the Tabernacle was completed.

What do the Chanukkah candles symbolize?

According to tradition, when the Hasmoneans were victorious over the Greeks and wished to purify the Temple and renew the light of the Temple menorah, they looked for pure oil with which to light the menorah. However, it had all been defiled by the Greeks, and the Jews could only find one container of oil that only contained enough oil to light the menorah for a single day. And there was a miracle and the oil lasted for eight full days. The menorah symbolizes the divine light that shines on Israel, through which Israel was victorious and expelled the darkness of the Greeks. We express this though the Chanukkah candles, which we are commanded to light at the entrance of the house or in a window, in order to commemorate and to remember the miracle of light, the light of victory, and the light of the Torah, since just a little light is enough to repel the darkness.

הדלקת נרות

לפני הדלקת הנרות נברך (ישנם נוהגים שונים ביחס לזהות מדליקי הנרות):

בָּרוּךְ אַתָּה יְהוָה, אֱלֹהֵינוּ מֶלֶךְ הָעוֹלָם, אֲשֶׁר קִדְּשָׁנוּ בְּמִצְוֹתָיו, וְצִוָּנוּ לְהַדְלִיק נֵר (שֶׁל) חֲנֻכָּה.

בָּרוּךְ אַתָּה יְהוָה, אֱלֹהֵינוּ מֶלֶךְ הָעוֹלָם, שֶׁעָשָׂה נִסִּים לַאֲבוֹתֵינוּ, בַּיָּמִים הָהֵם בַּזְּמַן הַזֶּה.

בלילה הראשון של חנוכה מוסיפים ברכה זו:

בָּרוּךְ אַתָּה יְהוָה, אֱלֹהֵינוּ מֶלֶךְ הָעוֹלָם, שֶׁהֶחֱיָנוּ וְקִיְּמָנוּ וְהִגִּיעָנוּ לַזְּמַן הַזֶּה.

בכל הלילות, לאחר הדלקת הנרות נאמר:

הַנֵּרוֹת הַלָּלוּ אָנוּ מַדְלִיקִין, עַל הַנִּסִּים, וְעַל הַנִּפְלָאוֹת, וְעַל הַתְּשׁוּעוֹת, וְעַל הַמִּלְחָמוֹת, שֶׁעָשִׂיתָ לַאֲבוֹתֵינוּ בַּיָּמִים הָהֵם בַּזְּמַן הַזֶּה, עַל יְדֵי כֹּהֲנֶיךָ הַקְּדוֹשִׁים. שֶׁכָּל שְׁמוֹנַת יְמֵי חֲנֻכָּה הַנֵּרוֹת הַלָּלוּ קֹדֶשׁ הֵם, וְאֵין לָנוּ רְשׁוּת לְהִשְׁתַּמֵּשׁ בָּהֶם, אֶלָּא לִרְאוֹתָם בִּלְבָד, כְּדֵי לְהוֹדוֹת לְשִׁמְךָ הַגָּדוֹל, עַל נִסֶּיךָ, וְעַל נִפְלְאוֹתֶיךָ, וְעַל יְשׁוּעוֹתֶיךָ.

Candle-lighting:

Before lighting the Chanukkah candles, recite these blessings:

**Blessed art Thou, the Lord God,
King of the Universe, Who has sanctified us with
hIs commandments and commanded us
to light Chanukkah candles.**

**Blessed art Thou, the Lord God,
King of the Universe, Who wrought miracles for our
ancestors, at this time in days of old.**

Shehecheyanu (only on the first night):

**Blessed art Thou, the Lord God,
King of the Universe, Who has given us life, and
sustained us, and brought us to this time.**

 ## HaNerot Halalu

We light these candles to commemorate
the miracles and wonders and salvations
and wars that You wrought for our forefathers at this
time in days of old, via Your holy priests.
During all eight days of Chanukkah, these candles
are holy - we may not use them; we may only see
them - in order to thank Your holy name for Your
miracles and Your wonders and Your salvations.

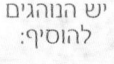

יש הנוהגים
להוסיף:

מִזְמוֹר שִׁיר חֲנֻכַּת הַבַּיִת לְדָוִד:
אֲרוֹמִמְךָ יְהֹוָה כִּי דִלִּיתָנִי. וְלֹא שִׂמַּחְתָּ
אֹיְבַי לִי: יְהֹוָה אֱלֹהָי. שִׁוַּעְתִּי אֵלֶיךָ
וַתִּרְפָּאֵנִי: יְהֹוָה הֶעֱלִיתָ מִן שְׁאוֹל נַפְשִׁי.
חִיִּיתַנִי מִיָּרְדִי בוֹר: זַמְּרוּ לַיהֹוָה חֲסִידָיו.
וְהוֹדוּ לְזֵכֶר קָדְשׁוֹ:
כִּי רֶגַע בְּאַפּוֹ חַיִּים בִּרְצוֹנוֹ. בָּעֶרֶב יָלִין
בֶּכִי וְלַבֹּקֶר רִנָּה: וַאֲנִי אָמַרְתִּי בְשַׁלְוִי.
בַּל אֶמּוֹט לְעוֹלָם: יְהֹוָה בִּרְצוֹנְךָ הֶעֱמַדְתָּה
לְהַרְרִי עֹז. הִסְתַּרְתָּ פָנֶיךָ הָיִיתִי נִבְהָל:
אֵלֶיךָ יְהֹוָה אֶקְרָא וְאֶל אֲדֹנָי אֶתְחַנָּן: מַה
בֶּצַע בְּדָמִי בְּרִדְתִּי אֶל שָׁחַת. הֲיוֹדְךָ עָפָר
הֲיַגִּיד אֲמִתֶּךָ: שְׁמַע יְהֹוָה וְחָנֵּנִי יְהֹוָה הֱיֵה
עֹזֵר לִי: הָפַכְתָּ מִסְפְּדִי לְמָחוֹל לִי פִּתַּחְתָּ
שַׂקִּי וַתְּאַזְּרֵנִי שִׂמְחָה: לְמַעַן יְזַמֶּרְךָ כָבוֹד
וְלֹא יִדֹּם. יְהֹוָה אֱלֹהַי לְעוֹלָם אוֹדֶךָּ:

 Some add this (Psalm 30):

A Psalm and Song at the dedication of the Holy Temple, for David:

I will exalt You, O Lord, for you have raised me up, not allowing my foes to rejoice over me.

O Lord My God, I implored You - and You healed me.

O Lord, you have brought my soul up from the lowest depths, You have revived me from descending into a pit.

Sing the praises of God, his devout followers, and give thanks to His holy Name.

For his anger endures but a moment - life exists by His will; weeping may tarry for the night, but the morning brings joy.

In my prosperity I said, "I shall never fall" - but, O God, it was only by Your will that You enabled my ascent to power; if You hide Your face, I would be afraid.

To You, God, I will call, and to the Lord I will make my plea.

What profit is there in my blood when I go down to the grave?

Shall dust thank You? Shall it declare Your truth?

Hear O Lord and show me grace; Lord, be my helper.

You have turned my mourning into joyous dancing, You have loosened my sackcloth and girded me with gladness so that [my] glory may sing praise to You and not be silent.

O God my Lord, I will give thanks to You forever.

מָעוֹז צוּר

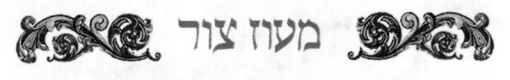

מָעוֹז צוּר יְשׁוּעָתִי לְךָ נָאֶה לְשַׁבֵּחַ. תִּכּוֹן בֵּית
תְּפִלָּתִי וְשָׁם תּוֹדָה נְזַבֵּחַ. לְעֵת תָּכִין מַטְבֵּחַ מִצָּר
הַמְנַבֵּחַ. אָז אֶגְמוֹר בְּשִׁיר מִזְמוֹר חֲנֻכַּת הַמִּזְבֵּחַ:

רָעוֹת שָׂבְעָה נַפְשִׁי בְּיָגוֹן כֹּחִי כִּלָּה. חַיַּי מֵרְרוּ
בְּקוֹשִׁי בְּשִׁעְבּוּד מַלְכוּת עֶגְלָה. וּבְיָדוֹ הַגְּדוֹלָה
הוֹצִיא אֶת הַסְּגֻלָּה. חֵיל פַּרְעֹה וְכָל זַרְעוֹ יָרְדוּ
כְּאֶבֶן בִּמְצוּלָה:

דְּבִיר קָדְשׁוֹ הֱבִיאַנִי וְגַם שָׁם לֹא שָׁקַטְתִּי. וּבָא
נוֹגֵשׂ וְהִגְלַנִי. כִּי זָרִים עָבַדְתִּי. וְיֵין רַעַל מָסַכְתִּי
כִּמְעַט שֶׁעָבַרְתִּי. קֵץ בָּבֶל. זְרֻבָּבֶל.
לְקֵץ שִׁבְעִים נוֹשַׁעְתִּי:

כְּרוֹת קוֹמַת בְּרוֹשׁ בִּקֵּשׁ אֲגָגִי בֶּן הַמְּדָתָא. וְנִהְיָתָה
לוֹ לְפַח וּלְמוֹקֵשׁ וְגַאֲוָתוֹ נִשְׁבָּתָה. רֹאשׁ יְמִינִי
נִשֵּׂאתָ. וְאוֹיֵב שְׁמוֹ מָחִיתָ.
רֹב בָּנָיו וְקִנְיָנָיו עַל הָעֵץ תָּלִיתָ:

יְוָנִים נִקְבְּצוּ עָלַי אֲזַי בִּימֵי חַשְׁמַנִּים. וּפָרְצוּ חוֹמוֹת
מִגְדָּלַי וְטִמְּאוּ כָּל הַשְּׁמָנִים. וּמִנּוֹתַר קַנְקַנִּים נַעֲשָׂה
נֵס לַשּׁוֹשַׁנִּים. בְּנֵי בִינָה יְמֵי שְׁמוֹנָה
קָבְעוּ שִׁיר וּרְנָנִים:

חֲשׂוֹף זְרוֹעַ קָדְשֶׁךָ וְקָרֵב קֵץ הַיְשׁוּעָה. נְקֹם נִקְמַת
דַּם עֲבָדֶיךָ מֵאֻמָּה הָרְשָׁעָה. כִּי אָרְכָה לָנוּ הַשָּׁעָה.
וְאֵין קֵץ לִימֵי הָרָעָה. דְּחֵה אַדְמוֹן בְּצֵל צַלְמוֹן
הָקֵם לָנוּ רוֹעֶה שִׁבְעָה:

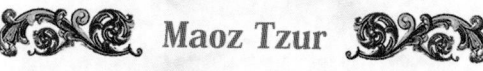

Maoz Tzur

Rock and fortress of my salvation - to You it is fitting to give praise. May the House of my prayer be built, and there we will bring an offering of thanks. When You prepare a place of slaughter for the blaspheming enemy, Then will I lift my voice with a song of dedication of the altar.

My soul was satiated with tribulations, my strength was sapped with sadness. My life was embittered with difficulty of the enslavement to the kingdom of the calf [Egypt]. But with His great hand, He extricated the beloved treasured nation. The army of Pharoah, and all his descendants, sunk like a stone into the depths.

He brought me to the sanctuary of His holiness, but there, too, I had no rest. The oppressor [Nebuchadnezzar] came and exiled me, for I had worshipped foreign gods, and the poisonous wine [of sin] I did taste. I had barely left my land when the end of the Babylonian exile came, with Zerubavel and at the end of seventy years, I was emancipated.

"Cut down the towering cypress [of Mordechai]," the Agagite son of Hamdata [Haman] requested. But it became an entrapment for him, and his arrogance was silenced. You raised the head of the Yemini [Mordechai], and the enemy- his name You erased. His many sons, his possessions, You hanged on the tree.

The Syrian-Greeks gathered upon me, then, in the days of the Hasmoneans. They broke through the walls of my towers, and defiled all the oils of the Temple. But from the remnant of the flasks, a miracle was wrought for the roses [Israel]. The men of wisdom [the Sages] instituted eight days of song and praise.

Unleash Your holy arm, and bring near the final salvation. Avenge Your servants from the evil nation. For it has been too long already, and there is no end to the days of evil. Repel the red one [the descendants of Edom], and raise up for us the seven shepherds.

י"ד-ט"ו באדר

14-15 of Adar

above: Scroll of Esther, probably from Germany, unknown artist, early 18th
century, Collection of The Israel Museum, Jerusalem.
opposite: Brass and bronze Purim rattle, 19th century,
Collection of The Jewish Museum, Paris

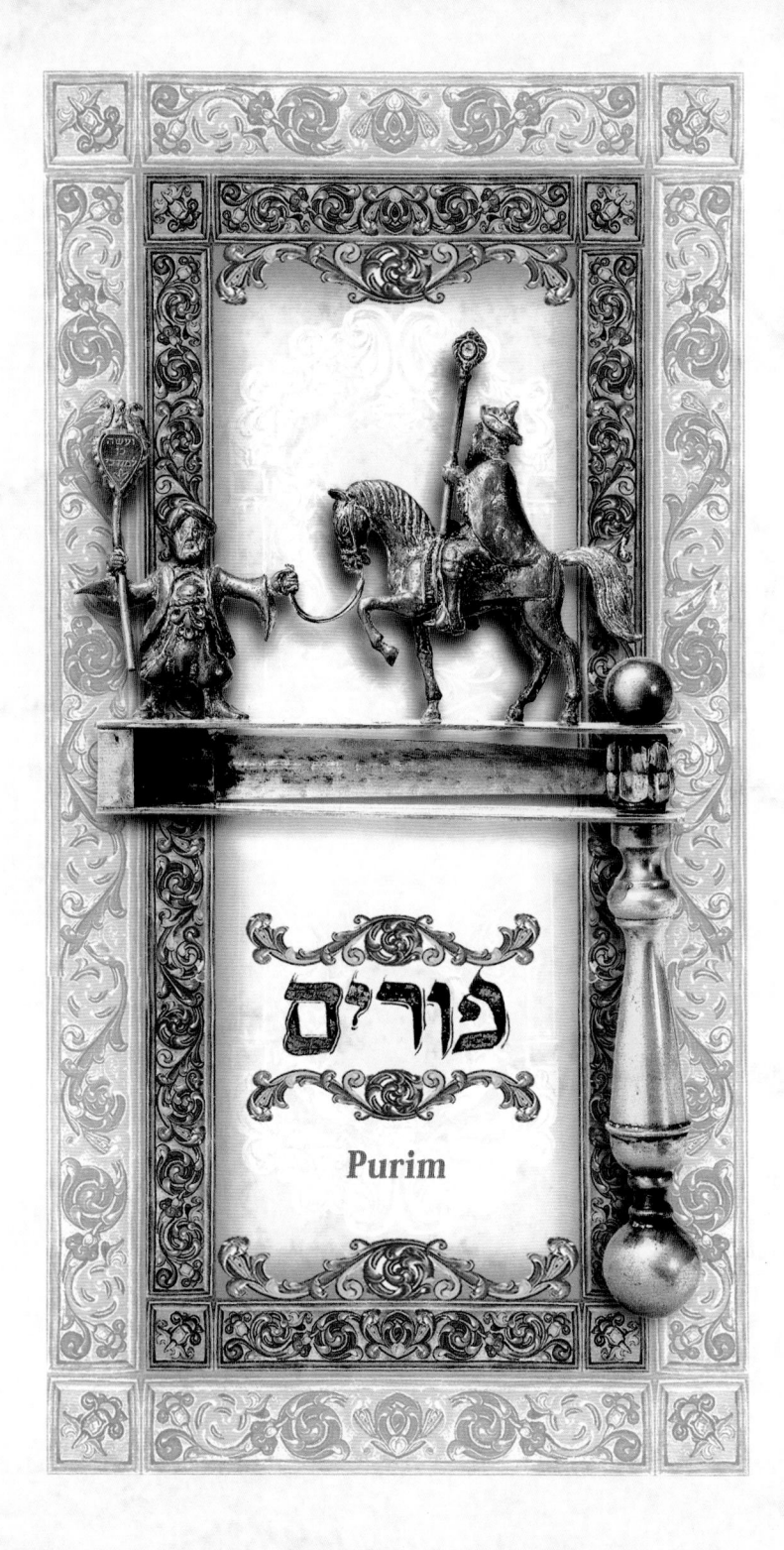

פורים

Purim

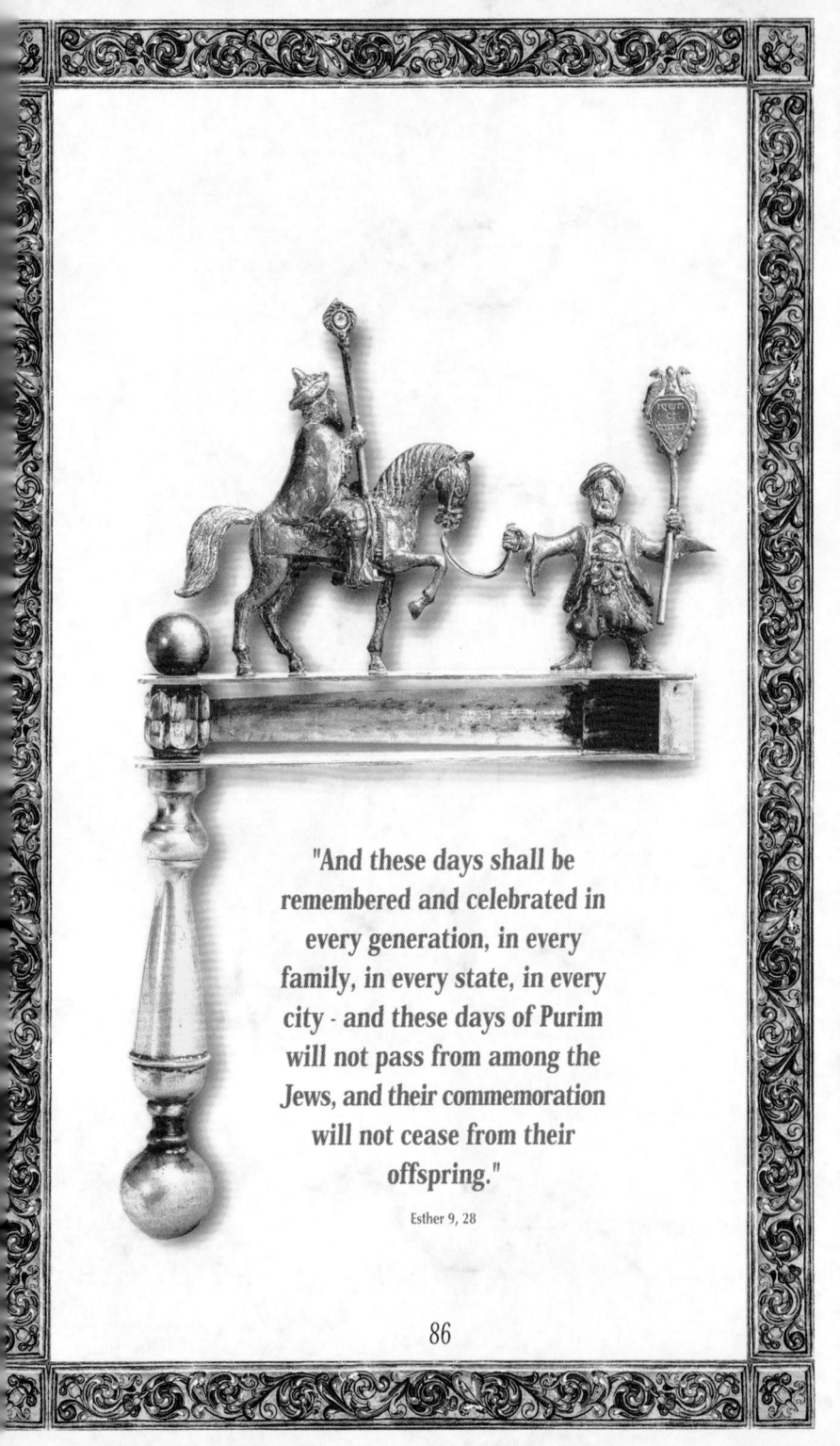

"And these days shall be remembered and celebrated in every generation, in every family, in every state, in every city - and these days of Purim will not pass from among the Jews, and their commemoration will not cease from their offspring."

Esther 9, 28

What do we celebrate on Purim?

The days of Purim were set by Mordecai the Jew, in commemoration of the people of Israel's salvation from the judgment of Haman the Agagi ("Enemy of the Jews" as he is known in the Scroll of Esther, or "Haman the Evil" as he is known later on) in the days of Ahasuerus, King of Persia. During that time, the days of the exile after the First Temple, most of the people of Israel were dispersed across the lands of the Persian Empire, something that led to their assimilation and absorption into most fields of gentile life. Haman plotted to destroy the Jews of the Persian empire, and as described in the Scroll of Esther, the Lord saved the people of Israel and through a miracle enwrapped within the ways of nature, luck changed, fate turned on itself, and the Jewish people were saved while Haman and his descendants were destroyed.

What are the mitzvot [precepts] of Purim?

The four specific Purim mitzvot were decided upon by the Sanhedrin and the prophets: the reading of the Scroll of Esther, where the whole story is told (it is customary to make noise and to bang things every time Haman's name is mentioned in the Scroll, in commemoration of the saying, " Thou shalt blot out the remembrance of Amalek"); a joyous feast with much drinking of wine to the point "not knowing"; mishloah manot – the sending of portions (usually of candy and cakes) to one's neighbors and friends; and giving gifts to the poor. It is customary to change one's clothes and to dress up in costumes of various characters and strangers; different reasons and interpretations have been given for this custom.

What is "Shushan Purim"?

The victory of the Jews over those who wished to destroy them. On the thirteenth day of Adar, Haman wanted to destroy, kill and annihilate all Jews, and so Purim was set for the following day, the fourteenth of Adar. In Shushan, where the destruction of the enemies continued an extra day, Purim was set for the fifteenth of Adar. In commemoration of that day, the sages decided that every walled city would celebrate Purim on the fifteenth of Adar. Today, Jerusalem is the only city that only celebrates "Shushan Purim," while there are other cities that celebrate both days because of their questionable status.

מצווה היא לקרוא בפורים את מגילת אסתר
(בבית הכנסת בדרך-כלל).
שלוש מצוות נוספות לחג הן משלוח המנות,
סעודת הפורים ומתנות לאביונים, שנאמר:

לְקַיֵּם עֲלֵיהֶם לִהְיוֹת עוֹשִׂים אֶת יוֹם
אַרְבָּעָה עָשָׂר לְחֹדֶשׁ אֲדָר וְאֵת יוֹם
חֲמִשָּׁה עָשָׂר בּוֹ בְּכָל שָׁנָה וְשָׁנָה. כַּיָּמִים
אֲשֶׁר נָחוּ בָהֶם הַיְּהוּדִים מֵאוֹיְבֵיהֶם
וְהַחֹדֶשׁ אֲשֶׁר נֶהְפַּךְ לָהֶם מִיָּגוֹן לְשִׂמְחָה
וּמֵאֵבֶל לְיוֹם טוֹב לַעֲשׂוֹת אוֹתָם יְמֵי
מִשְׁתֶּה וְשִׂמְחָה וּמִשְׁלֹחַ מָנוֹת אִישׁ
לְרֵעֵהוּ וּמַתָּנוֹת לָאֶבְיוֹנִים.

(אסתר ט', כא-כב)

מנהגים שאינם מצווה הם להתחפש בפורים, לשתות משקאות משכרים,
לאכול מיני מזונות מיוחדים (בעיקר "אוזני המן")
להרבות בשמחה ואף לנהוג בליצנות ממש.

We are commanded to read the Book of Esther
on Purim night and day, generally in a synagogue.
Three additional commandments of the holiday
are giving gifts of food, eating a festive meal,
and giving to the poor, as is written:

"...to enjoin them that they shall celebrate
the 14th day of Adar and the 15th day
of that month, every year - just like the
days on which the Jews rested from their
enemies, and the month that
was reversed for them from grief to joy,
and from mourning to a festive day;
making them days of feasting and joy
and sending food portions from one to
another, and gifts to the poor."

(Esther 9, 21-22)

Non-obligatory Purim customs include wearing costumes,
drinking many intoxicating beverages,
eating special pastries such as Hamentaschen,
making extra merry, and even clowning around.

ט"ו-כ"א בניסן

15-21 of Nissan

above: Goblet for the Prophet Elijah, Bohemia, 19th century;
Wine vessel designed by Meir Austerlitz, Austria, 19th century,
private collection.
opposite: Seder plate, Poland, 18th-19th century,
Collection of The Jewish Museum, New York

פסח

Passover

And Moses said unto the people: 'Remember this day, in which you came out from Egypt, out of the house of bondage; for by strength of hand the Lord brought you out from this place; there shall no leavened bread be eaten. This day you go forth in the month of spring.

(Exodus 13:3-4)

What do we celebrate on Passover?

On the fifteenth day of Nissan in the 2,448th year to the creation of the world, the people of Israel – which then numbered 600 thousand men as well as women, children and converts – left for "eternal freedom" after 210 years of exile and slavery in Egypt. The holiday of Passover is named for the tenth plague that befell Egypt, the death of the firstborn, when the Lord "passed over" the houses of the Jews. It is characterized by the prohibition of eating leavened foods [chametz] in remembrance of the speed with which the people of Israel left Egypt, not even having time for the bread they were preparing for the road to rise. Another name for the holiday is "the freedom holiday" [chag ha'cherut] - "eternal freedom" - for even if they were later exiled to Assyria, Babylon, Persia, and the Edomite kingdoms, they always remained freemen and no country ever managed to enslave them and deprive them of their special soul, the Jewish soul, and make them assimilate. Many mitzvot, commandments – positive and negative – have been commanded in commemoration of the exodus from Egypt, which is a foundation of the Jewish faith.

What are the mitzvot of Passover?

On this night, the Torah commands us to tell the story of the exodus from Egypt to our children, each according to his ability, and to praise and exalt the Lord for all the miracles He performed for us there. The version of the Haggadah we have today has its origins in the period of the Mishnah and the Talmud (late 2nd to late 5th century CE), with the addition of songs from later generations. Apart from the story, we are also commanded to eat matzah on this night (while on other nights of Passover it is not compulsory, and therefore on those nights we do not make the blessing "for eating matzah" over it). When the Temple was in existence we were commanded to eat from the sacrificial paschal lamb (as a reminder of this we eat the "afikoman" at the end of the meal), and eat marror [bitter herbs]. Today, the eating of bitter herbs is a commandment from the dictates of the Sages. An additional mitzvah from the dictates of the scholars is the drinking of four glasses of wine, representative of the four ways of describing God's salvation: "ve'hotzeti" [I will take out], "ve'hetzalti" [I will save], "ve'ga'alti" [I will redeem], "ve'lakachti" [I will take]. An ancient custom is to invite to the special Passover meal relatives, friends, and even strangers who have no way to celebrate and feast, as it is written in Aramaic in the Haggadah: "kol dichfin yete ve'yechol, kol ditzrich yete ve'yifsach" [may all the hungry come and eat, may all those that need come and make Passover].

What is commemorated on the "Seventh of Passover"?

The Seventh of Passover is not a holiday in its own right (as is Shmini Atzeret after Sukkot), but the end of the Passover holiday, which is why we do not make the "she'hecheyanu" blessing on this day. According to the scriptures, major miracles were performed for the people of Israel on this day at the parting of the Red Sea, which completed their salvation from the hands of the Egyptians, and when the people of Israel sang the song of their salvation, "Shirat haYam" [Song of the Sea].

בדיקת חמץ

אור לי"ד ניסן (וכשחל י"ד בשבת - אור לי"ג)
אחר תפילת ערבית בודקים את החמץ לאור הנר

הִנְנִי מוּכָן וּמְזֻמָּן לְקַיֵּם מִצְוַת עֲשֵׂה וְלֹא תַעֲשֶׂה שֶׁל בְּדִיקַת חָמֵץ. לְשֵׁם יִחוּד קוּדְשָׁא בְּרִיךְ הוּא וּשְׁכִינְתֵּיהּ. עַל יְדֵי הַהוּא טָמִיר וְנֶעְלָם בְּשֵׁם כָּל יִשְׂרָאֵל: וִיהִי נֹעַם אֲדֹנָי אֱלֹהֵינוּ עָלֵינוּ. וּמַעֲשֵׂה יָדֵינוּ כּוֹנְנָה עָלֵינוּ. וּמַעֲשֵׂה יָדֵינוּ כּוֹנְנֵהוּ:

בָּרוּךְ אַתָּה יְיָ. אֱלֹהֵינוּ מֶלֶךְ הָעוֹלָם.
אֲשֶׁר קִדְּשָׁנוּ בְּמִצְוֹתָיו וְצִוָּנוּ עַל בִּעוּר חָמֵץ.

אחר הבדיקה אומרים:

כָּל חֲמִירָא וַחֲמִיעָא דְאִכָּא בִרְשׁוּתִי דְלָא חֲמִתֵּהּ וּדְלָא בִעַרְתֵּהּ וּדְלָא יְדַעְנָא לֵהּ לִבְטֵל וְלֶהֱוֵי הֶפְקֵר כְּעַפְרָא דְאַרְעָא.

שרפת חמץ

בסוף שעה חמישית מאור הבוקר שורפים את החמץ ואומרים:
(אם חל ערב פסח בשבת, שורפים את החמץ ביום ו', ואומרים כל חמירא בשבת)

הִנְנִי מוּכָן וּמְזֻמָּן לְקַיֵּם מִצְוַת עֲשֵׂה וְלֹא תַעֲשֶׂה שֶׁל שְׂרֵפַת חָמֵץ. לְשֵׁם יִחוּד קוּדְשָׁא בְּרִיךְ הוּא וּשְׁכִינְתֵּיהּ. עַל יְדֵי הַהוּא טָמִיר וְנֶעְלָם בְּשֵׁם כָּל יִשְׂרָאֵל: וִיהִי נֹעַם אֲדֹנָי אֱלֹהֵינוּ עָלֵינוּ. וּמַעֲשֵׂה יָדֵינוּ כּוֹנְנָה עָלֵינוּ. וּמַעֲשֵׂה יָדֵינוּ כּוֹנְנֵהוּ:
כָּל חֲמִירָא וַחֲמִיעָא דְאִכָּא בִרְשׁוּתִי דַחֲזִתֵּהּ וּדְלָא חֲזִתֵּהּ דְבִעַרְתֵּהּ וּדְלָא בִעַרְתֵּהּ לִבְטֵל וְלֶהֱוֵי הֶפְקֵר כְּעַפְרָא דְאַרְעָא.

עירוב תבשילין

אם חל ערב פסח ביום ד', עושים בחו"ל עירוב תבשילין, כדי שמותר יהיה לבשל ביום ו' לשבת.
לוקחים מצה שלמה וכזית תבשיל או בשר או ביצה צלויה ומניחים על המצה ואומרים:

בָּרוּךְ אַתָּה יְיָ. אֱלֹהֵינוּ מֶלֶךְ הָעוֹלָם.
אֲשֶׁר קִדְּשָׁנוּ בְּמִצְוֹתָיו וְצִוָּנוּ עַל מִצְוַת עֵרוּב.

בְּהָדֵין עֵרוּבָא. יְהֵא שָׁרֵא לָנָא לַאֲפוּיֵי. וּלְבַשּׁוּלֵי. וּלְאַדְלוּקֵי שְׁרָגָא. וּלְתַקָּנָא. וּלְמֶעְבַּד כָּל צָרְכָנָא מִיּוֹמָא טָבָא לְשַׁבַּתָּא. לָנָא וּלְכָל יִשְׂרָאֵל הַדָּרִים בָּעִיר הַזֹּאת.

Search for Chametz

On the eve of the 14th of Nissan (or on the eve of the 13th if the 14th falls on the Sabbath), after the evening prayers, search for Chametz (leaven) by the light of a candle.

Blessed art Thou, O Lord, our God, King of the universe, who hast sanctified us with His commandments and hast commanded us to remove the leaven.

After the search, say:

May all manner of leaven in my possession, which I have not seen or not removed, be hereby annulled, and considered as the dust of the earth.

Burning the Chametz

On the Eve of Passover at about 10 a.m., all Chametz found during the search is burned. If the Eve of Passover falls on the Sabbath, the Chametz is burned on Friday. While the Chametz is being burned, recite the following:

May all manner of leaven in my possession, whether I have seen it or not, or whether I have removed it or not, be hereby annulled and considered as the dust of the earth.

Eruv Tavshilin

If Passover Eve falls on Wednesday [outside Israel] or Thursday, Eruv Tavshilin is performed to enable us to cook on Friday for the Sabbath. Take a whole Matzah and a small portion of cooked food, meat or roasted egg, place them with the Matzah, and recite:

Blessed art Thou, O Lord, our God, King of the universe, who hast sanctified us with His commandments, and commanded us concerning the Eruv.

By virtue of this Eruv, we will be allowed to bake, cook and keep food warm; to kindle lights, and to prepare all things necessary on the day of the festival for the Sabbath, we and all who dwell in this city.

הדלקת נרות

בָּרוּךְ אַתָּה יְיָ, אֱלֹהֵינוּ מֶלֶךְ הָעוֹלָם,
אֲשֶׁר קִדְּשָׁנוּ בְּמִצְוֹתָיו וְצִוָּנוּ לְהַדְלִיק
נֵר שֶׁל (בשבת שַׁבָּת וְשֶׁל) יוֹם טוֹב.

בָּרוּךְ אַתָּה יְיָ, אֱלֹהֵינוּ מֶלֶךְ הָעוֹלָם,
שֶׁהֶחֱיָנוּ וְקִיְּמָנוּ וְהִגִּיעָנוּ לַזְּמַן הַזֶּה.

וכך מסדרים

על השולחן - ליד עורך הסדר - שמים קערה ובה שלוש מצות מכוסות,
ועליהן מניחים: למעלה - זרוע מימין וביצה משמאל
למטה - חרוסת מימין וכרפס משמאל, וביניהם את המרור

סדר פסח

קַדֵּשׁ	וּרְחַץ	כַּרְפַּס
יקדש על היין	ייטול ידיו לפני הכרפס	יאכל ירקות טבולים במי מלח

יַחַץ	מַגִּיד	רָחְצָה
יבצע מצה אמצעית לשנים	יאמר את ההגדה	ייטול ידיו לפני הסעודה

מוֹצִיא מַצָּה		מָרוֹר
יברך על המצה		יאכל מן המרור

כּוֹרֵךְ	שֻׁלְחָן עוֹרֵךְ	
יאכל מצה על מרורים	יאכל סעודת החג	

צָפוּן	בָּרֵךְ	הַלֵּל
יאכל מן האפיקומן שהצפין	יברך ברכת המזון	יאמר תפלת הלל

נִרְצָה		
הסדר והתפלה כרצון הבורא		

Candle Lighting

Blessed art Thou, O Lord, our God, King of the universe, Who has sanctified us with His commandments, and commanded us to light candles of (Sabbath and) Yom Tov.

Blessed art Thou, O Lord, our God, King of the Universe,who has kept us alive, and sustained us, and brought us to reach this season.

The Seder Dish:

On the dish, arrange the items as follows: lower right - Haroseth; top right - shank bone (Zeroa); lower left - parsley (Karpass); top left - egg; center - bitter herbs (Maror). The dish is covered with three Matzot.

The Seder

קַדֵּשׁ   וּרְחַץ   כַּרְפַּס

Recite Kiddush blessing over the wine   Wash hands before the Seder   Eat greens (parsley) dipped in salt water

יַחַץ   מַגִּיד   רָחְצָה

Break middle Matzah in two   Relate the Haggadah narrative   Wash hands before the meal

מוֹצִיא מַצָּה   מָרוֹר

Recite the blessing and eat Matzah   Eat bitter herbs

כּוֹרֵךְ   שֻׁלְחָן עוֹרֵךְ

Eat Matzah with bitter herbs   Partake of festive meal

צָפוּן   בָּרֵךְ   הַלֵּל

Eat the Afikoman that had been hidden   Recite grace after meals   Recite Hallel prayer

נִרְצָה

Conclusion: The Seder has been conducted according to the will of the Creator

קַדֵּשׁ

ימלא את הכוס הראשון, יעמוד, ייטול הכוס ביד ימין, יגביהנו מעל השולחן ויאמר:

הִנְנִי מוּכָן וּמְזֻמָּן לְקַיֵּם מִצְוַת כּוֹס רִאשׁוֹן

כשחל בשבת מתחילים כאן:

אשכנזי (בלחש) וַיְהִי עֶרֶב וַיְהִי בֹקֶר

יוֹם הַשִּׁשִּׁי: וַיְכֻלּוּ הַשָּׁמַיִם וְהָאָרֶץ וְכָל צְבָאָם: וַיְכַל אֱלֹהִים בַּיּוֹם הַשְּׁבִיעִי מְלַאכְתּוֹ אֲשֶׁר עָשָׂה. וַיִּשְׁבֹּת בַּיּוֹם הַשְּׁבִיעִי מִכָּל מְלַאכְתּוֹ אֲשֶׁר עָשָׂה: וַיְבָרֶךְ אֱלֹהִים אֶת יוֹם הַשְּׁבִיעִי וַיְקַדֵּשׁ אֹתוֹ. כִּי בוֹ שָׁבַת מִכָּל מְלַאכְתּוֹ אֲשֶׁר בָּרָא אֱלֹהִים לַעֲשׂוֹת:

בערב שבת ממשיכים בקריאה, כולל הכתוב בסוגריים.

בערבי חול מתחילים כאן
ולא קוראים את הכתוב בסוגריים.

ספרדי אֵלֶּה מוֹעֲדֵי יְיָ מִקְרָאֵי קֹדֶשׁ אֲשֶׁר תִּקְרְאוּ אֹתָם בְּמוֹעֲדָם: וַיְדַבֵּר מֹשֶׁה אֶת מֹעֲדֵי יְיָ אֶל בְּנֵי יִשְׂרָאֵל:

ספרדי סַבְרִי מָרָנָן ועונים לְחַיִּים | אשכנזי סַבְרִי מָרָנָן וְרַבָּנָן וְרַבּוֹתַי

בָּרוּךְ אַתָּה יְהֹוָה, אֱלֹהֵינוּ מֶלֶךְ הָעוֹלָם, בּוֹרֵא פְּרִי

ספרדי הַגֶּפֶן אשכנזי הַגָּפֶן. ועונים אָמֵן.

בָּרוּךְ אַתָּה יְהֹוָה, אֱלֹהֵינוּ מֶלֶךְ הָעוֹלָם, אֲשֶׁר בָּחַר בָּנוּ מִכָּל עָם. וְרוֹמְמָנוּ מִכָּל לָשׁוֹן. וְקִדְּשָׁנוּ בְּמִצְוֹתָיו.

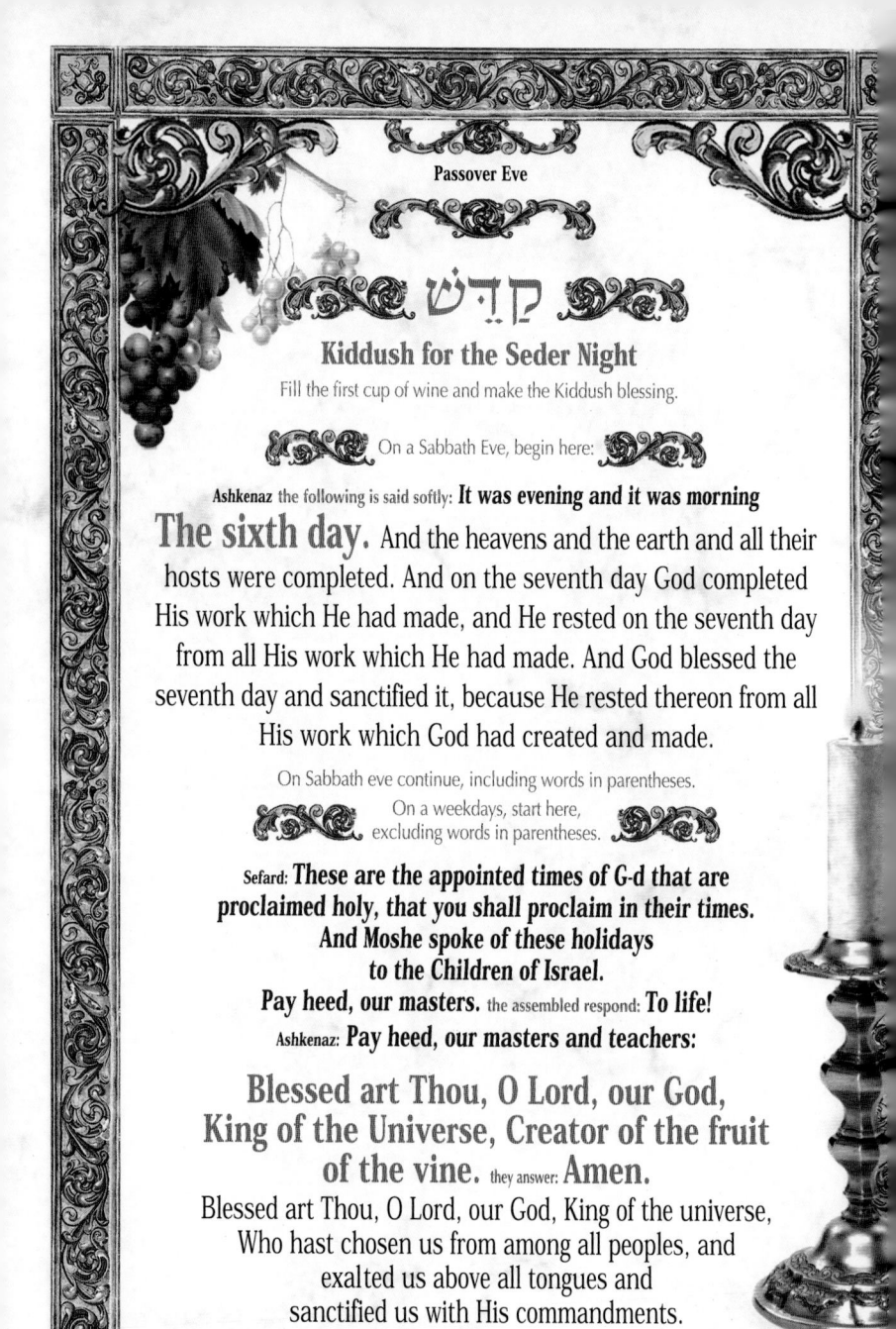

Passover Eve

קָדֵשׁ

Kiddush for the Seder Night

Fill the first cup of wine and make the Kiddush blessing.

On a Sabbath Eve, begin here:

Ashkenaz the following is said softly: **It was evening and it was morning**

The sixth day. And the heavens and the earth and all their hosts were completed. And on the seventh day God completed His work which He had made, and He rested on the seventh day from all His work which He had made. And God blessed the seventh day and sanctified it, because He rested thereon from all His work which God had created and made.

On Sabbath eve continue, including words in parentheses.

On a weekdays, start here,
excluding words in parentheses.

Sefard: **These are the appointed times of G-d that are proclaimed holy, that you shall proclaim in their times. And Moshe spoke of these holidays to the Children of Israel.**

Pay heed, our masters. the assembled respond: **To life!**

Ashkenaz: **Pay heed, our masters and teachers:**

Blessed art Thou, O Lord, our God, King of the Universe, Creator of the fruit of the vine. they answer: **Amen.**

Blessed art Thou, O Lord, our God, King of the universe, Who hast chosen us from among all peoples, and exalted us above all tongues and sanctified us with His commandments.

וַתִּתֶּן לָנוּ יְהֹוָה אֱלֹהֵינוּ בְּאַהֲבָה.
(בשבת שַׁבָּתוֹת לִמְנוּחָה וּ) מוֹעֲדִים לְשִׂמְחָה.
חַגִּים וּזְמַנִּים לְשָׂשׂוֹן. אֶת יוֹם (בשבת הַשַּׁבָּת הַזֶּה.
וְאֶת יוֹם) חַג הַמַּצּוֹת הַזֶּה. ספרדי אֶת יוֹם טוֹב מִקְרָא
קֹדֶשׁ הַזֶּה. זְמַן חֵרוּתֵנוּ. (בשבת בְּאַהֲבָה) מִקְרָא קֹדֶשׁ. זֵכֶר
לִיצִיאַת מִצְרָיִם: כִּי בָנוּ בָחַרְתָּ וְאוֹתָנוּ קִדַּשְׁתָּ מִכָּל הָעַמִּים.
(בשבת וְשַׁבָּת ספרדי וְשַׁבָּתוֹת וּ) מוֹעֲדֵי קָדְשֶׁךָ. (בשבת בְּאַהֲבָה
וּבְרָצוֹן) בְּשִׂמְחָה וּבְשָׂשׂוֹן הִנְחַלְתָּנוּ. בָּרוּךְ אַתָּה יְהֹוָה.
מְקַדֵּשׁ (בשבת הַשַּׁבָּת וְ) יִשְׂרָאֵל וְהַזְּמַנִּים: ועונים אָמֵן.

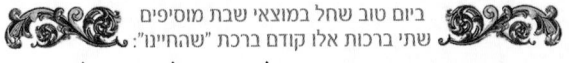

ביום טוב שחל במוצאי שבת מוסיפים
שתי ברכות אלו קודם ברכת "שהחיינו":

בָּרוּךְ אַתָּה יְהֹוָה. אֱלֹהֵינוּ מֶלֶךְ הָעוֹלָם.
בּוֹרֵא מְאוֹרֵי הָאֵשׁ. ועונים אָמֵן.
בָּרוּךְ אַתָּה יְהֹוָה. אֱלֹהֵינוּ מֶלֶךְ הָעוֹלָם. הַמַּבְדִּיל בֵּין
קֹדֶשׁ לְחֹל. וּבֵין אוֹר לְחֹשֶׁךְ. וּבֵין יִשְׂרָאֵל לָעַמִּים.
וּבֵין יוֹם הַשְּׁבִיעִי לְשֵׁשֶׁת יְמֵי הַמַּעֲשֶׂה. בֵּין קְדֻשַּׁת
שַׁבָּת לִקְדֻשַּׁת יוֹם טוֹב הִבְדַּלְתָּ. וְאֶת יוֹם הַשְּׁבִיעִי
מִשֵּׁשֶׁת יְמֵי הַמַּעֲשֶׂה קִדַּשְׁתָּ. הִבְדַּלְתָּ וְקִדַּשְׁתָּ אֶת
עַמְּךָ יִשְׂרָאֵל בִּקְדֻשָּׁתֶךָ. בָּרוּךְ אַתָּה יְהֹוָה.
הַמַּבְדִּיל בֵּין קֹדֶשׁ לְקֹדֶשׁ. ועונים אָמֵן.

בָּרוּךְ אַתָּה יְהֹוָה. אֱלֹהֵינוּ מֶלֶךְ הָעוֹלָם.
שֶׁהֶחֱיָנוּ וְקִיְּמָנוּ. וְהִגִּיעָנוּ לַזְּמַן הַזֶּה.

שותים כוס ראשון בהסיבת שמאל

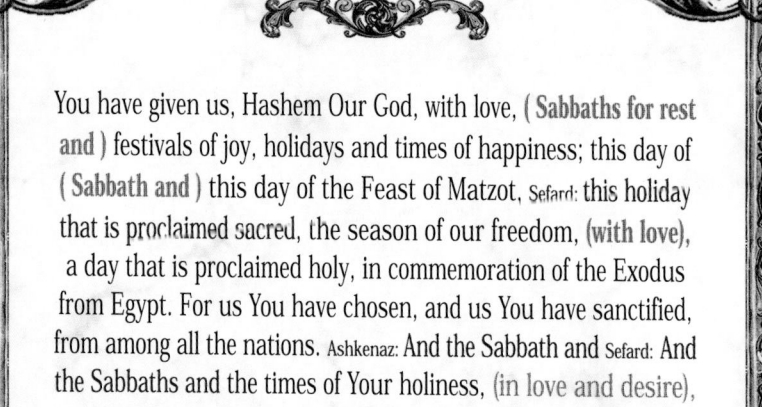

You have given us, Hashem Our God, with love, (**Sabbaths for rest and**) festivals of joy, holidays and times of happiness; this day of (**Sabbath and**) this day of the Feast of Matzot, Sefard: this holiday that is proclaimed sacred, the season of our freedom, **(with love)**, a day that is proclaimed holy, in commemoration of the Exodus from Egypt. For us You have chosen, and us You have sanctified, from among all the nations. Ashkenaz: And the Sabbath and Sefard: And the Sabbaths and the times of Your holiness, (in love and desire), with happiness and joy you have bequeathed us. Blessed art Thou, Lord, Who sanctifies (**the Sabbath and**) Israel and the seasons.

At the conclusion of the Sabbath,
recite the following:

Blessed art Thou, O Lord, our God, King of
the Universe, Creator of the light of the fire.

Blessed art Thou, O Lord, our God, King of the universe,
who distinguishes between sacred and profane: between light
and darkness, between Israel and the other nations, between
the seventh day and the six days of labor. Thou hast
distinguished between the sanctity of Sabbath and the sanctity
of the Festivals, and sanctified the seventh day above the six
days of labor. Thou hast distinguished and sanctified Thy
people Israel with Thy holiness. Blessed art Thou, O Lord, Who
distinguishes between sanctity and sanctity.

**Blessed art Thou, O Lord, our God, King of
the Universe, who hast kept us alive, and sustained us,
and brought us to reach this season.**

Drink the first cup while reclining to the left

101

וּרְחַץ

נוטלים ידיים (ואין מברכים על נטילת ידיים)

כַּרְפַּס

לוקחים כרפס, טובלים במי מלח ומברכים
(ומכוון לפטור בברכה זו גם את המרור)

בָּרוּךְ אַתָּה יְיָ, אֱלֹהֵינוּ מֶלֶךְ הָעוֹלָם,
בּוֹרֵא פְּרִי הָאֲדָמָה.

אוכלים ללא הסיבה

יַחַץ

האמצעית משלש המצות בוצעים לשתים, את החלק הגדול מצפינים
לאפיקומן ואת החלק הקטן מניחים במקומו בין שתי המצות

מַגִּיד

מגביהים את הקערה עם המצות מגולות ואומרים:

הָא לַחְמָא עַנְיָא
דִּי אֲכַלוּ אֲבָהָתַנָא
בְּאַרְעָא דְמִצְרָיִם. כָּל־דִּכְפִין יֵיתֵי
וְיֵיכוֹל. כָּל־דִּצְרִיךְ יֵיתֵי וְיִפְסַח.
הָשַׁתָּא הָכָא. לַשָּׁנָה הַבָּאָה. בְּאַרְעָא
דְיִשְׂרָאֵל. הָשַׁתָּא עַבְדֵי. לַשָּׁנָה
הַבָּאָה בְּנֵי חוֹרִין.

וּרְחַץ

Urechatz:

Wash hands without reciting the 'to wash the hands' blessing.

כַּרְפַּס

Karpass:

Take a little parsley, dip it into salt water, and recite the following blessing which also pertains to eating the bitter herbs:

Blessed art Thou, O Lord, our God, King of the Universe, Creator of the fruit of the earth.

eat without reclining

יַחַץ

Yachatz:

Break the middle of the three Matzot into two unequal parts. The larger part is hidden for the Afikoman, the smaller part is replaced between the other two Matzot.

מַגִּיד

Magid:

Lift the Seder dish with the Matzot, and say:

(This opening passage was written in the vernacular, Aramaic, during the Babylonian captivity after the destruction of the Temple).

This is the bread of affliction, which our forefathers ate in the land of Egypt. Let all who are hungry come and eat. Let all who are needy, come and celebrate the Passover. This year we are here, next year we shall be in the land of Israel. This year we are slaves, next year we shall be free men.

מוזגים כוס שני
והצעיר מבין המסובים שואל:

מַה נִּשְׁתַּנָּה הַלַּיְלָה הַזֶּה מִכָּל הַלֵּילוֹת?
שֶׁבְּכָל־הַלֵּילוֹת אָנוּ אוֹכְלִין חָמֵץ וּמַצָּה.
הַלַּיְלָה הַזֶּה כֻּלּוֹ מַצָּה.
שֶׁבְּכָל־הַלֵּילוֹת אָנוּ אוֹכְלִין שְׁאָר יְרָקוֹת.
הַלַּיְלָה הַזֶּה כֻּלּוֹ מָרוֹר.
שֶׁבְּכָל־הַלֵּילוֹת אֵין אָנוּ מַטְבִּילִין אֲפִילוּ פַּעַם אֶחָת.
הַלַּיְלָה הַזֶּה שְׁתֵּי פְעָמִים.
שֶׁבְּכָל־הַלֵּילוֹת אָנוּ אוֹכְלִין בֵּין יוֹשְׁבִין וּבֵין מְסֻבִּין.
הַלַּיְלָה הַזֶּה כֻּלָּנוּ מְסֻבִּין.

מגלים את המצות
והמסובים משיבים:

עֲבָדִים הָיִינוּ לְפַרְעֹה בְּמִצְרָיִם. וַיּוֹצִיאֵנוּ יְיָ אֱלֹהֵינוּ מִשָּׁם בְּיָד חֲזָקָה וּבִזְרוֹעַ נְטוּיָה. וְאִלּוּ לֹא הוֹצִיא הַקָּדוֹשׁ בָּרוּךְ הוּא אֶת־אֲבוֹתֵינוּ מִמִּצְרַיִם הֲרֵי אָנוּ וּבָנֵינוּ וּבְנֵי בָנֵינוּ מְשֻׁעְבָּדִים הָיִינוּ לְפַרְעֹה בְּמִצְרָיִם. וַאֲפִילוּ
כֻּלָּנוּ חֲכָמִים. כֻּלָּנוּ נְבוֹנִים
כֻּלָּנוּ זְקֵנִים. כֻּלָּנוּ יוֹדְעִים
אֶת־הַתּוֹרָה. מִצְוָה עָלֵינוּ לְסַפֵּר בִּיצִיאַת מִצְרָיִם.
וְכָל־הַמַּרְבֶּה לְסַפֵּר בִּיצִיאַת מִצְרַיִם הֲרֵי זֶה מְשֻׁבָּח.

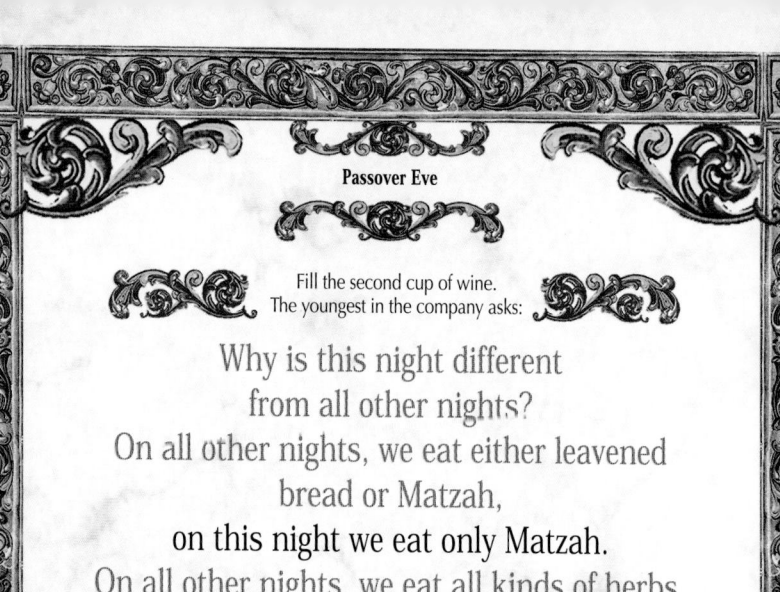

Fill the second cup of wine.
The youngest in the company asks:

Why is this night different
from all other nights?
On all other nights, we eat either leavened
bread or Matzah,
on this night we eat only Matzah.
On all other nights, we eat all kinds of herbs,
on this night we eat only bitter herbs.
On all other nights, we do not dip even once,
on this night we dip twice.
On all other nights, we dine either sitting or reclining,
on this night we all recline.

 Uncover the Matzot,
and all respond:

We were slaves unto Pharaoh in Egypt, and the Lord, our God,
brought us forth from there with a mighty hand and an outstretched
arm. And if the Holy One, blessed be He, had not brought our
forefathers out of Egypt, then even we, our children, and our
children's children would still be in bondage to Pharaoh in Egypt.
**Therefore, even were we all wise, all men of understanding,
all of us elderly, all of us learned in the Torah,**
it would still be our duty to narrate the departure from Egypt. And
the more one tells of the departure from Egypt,
the more one merits praise.

מַעֲשֶׂה בְּרַבִּי אֱלִיעֶזֶר וְרַבִּי יְהוֹשֻׁעַ וְרַבִּי אֶלְעָזָר בֶּן־עֲזַרְיָה וְרַבִּי עֲקִיבָא וְרַבִּי טַרְפוֹן. שֶׁהָיוּ מְסֻבִּין בִּבְנֵי בְרַק וְהָיוּ מְסַפְּרִים בִּיצִיאַת מִצְרַיִם כָּל אוֹתוֹ הַלַּיְלָה. עַד שֶׁבָּאוּ תַלְמִידֵיהֶם וְאָמְרוּ לָהֶם:

רַבּוֹתֵינוּ הִגִּיעַ זְמַן
קְרִיאַת שְׁמַע שֶׁל שַׁחֲרִית.

אָמַר רַבִּי אֶלְעָזָר בֶּן־עֲזַרְיָה.

הֲרֵי אֲנִי כְּבֶן שִׁבְעִים שָׁנָה וְלֹא זָכִיתִי שֶׁתֵּאָמֵר יְצִיאַת מִצְרַיִם בַּלֵּילוֹת עַד שֶׁדְּרָשָׁהּ בֶּן זוֹמָא. שֶׁנֶּאֱמַר: לְמַעַן תִּזְכֹּר אֶת־יוֹם צֵאתְךָ מֵאֶרֶץ מִצְרַיִם כֹּל יְמֵי חַיֶּיךָ. יְמֵי חַיֶּיךָ הַיָּמִים כֹּל יְמֵי חַיֶּיךָ הַלֵּילוֹת. וַחֲכָמִים אוֹמְרִים: יְמֵי חַיֶּיךָ הָעוֹלָם הַזֶּה. כֹּל יְמֵי חַיֶּיךָ לְהָבִיא לִימוֹת הַמָּשִׁיחַ.

בָּרוּךְ הַמָּקוֹם בָּרוּךְ הוּא בָּרוּךְ
שֶׁנָּתַן תּוֹרָה לְעַמּוֹ יִשְׂרָאֵל
בָּרוּךְ הוּא

כְּנֶגֶד אַרְבָּעָה בָנִים דִּבְּרָה תוֹרָה:
אֶחָד חָכָם. וְאֶחָד רָשָׁע. וְאֶחָד תָּם.
וְאֶחָד שֶׁאֵינוֹ יוֹדֵעַ לִשְׁאֹל.

It is told of Rabbi Eliezer, Rabbi Joshua, Rabbi Elazar the son of Azariah, Rabbi Akiva, and Rabbi Tarfon, that they were reclining in Bnei-Brak, telling the story of the departure from Egypt the whole night through, until their pupils came and said to them:
Our teachers, the time has arrived to read the morning Shema prayer.

Rabbi Elazar the son of Azariah,
said: Behold, I am like a man of seventy years of age, and have never been privileged to have the story of the departure from Egypt narrated at night, until Ben Zoma explained it, as it is said: "That thou mayest remember the day of thy going forth from the land of Egypt all the days of thy life." The days of thy life - this indicates the days alone. All the days of thy life - this includes the nights. The sages explain thus:
The days of thy life refer to this world; but all the days of thy life includes even the times of the Messiah.

Blessed be the Omnipresent, Blessed is He. Blessed is He who gave the Torah to His people Israel, Blessed is He.

The Torah speaks of four sons:
One is wise, One is wicked, One is simple
and One knows not how to ask.

חָכָם מַה הוּא אוֹמֵר?

מָה הָעֵדֹת וְהַחֻקִּים וְהַמִּשְׁפָּטִים אֲשֶׁר צִוָּה יְיָ אֱלֹהֵינוּ אֶתְכֶם? וְאַף אַתָּה אֱמָר־לוֹ כְּהִלְכוֹת הַפֶּסַח: אֵין מַפְטִירִין אַחַר הַפֶּסַח אֲפִיקוֹמָן.

רָשָׁע מַה הוּא אוֹמֵר?

מָה הָעֲבוֹדָה הַזֹּאת לָכֶם? לָכֶם וְלֹא לוֹ. וּלְפִי שֶׁהוֹצִיא אֶת־עַצְמוֹ מִן הַכְּלָל כָּפַר בָּעִקָּר. וְאַף אַתָּה הַקְהֵה אֶת־שִׁנָּיו וֶאֱמָר־לוֹ: בַּעֲבוּר זֶה עָשָׂה יְיָ לִי בְּצֵאתִי מִמִּצְרָיִם. לִי וְלֹא לוֹ. אִלּוּ הָיָה שָׁם לֹא הָיָה נִגְאָל.

תָּם מַה הוּא אוֹמֵר?

מַה־זֹּאת? וְאָמַרְתָּ אֵלָיו: בְּחֹזֶק יָד הוֹצִיאָנוּ יְיָ מִמִּצְרַיִם. מִבֵּית עֲבָדִים.

וְשֶׁאֵינוֹ יוֹדֵעַ לִשְׁאוֹל

אַתְּ פְּתַח לוֹ. שֶׁנֶּאֱמַר: וְהִגַּדְתָּ לְבִנְךָ בַּיּוֹם הַהוּא לֵאמֹר בַּעֲבוּר זֶה עָשָׂה יְיָ לִי בְּצֵאתִי מִמִּצְרָיִם.

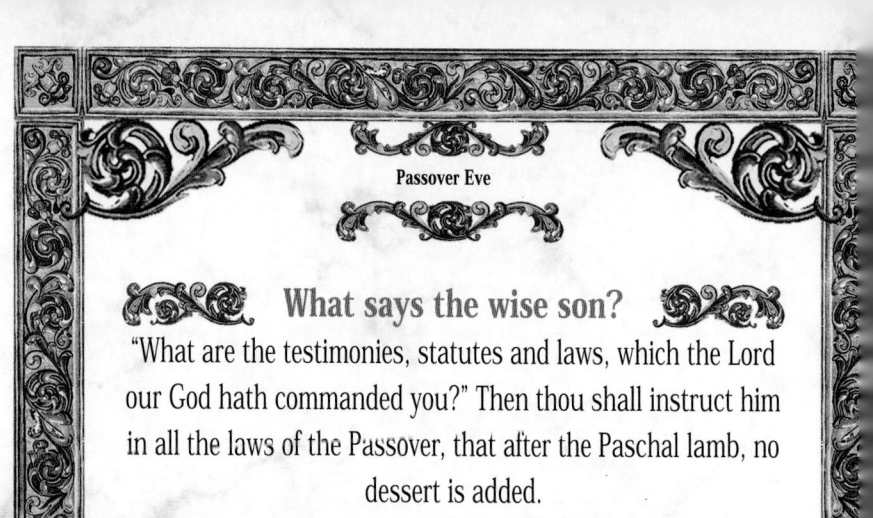

What says the wise son?

"What are the testimonies, statutes and laws, which the Lord our God hath commanded you?" Then thou shall instruct him in all the laws of the Passover, that after the Paschal lamb, no dessert is added.

What says the wicked son?

"Of what use is this service to you?" To you, and not to himself. By excluding himself from the collectivity, he has denied the basic principle. Therefore, set his teeth on edge and say to him: "This is done on account of what the Lord did for me when I went forth from Egypt" - for me, but not for him. Had he been there, he would not have been redeemed.

What says the simple son?

"What is this?" And you shall answer him: "With a mighty hand the Lord brought us forth from Egypt from the house of bondage."

And as for the one who knows not how to ask,

it is for you to begin for him, as it is said: "And thou shalt tell thy son on that day, saying: This is done on account of what the Lord did for me, when I went forth from Egypt."

וְהִגַּדְתָּ לְבִנְךָ:

יָכוֹל מֵרֹאשׁ חֹדֶשׁ תַּלְמוּד לוֹמַר בַּיּוֹם הַהוּא, אִי בַּיּוֹם הַהוּא יָכוֹל מִבְּעוֹד יוֹם? תַּלְמוּד לוֹמַר בַּעֲבוּר זֶה, בַּעֲבוּר זֶה לֹא אָמַרְתִּי אֶלָּא בְּשָׁעָה שֶׁיֵּשׁ מַצָּה וּמָרוֹר מֻנָּחִים לְפָנֶיךָ.

מִתְּחִלָּה

עוֹבְדֵי עֲבוֹדָה זָרָה הָיוּ אֲבוֹתֵינוּ וְעַכְשָׁו קֵרְבָנוּ הַמָּקוֹם לַעֲבֹדָתוֹ. שֶׁנֶּאֱמַר: וַיֹּאמֶר יְהוֹשֻׁעַ אֶל כָּל הָעָם, כֹּה אָמַר יְיָ אֱלֹהֵי יִשְׂרָאֵל, בְּעֵבֶר הַנָּהָר יָשְׁבוּ אֲבוֹתֵיכֶם מֵעוֹלָם, תֶּרַח אֲבִי אַבְרָהָם וַאֲבִי נָחוֹר, וַיַּעַבְדוּ אֱלֹהִים אֲחֵרִים. וָאֶקַּח אֶת אֲבִיכֶם אֶת אַבְרָהָם מֵעֵבֶר הַנָּהָר, וָאוֹלֵךְ אוֹתוֹ בְּכָל אֶרֶץ כְּנָעַן, וָאַרְבֶּה אֶת זַרְעוֹ וָאֶתֶּן לוֹ אֶת יִצְחָק. וָאֶתֵּן לְיִצְחָק אֶת יַעֲקֹב וְאֶת עֵשָׂו. וָאֶתֵּן לְעֵשָׂו אֶת הַר שֵׂעִיר לָרֶשֶׁת אוֹתוֹ. וְיַעֲקֹב וּבָנָיו יָרְדוּ מִצְרָיִם.

בָּרוּךְ שׁוֹמֵר

הַבְטָחָתוֹ לְיִשְׂרָאֵל בָּרוּךְ הוּא שֶׁהַקָּדוֹשׁ בָּרוּךְ הוּא חִשַּׁב אֶת הַקֵּץ לַעֲשׂוֹת כְּמָה שֶׁאָמַר לְאַבְרָהָם אָבִינוּ בִּבְרִית בֵּין הַבְּתָרִים.

110

And thou shalt tell thy son.

One might think that the Seder ceremony should be performed on the first day of Nissan. The Torah therefore tells us: "On that day." Yet, that day might imply that the Seder should be performed whilst it is day. Therefore, the Torah adds: "On account of this" - I said that at no other time except when the Matzah and bitter herbs are set out before you.

In days of old

our forefathers were idol worshippers, but now the Lord hath brought us near to worship him. As it is said: "And Joshua said to all the people: Thus said the Lord, the God of Israel. Your forefathers used to dwell on the other side of the river. Terach, the father of Abraham, and the father of Nachor, worshipped other gods. And I took your father Abraham from the other side of the river, and I led him throughout the land of Canaan, and I multiplied his seed, and I gave him Isaac. Unto Isaac, I gave Jacob and Esau. To Esau I gave Mount Seir to inherit, but Jacob and his sons went down to Egypt."

Blessed be He

Who keeps His promise to Israel. Blessed be He. For the Holy One, Blessed be He, foretold the end of the bondage, as He told Abraham our father at the Covenant of Sacrifices.

111

שֶׁנֶּאֱמַר:

וַיֹּאמֶר לְאַבְרָם יָדֹעַ תֵּדַע כִּי גֵר יִהְיֶה זַרְעֲךָ בְּאֶרֶץ לֹא לָהֶם. וַעֲבָדוּם וְעִנּוּ אֹתָם אַרְבַּע מֵאוֹת שָׁנָה. וְגַם אֶת־הַגּוֹי אֲשֶׁר יַעֲבֹדוּ דָּן אָנֹכִי. וְאַחֲרֵי כֵן יֵצְאוּ בִּרְכֻשׁ גָּדוֹל.

מכסים את המצות, מגביהים את הכוס ואומרים:

וְהִיא שֶׁעָמְדָה לַאֲבוֹתֵינוּ וְלָנוּ.
שֶׁלֹּא אֶחָד בִּלְבָד עָמַד
עָלֵינוּ לְכַלּוֹתֵנוּ.
אֶלָּא שֶׁבְּכָל דּוֹר וָדוֹר עוֹמְדִים
עָלֵינוּ לְכַלּוֹתֵנוּ.
וְהַקָּדוֹשׁ בָּרוּךְ הוּא מַצִּילֵנוּ מִיָּדָם.

מניחים את הכוס ומגלים את המצות

צֵא וּלְמַד

מַה בִּקֵּשׁ לָבָן הָאֲרַמִּי לַעֲשׂוֹת לְיַעֲקֹב אָבִינוּ. שֶׁפַּרְעֹה לֹא גָזַר אֶלָּא עַל הַזְּכָרִים. וְלָבָן בִּקֵּשׁ לַעֲקֹר אֶת הַכֹּל. שֶׁנֶּאֱמַר: אֲרַמִּי אֹבֵד אָבִי. וַיֵּרֶד מִצְרַיְמָה. וַיָּגָר שָׁם בִּמְתֵי מְעָט. וַיְהִי שָׁם לְגוֹי גָּדוֹל עָצוּם וָרָב.

As it is said:

And He said to Abram: "Thou must surely know that thy seed will be a stranger in a land not their own. They will be enslaved there and will be oppressed for four hundred years. But that nation who will oppress them shall be judged. And afterwards they shall go forth with great wealth."

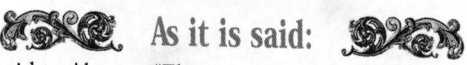

Cover the Matzot,
raise up the cup of wine, and say:

And it is this promise
that has been the support of our forefathers and of us all. For not one alone has risen to destroy us, but in every single generation there are those who rise against us to destroy us, but the Holy One, Blessed be He, has delivered us out of their hands.

Put down the cup, uncover the Matzot.

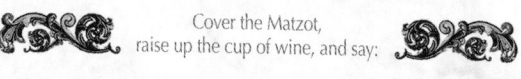

Go and study

what Laban the Aramite sought to do to our father Jacob. For Pharaoh decreed only against the males, while Laban desired to root out everyone. As it is said: "An Aramite caused my father to perish; and he went down unto Egypt, and dwelt there with few people. And there he became a great, mighty and numerous nation."

וַיֵּרֶד

מִצְרַיְמָה אָנוּס עַל פִּי הַדִּבּוּר. וַיָּגָר שָׁם מְלַמֵּד
שֶׁלֹּא יָרַד יַעֲקֹב אָבִינוּ לְהִשְׁתַּקֵּעַ בְּמִצְרַיִם
אֶלָּא לָגוּר שָׁם. שֶׁנֶּאֱמַר: וַיֹּאמְרוּ אֶל פַּרְעֹה
לָגוּר בָּאָרֶץ בָּאנוּ. כִּי אֵין מִרְעֶה לַצֹּאן אֲשֶׁר
לַעֲבָדֶיךָ. כִּי כָבֵד הָרָעָב בְּאֶרֶץ כְּנָעַן. וְעַתָּה
יֵשְׁבוּ־נָא עֲבָדֶיךָ בְּאֶרֶץ גֹּשֶׁן.

בִּמְתֵי מְעָט

כְּמָה שֶׁנֶּאֱמַר: בְּשִׁבְעִים נֶפֶשׁ יָרְדוּ אֲבוֹתֶיךָ
מִצְרָיְמָה. וְעַתָּה שָׂמְךָ יְיָ אֱלֹהֶיךָ כְּכוֹכְבֵי
הַשָּׁמַיִם לָרוֹב. וַיְהִי שָׁם לְגוֹי. מְלַמֵּד שֶׁהָיוּ
יִשְׂרָאֵל מְצֻיָּנִים שָׁם. גָּדוֹל עָצוּם. כְּמָה שֶׁנֶּאֱמַר:
וּבְנֵי יִשְׂרָאֵל פָּרוּ וַיִּשְׁרְצוּ וַיִּרְבּוּ וַיַּעַצְמוּ
בִּמְאֹד מְאֹד וַתִּמָּלֵא הָאָרֶץ אוֹתָם.

וָרָב

כְּמָה שֶׁנֶּאֱמַר: רְבָבָה כְּצֶמַח הַשָּׂדֶה נְתַתִּיךְ.
וַתִּרְבִּי וַתִּגְדְּלִי וַתָּבוֹאִי בַּעֲדִי עֲדָיִים. שָׁדַיִם
נָכֹנוּ וּשְׂעָרֵךְ צִמֵּחַ וְאַתְּ עֵרֹם וְעֶרְיָה: וָאֶעֱבֹר
עָלַיִךְ וָאֶרְאֵךְ מִתְבּוֹסֶסֶת בְּדָמָיִךְ.

וָאֹמַר לָךְ בְּדָמַיִךְ חֲיִי.
וָאֹמַר לָךְ בְּדָמַיִךְ חֲיִי.

And he went down

to Egypt, compelled by God's decree. And dwelt there - this teaches us that he did not go down to settle there, but only to sojourn there. As it is said: "And they said to Pharaoh: To dwell in the land we have come, because there is no pasture for the flocks of thy servants, since the famine is sore in the land of Canaan: and now let thy servants dwell, we pray thee, in the land of Goshen."

With few people.

As it is said: "With seventy souls thy forefathers went down into Egypt. Now the Lord thy God hath made thee as numerous as the stars in heaven." And there he became a great nation - from this we learn that Israel excelled in Egypt. Mighty, as it is said: "And the children of Israel were fruitful, and increased abundantly and multiplied, and became exceedingly mighty, so the land was filled with them."

And numerous.

As it is said: "I have caused thee to multiply like the growth of the field, and thou hast increased and become great, and adorned with many beauties. Thy breasts are fashioned, thy hair is fully grown, yet thou art naked and bare. And when I passed by thee and saw thee polluted in thine own blood,

I said to thee:
In your blood, live."

וַיָּרֵעוּ

אֹתָנוּ הַמִּצְרִים וַיְעַנּוּנוּ. וַיִּתְּנוּ עָלֵינוּ עֲבוֹדָה
קָשָׁה. וַיָּרֵעוּ אֹתָנוּ הַמִּצְרִים. כְּמָה שֶׁנֶּאֱמַר:
הָבָה נִתְחַכְּמָה לוֹ פֶּן יִרְבֶּה. וְהָיָה כִּי תִקְרֶאנָה
מִלְחָמָה וְנוֹסַף גַּם הוּא עַל שׂוֹנְאֵינוּ. וְנִלְחַם בָּנוּ
וְעָלָה מִן הָאָרֶץ. וַיְעַנּוּנוּ. כְּמָה שֶׁנֶּאֱמַר: וַיָּשִׂימוּ
עָלָיו שָׂרֵי מִסִּים לְמַעַן עַנֹּתוֹ בְּסִבְלֹתָם. וַיִּבֶן
עָרֵי מִסְכְּנוֹת לְפַרְעֹה. אֶת פִּתֹם וְאֶת רַעַמְסֵס.
וַיִּתְּנוּ עָלֵינוּ עֲבוֹדָה קָשָׁה. כְּמָה שֶׁנֶּאֱמַר: וַיַּעֲבִדוּ
מִצְרַיִם אֶת בְּנֵי יִשְׂרָאֵל בְּפָרֶךְ.

וַנִּצְעַק

אֶל יְיָ אֱלֹהֵי אֲבוֹתֵינוּ. וַיִּשְׁמַע יְיָ אֶת קוֹלֵנוּ
וַיַּרְא אֶת עָנְיֵנוּ וְאֶת עֲמָלֵנוּ וְאֶת לַחֲצֵנוּ.
וַנִּצְעַק אֶל יְיָ אֱלֹהֵי אֲבוֹתֵינוּ כְּמָה שֶׁנֶּאֱמַר:
וַיְהִי בַיָּמִים הָרַבִּים הָהֵם וַיָּמָת מֶלֶךְ מִצְרַיִם.
וַיֵּאָנְחוּ בְנֵי יִשְׂרָאֵל מִן הָעֲבֹדָה וַיִּזְעָקוּ. וַתַּעַל
שַׁוְעָתָם אֶל הָאֱלֹהִים מִן הָעֲבֹדָה. וַיִּשְׁמַע יְיָ
אֶת קוֹלֵנוּ כְּמָה שֶׁנֶּאֱמַר: וַיִּשְׁמַע אֱלֹהִים אֶת
נַאֲקָתָם. וַיִּזְכֹּר אֱלֹהִים אֶת בְּרִיתוֹ. אֶת
אַבְרָהָם אֶת יִצְחָק וְאֶת יַעֲקֹב.

“And the Egyptians

treated us badly, and they tortured us, and laid hard labor upon us.” And the Egyptians treated us badly - as it is said: “Come let us deal wisely with them, lest they should multiply, and it may come to pass that when a war occurs, they might join unto our enemies, and fight against us, and depart from the land.” And they tortured us - as it is said: “And they set taskmasters over them in order to torture them with their burdens. And they built for Pharaoh treasure cities, Pithom and Raamses.” And they laid hard labor upon us - as it is said. “And the Egyptians compelled the children of Israel to labor with rigor.”

“And we cried

unto the Lord, the God of our fathers, and the Lord heard our voice, and saw our affliction and our sorrow and our oppression.” And we cried unto the Lord, the God of our fathers - as it is said: “And it came to pass in those long days that the king of Egypt died, and the children of Israel sighed because of their servitude, and they cried out, and their cry rose up unto God by reason of the servitude.” And the Lord heard our voice - as it is said:

“And God heard their groaning,
and God remembered His covenant with
Abraham, with Isaac, and with Jacob.”

וַיַּרְא

אֶת עָנְיֵנוּ. זוֹ פְּרִישׁוּת דֶּרֶךְ אֶרֶץ. כְּמָה שֶׁנֶּאֱמַר: וַיַּרְא אֱלֹהִים אֶת בְּנֵי יִשְׂרָאֵל וַיֵּדַע אֱלֹהִים.
וְאֶת־עֲמָלֵנוּ אֵלּוּ הַבָּנִים. כְּמָה שֶׁנֶּאֱמַר: כָּל הַבֵּן הַיִּלּוֹד הַיְאֹרָה תַּשְׁלִיכוּהוּ וְכָל הַבַּת תְּחַיּוּן.
וְאֶת־לַחֲצֵנוּ זוֹ הַדְּחַק. כְּמָה שֶׁנֶּאֱמַר: וְגַם רָאִיתִי אֶת הַלַּחַץ אֲשֶׁר מִצְרַיִם לֹחֲצִים אוֹתָם.

וַיּוֹצִיאֵנוּ

יְיָ מִמִּצְרַיִם בְּיָד חֲזָקָה וּבִזְרוֹעַ נְטוּיָה וּבְמוֹרָא גָּדוֹל וּבְאֹתוֹת וּבְמוֹפְתִים. וַיּוֹצִיאֵנוּ יְיָ מִמִּצְרַיִם לֹא עַל־יְדֵי מַלְאָךְ וְלֹא עַל־יְדֵי שָׂרָף וְלֹא עַל־יְדֵי שָׁלִיחַ אֶלָּא הַקָּדוֹשׁ בָּרוּךְ הוּא בִּכְבוֹדוֹ וּבְעַצְמוֹ. שֶׁנֶּאֱמַר: וְעָבַרְתִּי בְאֶרֶץ־מִצְרַיִם בַּלַּיְלָה הַזֶּה, וְהִכֵּיתִי כָל־בְּכוֹר בְּאֶרֶץ מִצְרַיִם מֵאָדָם וְעַד־בְּהֵמָה. וּבְכָל־אֱלֹהֵי מִצְרַיִם אֶעֱשֶׂה שְׁפָטִים אֲנִי יְיָ.

וְעָבַרְתִּי בְאֶרֶץ מִצְרַיִם בַּלַּיְלָה הַזֶּה
אֲנִי וְלֹא מַלְאָךְ.
וְהִכֵּיתִי כָל־בְּכוֹר בְּאֶרֶץ מִצְרַיִם
אֲנִי וְלֹא שָׂרָף.
וּבְכָל אֱלֹהֵי מִצְרַיִם אֶעֱשֶׂה שְׁפָטִים
אֲנִי יְיָ אֲנִי הוּא וְלֹא הַשָּׁלִיחַ.
אֲנִי יְיָ אֲנִי הוּא וְלֹא אַחֵר.

 And He saw

our affliction - this refers to the prevention of connubial rights, as it is said: "And God saw the children of Israel, and God took cognizance of them." And our sorrow - this denotes the drowning of the male children, as it is said: "Every son that is born, ye shall cast into the river, but every daughter ye shall save alive." And our oppression - this refers to the duress, as it is said: "And I have seen the oppression wherewith the Egyptians oppress them."

"And the Lord

brought us forth from Egypt with a mighty hand and with an outstretched arm; with great terror, and with signs and wonders." And the Lord brought us forth from Egypt - not by means of an angel, nor by means of a seraph, nor by means of a messenger, but the Holy One blessed be He, Himself in His glory.

As it is said: "And I will pass through the land of Egypt, in this night. And I will smite every first-born in the land of Egypt, both man and beast. And on all the gods of Egypt I will execute judgements. I am the Lord." And I will pass through the land of Egypt -

I Myself, and not an angel.

And I will smite every first-born in the land of Egypt -

I Myself, and not a seraph.

And on all the gods of Egypt I will execute judgements.

I am the Lord - I Myself, and not a messenger.

I am the Lord - I am He, and no other.

119

בְּיָד חֲזָקָה זוֹ הַדֶּבֶר.

כְּמָה שֶׁנֶּאֱמַר: הִנֵּה יַד־יְיָ הוֹיָה בְּמִקְנְךָ אֲשֶׁר בַּשָּׂדֶה: בַּסּוּסִים. בַּחֲמוֹרִים. בַּגְּמַלִּים. בַּבָּקָר וּבַצֹּאן דֶּבֶר כָּבֵד מְאֹד.

וּבִזְרוֹעַ נְטוּיָה זוֹ הַחֶרֶב.

כְּמָה שֶׁנֶּאֱמַר: וְחַרְבּוֹ שְׁלוּפָה בְּיָדוֹ נְטוּיָה עַל יְרוּשָׁלָיִם.

וּבְמוֹרָא גָּדוֹל זוֹ גִּלּוּי שְׁכִינָה.

כְּמָה שֶׁנֶּאֱמַר: אוֹ הֲנִסָּה אֱלֹהִים לָבוֹא לָקַחַת לוֹ גוֹי מִקֶּרֶב גּוֹי בְּמַסֹּת בְּאֹתֹת וּבְמוֹפְתִים וּבְמִלְחָמָה וּבְיָד חֲזָקָה וּבִזְרוֹעַ נְטוּיָה וּבְמוֹרָאִים גְּדוֹלִים. כְּכֹל אֲשֶׁר עָשָׂה לָכֶם יְיָ אֱלֹהֵיכֶם בְּמִצְרַיִם לְעֵינֶיךָ.

וּבְאֹתוֹת זֶה הַמַּטֶּה.

כְּמָה שֶׁנֶּאֱמַר: וְאֶת הַמַּטֶּה הַזֶּה תִּקַּח בְּיָדֶךָ אֲשֶׁר תַּעֲשֶׂה בּוֹ אֶת הָאֹתֹת.

וּבְמוֹפְתִים זֶה הַדָּם.

כְּמָה שֶׁנֶּאֱמַר: וְנָתַתִּי מוֹפְתִים בַּשָּׁמַיִם וּבָאָרֶץ.

זורקים מעט יין מן הכוס ואומרים:

דָּם וָאֵשׁ וְתִמְרוֹת עָשָׁן.

דָּבָר אַחֵר

בְּיָד חֲזָקָה שְׁתַּיִם.
וּבִזְרוֹעַ נְטוּיָה שְׁתַּיִם.
וּבְמוֹרָא גָּדוֹל שְׁתַּיִם.
וּבְאוֹתוֹת שְׁתַּיִם.
וּבְמוֹפְתִים שְׁתַּיִם.

With a mighty hand -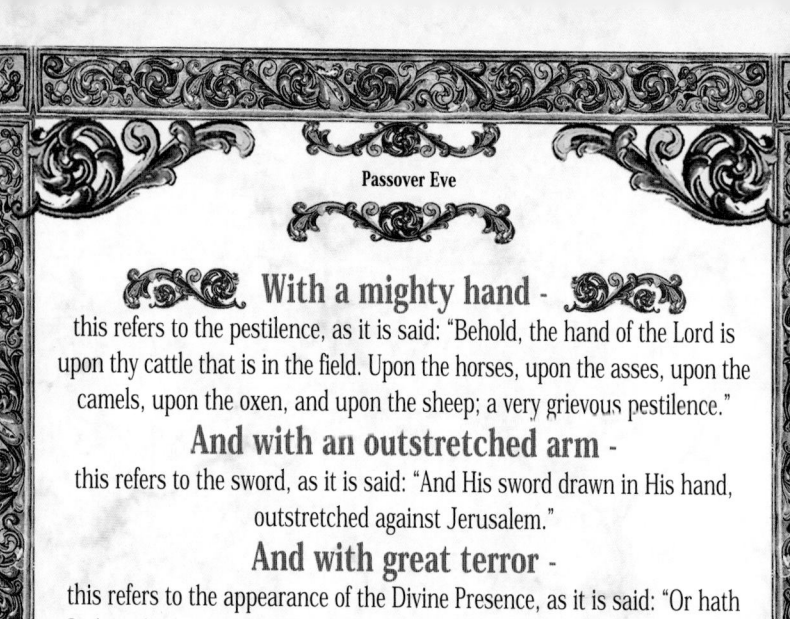

this refers to the pestilence, as it is said: "Behold, the hand of the Lord is upon thy cattle that is in the field. Upon the horses, upon the asses, upon the camels, upon the oxen, and upon the sheep; a very grievous pestilence."

And with an outstretched arm -

this refers to the sword, as it is said: "And His sword drawn in His hand, outstretched against Jerusalem."

And with great terror -

this refers to the appearance of the Divine Presence, as it is said: "Or hath God tried to go and take Him a nation from the midst of another nation, by trials, by signs and by wonders, and by battle, and by a mighty hand, and by an outstretched arm, and by great terrors, according to all that the Lord your God did for thee in Egypt before thine eyes."

And with signs -

this refers to the rod, as it is said: "And thou shalt take in thy hand this rod wherewith thou shalt do the signs."

And with wonders -

This refers to the plague of blood, as it is said: "I will place wonders in heaven and on earth.

Blood and fire, and pillars of smoke."

Another explanation is as follows:

With a mighty hand		two plagues.
With an outstretched arm		two plagues.
With great terror		two plagues.
With signs		two plagues.
With wonders		two plagues.

זורקים מעט יין מן הכוס לתוך כלי
בזמן קריאה בעשר מכות ובסימניהן

אֵלוּ עֶשֶׂר מַכּוֹת שֶׁהֵבִיא הַקָּדוֹשׁ בָּרוּךְ
הוּא עַל הַמִּצְרִים בְּמִצְרָיִם, וְאֵלוּ הֵן:

דָּם ● צְפַרְדֵּעַ ● כִּנִּים

עָרוֹב ● דֶּבֶר ● שְׁחִין

בָּרָד ● אַרְבֶּה ● חֹשֶׁךְ

מַכַּת בְּכוֹרוֹת

רַבִּי יְהוּדָה הָיָה נוֹתֵן בָּהֶם סִמָּנִים

דְּצַ"ךְ עֲדַ"שׁ בְּאַחַ"ב:

רַבִּי יוֹסֵי הַגְּלִילִי

אוֹמֵר: מִנַּיִן אַתָּה אוֹמֵר שֶׁלָּקוּ הַמִּצְרִים בְּמִצְרַיִם
עֶשֶׂר מַכּוֹת וְעַל הַיָּם לָקוּ חֲמִשִּׁים מַכּוֹת?
בְּמִצְרַיִם מָה הוּא אוֹמֵר: וַיֹּאמְרוּ הַחַרְטֻמִּים
אֶל פַּרְעֹה אֶצְבַּע אֱלֹהִים הִיא, וְעַל הַיָּם מָה
הוּא אוֹמֵר. וַיַּרְא יִשְׂרָאֵל אֶת הַיָּד הַגְּדוֹלָה
אֲשֶׁר עָשָׂה יְיָ בְּמִצְרַיִם. וַיִּירְאוּ הָעָם אֶת יְיָ.

At the mention of each of the ten plagues, dip a finger in the cup of wine and spill a drop. Likewise with the mnemonic.

These are the ten plagues which the Holy One, blessed be He, brought upon the Egyptians in Egypt. And these are they:

Blood　**Frogs**　**Vermin**

Beasts　**Pestilence**　**Boils**

Hail　**Locusts**　**Darkness**

Slaying of the First Born

Rabbi Judah used to arrange them into mnemonic form thus:

Detzach, Adash, Be'achav.

Rabbi Jose the Galilean

said: From whence can thou deduce that the Egyptians were smitten with ten plagues in Egypt, but were smitten with fifty plagues on the sea? In Egypt, it is said: "And the magicians said unto Pharaoh: This is the finger of God." On the sea, it is said: "And Israel saw the mighty hand with which the Lord smote Egypt, and the people feared the Lord,

123

וַיַּאֲמִינוּ בַּיְיָ וּבְמֹשֶׁה עַבְדּוֹ. כַּמָּה לָקוּ בְאֶצְבַּע. עֶשֶׂר מַכּוֹת. אֱמֹר מֵעַתָּה: בְּמִצְרַיִם לָקוּ עֶשֶׂר מַכּוֹת וְעַל הַיָּם לָקוּ חֲמִשִּׁים מַכּוֹת.

רַבִּי אֱלִיעֶזֶר

אוֹמֵר: מִנַּיִן שֶׁכָּל מַכָּה וּמַכָּה שֶׁהֵבִיא הַקָּדוֹשׁ בָּרוּךְ הוּא עַל הַמִּצְרִים בְּמִצְרַיִם הָיְתָה שֶׁל אַרְבַּע מַכּוֹת? שֶׁנֶּאֱמַר: יְשַׁלַּח בָּם חֲרוֹן אַפּוֹ. עֶבְרָה. וָזַעַם. וְצָרָה. מִשְׁלַחַת מַלְאֲכֵי רָעִים. עֶבְרָה אַחַת. וָזַעַם שְׁתַּיִם. וְצָרָה שָׁלֹשׁ. מִשְׁלַחַת מַלְאֲכֵי רָעִים אַרְבַּע. אֱמֹר מֵעַתָּה: בְּמִצְרַיִם לָקוּ אַרְבָּעִים מַכּוֹת וְעַל הַיָּם לָקוּ מָאתַיִם מַכּוֹת.

רַבִּי עֲקִיבָא

אוֹמֵר: מִנַּיִן שֶׁכָּל מַכָּה וּמַכָּה שֶׁהֵבִיא הַקָּדוֹשׁ בָּרוּךְ הוּא עַל הַמִּצְרִים בְּמִצְרַיִם הָיְתָה שֶׁל חָמֵשׁ מַכּוֹת? שֶׁנֶּאֱמַר: יְשַׁלַּח בָּם חֲרוֹן אַפּוֹ. עֶבְרָה. וָזַעַם. וְצָרָה. מִשְׁלַחַת מַלְאֲכֵי רָעִים. חֲרוֹן אַפּוֹ אַחַת. עֶבְרָה שְׁתַּיִם. וָזַעַם שָׁלֹשׁ. וְצָרָה אַרְבַּע. מִשְׁלַחַת מַלְאֲכֵי רָעִים חָמֵשׁ. אֱמֹר מֵעַתָּה: בְּמִצְרַיִם לָקוּ חֲמִשִּׁים מַכּוֹת וְעַל הַיָּם לָקוּ חֲמִשִּׁים וּמָאתַיִם מַכּוֹת.

and believed in the Lord and His servant Moses." If with
one finger they were smitten with ten plagues, we can
deduce that if in Egypt they were smitten with ten plagues,
then on sea they were smitten with fifty plagues.

Rabbi Eliezer says:

From whence can thou deduce that each plague which the
Holy One, blessed be He, brought upon the Egyptians
in Egypt, consisted of four different plagues? As it is said:
"He did send against them His burning anger, fury,
indignation, trouble, a band of evil angels." Fury is one.
Indignation - two. Trouble - three. And a Band of Evil
Angels four. Hence, we can deduce that they received forty
plagues in Egypt and two hundred plagues on the sea.

Rabbi Akiva says:

How can we deduce that every plague which the Holy One,
blessed be He, brought in Egypt upon the Egyptians, was
fivefold in character? As it is said: "He did send against
the Egyptians His burning anger, fury, indignation, trouble,
and a band of evil angels." His burning anger is one. Fury
- two. Indignation - three. Trouble - four. A Band of Evil
Angels - five. Hence we can deduce that the Egyptians in
Egypt were smitten with fifty plagues, and on the sea they
were smitten with two hundred and fifty plagues.

כַּמָּה מַעֲלוֹת טוֹבוֹת לַמָּקוֹם עָלֵינוּ

אִלּוּ הוֹצִיאָנוּ מִמִּצְרַיִם
וְלֹא עָשָׂה בָהֶם שְׁפָטִים דַּיֵּנוּ
אִלּוּ עָשָׂה בָהֶם שְׁפָטִים
וְלֹא עָשָׂה בֵאלֹהֵיהֶם דַּיֵּנוּ
אִלּוּ עָשָׂה בֵאלֹהֵיהֶם
וְלֹא הָרַג אֶת בְּכוֹרֵיהֶם דַּיֵּנוּ
אִלּוּ הָרַג אֶת בְּכוֹרֵיהֶם
וְלֹא נָתַן לָנוּ אֶת מָמוֹנָם דַּיֵּנוּ
אִלּוּ נָתַן לָנוּ אֶת מָמוֹנָם
וְלֹא קָרַע לָנוּ אֶת הַיָּם דַּיֵּנוּ
אִלּוּ קָרַע לָנוּ אֶת הַיָּם
וְלֹא הֶעֱבִירָנוּ בְתוֹכוֹ בֶּחָרָבָה דַּיֵּנוּ
אִלּוּ הֶעֱבִירָנוּ בְּתוֹכוֹ בֶּחָרָבָה
וְלֹא שִׁקַּע צָרֵינוּ בְּתוֹכוֹ דַּיֵּנוּ
אִלּוּ שִׁקַּע צָרֵינוּ בְּתוֹכוֹ
וְלֹא סִפֵּק צָרְכֵּנוּ בַּמִּדְבָּר אַרְבָּעִים שָׁנָה דַּיֵּנוּ
אִלּוּ סִפֵּק צָרְכֵּנוּ בַּמִּדְבָּר אַרְבָּעִים שָׁנָה
וְלֹא הֶאֱכִילָנוּ אֶת הַמָּן דַּיֵּנוּ
אִלּוּ הֶאֱכִילָנוּ אֶת הַמָּן
וְלֹא נָתַן לָנוּ אֶת הַשַּׁבָּת דַּיֵּנוּ
אִלּוּ נָתַן לָנוּ אֶת הַשַּׁבָּת
וְלֹא קֵרְבָנוּ לִפְנֵי הַר סִינַי דַּיֵּנוּ
אִלּוּ קֵרְבָנוּ לִפְנֵי הַר סִינַי
וְלֹא נָתַן לָנוּ אֶת הַתּוֹרָה דַּיֵּנוּ
אִלּוּ נָתַן לָנוּ אֶת הַתּוֹרָה
וְלֹא הִכְנִיסָנוּ לְאֶרֶץ יִשְׂרָאֵל דַּיֵּנוּ
אִלּוּ הִכְנִיסָנוּ לְאֶרֶץ יִשְׂרָאֵל
וְלֹא בָנָה לָנוּ אֶת בֵּית הַבְּחִירָה דַּיֵּנוּ

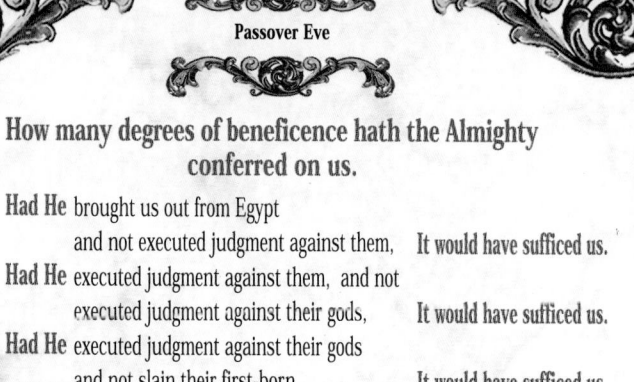

How many degrees of beneficence hath the Almighty conferred on us.

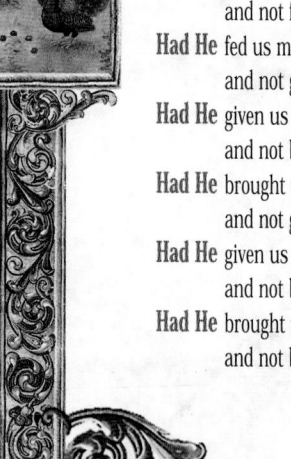

Had He brought us out from Egypt
and not executed judgment against them,   It would have sufficed us.

Had He executed judgment against them, and not
executed judgment against their gods,   It would have sufficed us.

Had He executed judgment against their gods
and not slain their first-born,   It would have sufficed us.

Had He slain their first-born,
and not given us their wealth,   It would have sufficed us.

Had He given us their wealth,
and not divided the sea for us,   It would have sufficed us.

Had He divided the sea for us,
and not led us through it on dry land,   It would have sufficed us.

Had He led us through it on dry land,
and not drowned our oppressors in it,   It would have sufficed us.

Had He drowned our oppressors in it,
and not satisfied our needs in
the desert for forty years,   It would have sufficed us.

Had He satisfied our needs in the desert for forty years,
and not fed us manna,   It would have sufficed us.

Had He fed us manna,
and not given us the Sabbath,   It would have sufficed us.

Had He given us the Sabbath,
and not brought us near to Mount Sinai,   It would have sufficed us.

Had He brought us near to Mount Sinai,
and not given us the Torah,   It would have sufficed us.

Had He given us the Torah,
and not brought us into the Land of Israel,   It would have sufficed us.

Had He brought us into the Land of Israel,
and not built for us the Holy Temple,   It would have sufficed us.

עַל אַחַת כַּמָּה וְכַמָּה טוֹבָה כְפוּלָה

וּמְכֻפֶּלֶת לַמָּקוֹם עָלֵינוּ

שֶׁהוֹצִיאָנוּ מִמִּצְרַיִם וְעָשָׂה בָהֶם שְׁפָטִים
וְעָשָׂה בֵאלֹהֵיהֶם וְהָרַג אֶת בְּכוֹרֵיהֶם
וְנָתַן לָנוּ אֶת מָמוֹנָם וְקָרַע לָנוּ אֶת הַיָּם
וְהֶעֱבִירָנוּ בְתוֹכוֹ בֶּחָרָבָה וְשִׁקַּע צָרֵינוּ בְּתוֹכוֹ
וְסִפֵּק צָרְכֵּנוּ בַּמִּדְבָּר אַרְבָּעִים שָׁנָה
וְהֶאֱכִילָנוּ אֶת הַמָּן וְנָתַן לָנוּ אֶת הַשַּׁבָּת
וְקֵרְבָנוּ לִפְנֵי הַר סִינַי וְנָתַן לָנוּ אֶת הַתּוֹרָה
וְהִכְנִיסָנוּ לְאֶרֶץ יִשְׂרָאֵל
וּבָנָה לָנוּ אֶת בֵּית הַבְּחִירָה לְכַפֵּר עַל כָּל עֲוֹנוֹתֵינוּ

רַבָּן גַּמְלִיאֵל

הָיָה אוֹמֵר: כָּל שֶׁלֹּא אָמַר שְׁלשָׁה דְבָרִים אֵלּוּ בַּפֶּסַח לֹא יָצָא יְדֵי חוֹבָתוֹ. וְאֵלּוּ הֵן:

פֶּסַח מַצָּה וּמָרוֹר

פֶּסַח שֶׁהָיוּ אֲבוֹתֵינוּ אוֹכְלִים בִּזְמַן שֶׁבֵּית הַמִּקְדָּשׁ הָיָה קַיָּם. עַל שׁוּם מָה? עַל שׁוּם שֶׁפָּסַח הַקָּדוֹשׁ בָּרוּךְ הוּא עַל בָּתֵּי אֲבוֹתֵינוּ בְּמִצְרַיִם. שֶׁנֶּאֱמַר: וַאֲמַרְתֶּם זֶבַח פֶּסַח הוּא לַיְיָ אֲשֶׁר פָּסַח עַל בָּתֵּי בְנֵי יִשְׂרָאֵל בְּמִצְרַיִם בְּנָגְפּוֹ אֶת מִצְרַיִם וְאֶת בָּתֵּינוּ הִצִּיל. וַיִּקֹּד הָעָם וַיִּשְׁתַּחֲווּ.

How very much greater,

then, is the extreme goodness that the Almighty conferred on us.
He brought us out from Egypt, and executed judgment against them,
and executed judgment against their gods,
and slew their first-born, and gave us their wealth,
and divided the seas for us, and led us through it on dry land,
and drowned our oppressors in it,
and satisfied our needs in the desert for forty years,
and fed us manna, and gave us the Sabbath,
and brought us near to Mt. Sinai, and gave us the Torah,
and brought us into the Land of Israel,
and built for us the Holy Temple to atone for all our sins.

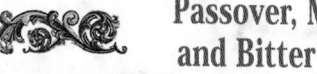 ## Rabban Gamliel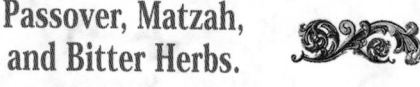

used to say: Whoever does not mention the following three
things on Passover has not fulfilled his duty:

Passover, Matzah, and Bitter Herbs.

 **Pesach** - What is the significance of the Paschal Lamb which
our forefathers ate in the Temple days? Because the Holy One,
Blessed be He, passed over the houses of our forefathers in Egypt.
As it is said, "And you shall say: It is the Passover sacrifice unto the
Lord who passed over the houses of the Children of Israel in Egypt
when He smote Egypt and He spared our houses. And the people
bowed down and worshipped."

מגביהים את המצות ואומרים:

מַצָּה זוֹ שֶׁאָנוּ אוֹכְלִים עַל שׁוּם מָה? עַל שׁוּם שֶׁלֹּא הִסְפִּיק בְּצֵקָם שֶׁל אֲבוֹתֵינוּ לְהַחֲמִיץ עַד שֶׁנִּגְלָה עֲלֵיהֶם מֶלֶךְ מַלְכֵי הַמְּלָכִים הַקָּדוֹשׁ בָּרוּךְ הוּא וּגְאָלָם. שֶׁנֶּאֱמַר: וַיֹּאפוּ אֶת הַבָּצֵק אֲשֶׁר הוֹצִיאוּ מִמִּצְרַיִם עֻגֹת מַצּוֹת כִּי לֹא חָמֵץ. כִּי גֹרְשׁוּ מִמִּצְרַיִם וְלֹא יָכְלוּ לְהִתְמַהְמֵהַּ וְגַם צֵדָה לֹא עָשׂוּ לָהֶם.

מגביהים את המרור ואומרים:

מָרוֹר זֶה שֶׁאָנוּ אוֹכְלִים עַל שׁוּם מָה? עַל שׁוּם שֶׁמֵּרְרוּ הַמִּצְרִים אֶת חַיֵּי אֲבוֹתֵינוּ בְּמִצְרַיִם. שֶׁנֶּאֱמַר: וַיְמָרְרוּ אֶת חַיֵּיהֶם בַּעֲבֹדָה קָשָׁה. בְּחֹמֶר וּבִלְבֵנִים וּבְכָל עֲבֹדָה בַּשָּׂדֶה. אֵת כָּל עֲבֹדָתָם אֲשֶׁר עָבְדוּ בָהֶם בְּפָרֶךְ.

בְּכָל־דּוֹר וָדוֹר

חַיָּב אָדָם לִרְאוֹת אֶת עַצְמוֹ כְּאִלּוּ הוּא יָצָא מִמִּצְרַיִם. שֶׁנֶּאֱמַר: וְהִגַּדְתָּ לְבִנְךָ בַּיּוֹם הַהוּא לֵאמֹר: בַּעֲבוּר זֶה עָשָׂה יְיָ לִי בְּצֵאתִי מִמִּצְרַיִם. לֹא אֶת אֲבוֹתֵינוּ בִּלְבָד גָּאַל הַקָּדוֹשׁ בָּרוּךְ הוּא אֶלָּא אַף אוֹתָנוּ גָּאַל עִמָּהֶם. שֶׁנֶּאֱמַר: וְאוֹתָנוּ הוֹצִיא מִשָּׁם לְמַעַן הָבִיא אוֹתָנוּ לָתֶת לָנוּ אֶת הָאָרֶץ אֲשֶׁר נִשְׁבַּע לַאֲבוֹתֵינוּ.

Raise the matzot and say:

Matzah - What is the significance of the Matzah that we eat? Because there was no time for the dough of our ancestors in Egypt to become leavened before the Supreme King of Kings, the Holy One, blessed be He, revealed Himself to them and redeemed them. As it is said: "And the dough which they had brought out from Egypt they baked into cakes of unleavened bread, for it had not leavened, because they were expelled from Egypt and they could not tarry, nor had they prepared for themselves any provisions."

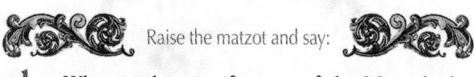

Raise the bitter herbs and say:

Maror - What is the significance of these bitter herbs that we eat? Because the Egyptians embittered the lives of our forefathers in Egypt, as it is said: "And they embittered their lives with hard labor, with mortar and with bricks, with every manner of work in the fields: all their servitude, which they made them serve with rigor."

In every generation,

one must look upon oneself as if one personally had come out from Egypt, as it is said: "And thou shalt tell thy son on that day, saying, This is done on account of what the Lord did for me when I went forth from Egypt." The Holy One, blessed be He, redeemed not only our forefathers, but He also redeemed us together with them, as it is said, "He brought us out from there that He might bring us and give to us the land which He swore to our forefathers."

מגביהים את הכוס,
מכסים את המצות ואומרים:

לְפִיכָךְ אֲנַחְנוּ חַיָּבִים לְהוֹדוֹת לְהַלֵּל
לְשַׁבֵּחַ. לְפָאֵר. לְרוֹמֵם. לְהַדֵּר. לְבָרֵךְ. לְעַלֵּה
וּלְקַלֵּס לְמִי שֶׁעָשָׂה לַאֲבוֹתֵינוּ וְלָנוּ אֶת כָּל
הַנִּסִּים הָאֵלּוּ. הוֹצִיאָנוּ מֵעַבְדוּת לְחֵרוּת. מִיָּגוֹן
לְשִׂמְחָה. מֵאֵבֶל לְיוֹם טוֹב. וּמֵאֲפֵלָה לְאוֹר גָּדוֹל.
וּמִשִּׁעְבּוּד לִגְאֻלָּה. וְנֹאמַר לְפָנָיו שִׁירָה חֲדָשָׁה.
הַלְלוּיָהּ.

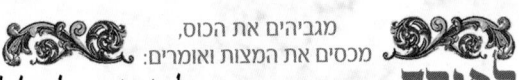

מניחים את הכוס,
מגלים את המצות ואומרים:

הַלְלוּיָהּ

הַלְלוּ עַבְדֵי יְיָ. הַלְלוּ אֶת שֵׁם יְיָ: יְהִי שֵׁם
יְיָ מְבֹרָךְ. מֵעַתָּה וְעַד עוֹלָם: מִמִּזְרַח שֶׁמֶשׁ
עַד מְבוֹאוֹ. מְהֻלָּל שֵׁם יְיָ: רָם עַל כָּל גּוֹיִם
יְיָ. עַל הַשָּׁמַיִם כְּבוֹדוֹ: מִי כַּייָ אֱלֹהֵינוּ הַמַּגְבִּיהִי
לָשָׁבֶת. הַמַּשְׁפִּילִי לִרְאוֹת. בַּשָּׁמַיִם וּבָאָרֶץ:
מְקִימִי מֵעָפָר דָּל. מֵאַשְׁפֹּת יָרִים אֶבְיוֹן:
לְהוֹשִׁיבִי עִם נְדִיבִים. עִם נְדִיבֵי עַמּוֹ: מוֹשִׁיבִי
עֲקֶרֶת הַבַּיִת. אֵם הַבָּנִים שְׂמֵחָה:
הַלְלוּיָהּ.

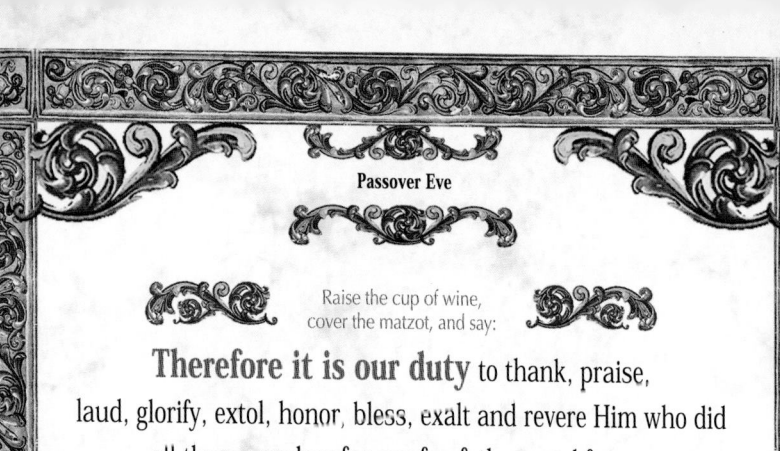

*Raise the cup of wine,
cover the matzot, and say:*

Therefore it is our duty to thank, praise, laud, glorify, extol, honor, bless, exalt and revere Him who did all these wonders for our forefathers and for us. He brought us forth from slavery to freedom, from sorrow to joy, from mourning to festivity, from darkness to great light, from servitude to redemption. Let us therefore sing a new song before Him,

Halleluyah.

*Put down the cup,
uncover the Matzot, and say:*

Halleluyah

Praise, ye servants of the Lord. Praise the name of the Lord. Blessed be the name of the Lord, from now unto eternity. From the rising of the sun to its going down, praised be the name of the Lord. Supreme above all nations is the Lord, His glory is above the heavens. Who is like the Lord our God, who dwelleth on high, who looks down upon the heavens and the earth, who raiseth up the poor from the dust, and lifteth up the needy from the dunghill, who seateth him with princes, with the princes of his people, who maketh the barren woman dwell in her household as a joyful mother of children.

 ## Halleluyah.

בְּצֵאת יִשְׂרָאֵל מִמִּצְרָיִם

בֵּית יַעֲקֹב מֵעַם לֹעֵז הָיְתָה יְהוּדָה לְקָדְשׁוֹ: יִשְׂרָאֵל מַמְשְׁלוֹתָיו הַיָּם רָאָה וַיָּנֹס הַיַּרְדֵּן יִסֹּב לְאָחוֹר: הֶהָרִים רָקְדוּ כְאֵילִים גְּבָעוֹת כִּבְנֵי־צֹאן: מַה לְּךָ הַיָּם כִּי תָנוּס הַיַּרְדֵּן תִּסֹּב לְאָחוֹר: הֶהָרִים תִּרְקְדוּ כְאֵילִים גְּבָעוֹת כִּבְנֵי־צֹאן: מִלִּפְנֵי אָדוֹן חוּלִי אָרֶץ מִלִּפְנֵי אֱלוֹהַּ יַעֲקֹב: הַהֹפְכִי הַצּוּר אֲגַם מָיִם: חַלָּמִישׁ לְמַעְיְנוֹ מָיִם:

מגביהים את הכוס, מכסים את המצות ואומרים:

בָּרוּךְ אַתָּה יְיָ. אֱלֹהֵינוּ מֶלֶךְ הָעוֹלָם.

אֲשֶׁר גְּאָלָנוּ וְגָאַל אֶת אֲבוֹתֵינוּ מִמִּצְרַיִם. וְהִגִּיעָנוּ הַלַּיְלָה הַזֶּה לֶאֱכָל בּוֹ מַצָּה וּמָרוֹר. כֵּן יְיָ אֱלֹהֵינוּ וֵאלֹהֵי אֲבוֹתֵינוּ יַגִּיעֵנוּ לְמוֹעֲדִים וְלִרְגָלִים אֲחֵרִים הַבָּאִים לִקְרָאתֵנוּ לְשָׁלוֹם. שְׂמֵחִים בְּבִנְיַן עִירֶךָ וְשָׂשִׂים בַּעֲבוֹדָתֶךָ. וְנֹאכַל שָׁם מִן הַזְּבָחִים וּמִן הַפְּסָחִים אֲשֶׁר יַגִּיעַ דָּמָם עַל קִיר מִזְבַּחֲךָ לְרָצוֹן. וְנוֹדֶה לְךָ שִׁיר חָדָשׁ עַל גְּאֻלָּתֵנוּ וְעַל פְּדוּת נַפְשֵׁנוּ.

בָּרוּךְ אַתָּה יְיָ. גָּאַל יִשְׂרָאֵל.

הִנְנִי מוּכָן וּמְזֻמָּן לְקַיֵּם מִצְוַת כּוֹס שֵׁנִי שֶׁל אַרְבָּעָה כּוֹסוֹת. לְשֵׁם יִחוּד קוּדְשָׁא בְּרִיךְ הוּא וּשְׁכִינְתֵּיהּ. עַל יְדֵי הַהוּא טָמִיר וְנֶעְלָם בְּשֵׁם כָּל יִשְׂרָאֵל.

בָּרוּךְ אַתָּה יְיָ. אֱלֹהֵינוּ מֶלֶךְ הָעוֹלָם. בּוֹרֵא פְּרִי הַגָּפֶן.

שותים כוס שני בהסיבת שמאל

When Israel went forth from Egypt,

the house of Jacob from a people strange of tongue, Judah became His sanctuary, Israel His dominion. The sea beheld and fled, the Jordan turned back. The mountains skipped like rams, the hills like lambs. What ails thee, O sea, that thou dost flee, and the Jordan, that thou turnest back? Ye mountains that ye do skip like rams, ye hills like lambs? Tremble, thou earth, at the presence of the Lord, at the presence of the God of Jacob, who turneth the rock into a pool of water, the flint into a fountain of water.

Raise the cup of wine, cover the matzot, and say:

Blessed art Thou,

O Lord our God, King of the universe, who hast redeemed us and hast redeemed our forefathers from Egypt, and brought us to this night to eat thereon Matzah and bitter herbs. Yea, may the Lord our God, and God of our forefathers, bring us in peace to other feasts and festivals which approach us, that we may rejoice in building Thy city, happy in Thy service. And that we may partake there of the offerings and the Paschal lambs whose blood shall be sprinkled on the side of your altar, fulfilling Thy behests. And we shall thank Thee with a new song of praise for our redemption and the liberation of our soul.

Blessed art Thou,
O Lord who hast redeemed Israel.

Blessed art Thou, O Lord, our God, King of the universe, Creator of the fruit of the vine.

Drink the second cup while reclining to the left.

רָחְצָה

נוטלים הידים ומברכים

בָּרוּךְ אַתָּה יְיָ. אֱלֹהֵינוּ מֶלֶךְ הָעוֹלָם. אֲשֶׁר קִדְּשָׁנוּ בְּמִצְוֹתָיו וְצִוָּנוּ עַל נְטִילַת יָדָיִם.

מוֹצִיא

מגביהים את המצות ומברכים:

הִנְנִי מוּכָן וּמְזֻמָּן לְקַיֵּם מִצְוַת אֲכִילַת מַצָּה. לְשֵׁם יִחוּד קוּבְ״ה וּשְׁכִינְתֵּיהּ. עַל יְדֵי הַהוּא טָמִיר וְנֶעְלָם בְּשֵׁם כָּל יִשְׂרָאֵל.

בָּרוּךְ אַתָּה יְיָ. אֱלֹהֵינוּ מֶלֶךְ הָעוֹלָם. הַמּוֹצִיא לֶחֶם מִן הָאָרֶץ.

מַצָּה

ומבצעים מן המצה העליונה, מן החלק שנשאר מן המצה השנייה, מברכים ואוכלים כזית בהסיבה

בָּרוּךְ אַתָּה יְיָ. אֱלֹהֵינוּ מֶלֶךְ הָעוֹלָם. אֲשֶׁר קִדְּשָׁנוּ בְּמִצְוֹתָיו וְצִוָּנוּ עַל אֲכִילַת מַצָּה.

מָרוֹר

נוטלים כזית מרור, טובלים אותו בחרוסת, מברכים ואוכלים בלי הסיבה

הִנְנִי מוּכָן וּמְזֻמָּן לְקַיֵּם מִצְוַת אֲכִילַת מָרוֹר. לְשֵׁם יִחוּד קוּדְשָׁא בְּרִיךְ הוּא וּשְׁכִינְתֵּיהּ. עַל יְדֵי הַהוּא טָמִיר וְנֶעְלָם בְּשֵׁם כָּל יִשְׂרָאֵל.

בָּרוּךְ אַתָּה יְיָ. אֱלֹהֵינוּ מֶלֶךְ הָעוֹלָם. אֲשֶׁר קִדְּשָׁנוּ בְּמִצְוֹתָיו וְצִוָּנוּ עַל אֲכִילַת מָרוֹר.

רָחְצָה
Rochtzah:

Wash hands and say the blessing:

Blessed art Thou, O Lord, our God, King of the universe, Who hast sanctified us with His commandments, and commanded us to wash the hands.

מוֹצִיא
Motzi:

Lift the Matzot and make the blessing:

Blessed art Thou, O Lord, our God,
King of the universe,
Who bringest forth bread from the earth.

מַצָּה
Matzah:

Take a piece of the top Matzah and the remaining piece
of the middle Matzah, make the blessing, and eat while reclining:

Blessed art Thou, O Lord, our God, King of the universe, Who hast sanctified us with His commandments, and commanded us to eat Matzah.

מָרוֹר
Maror:

Take a portion of bitter herbs, dip them into the Haroseth,
make the blessing, and eat without reclining:

Blessed art Thou, O Lord, our God, King of the universe,
Who hast sanctified us with His commandments,
and commanded us to eat bitter herbs.

כּוֹרֵךְ

לוקחים כזית מן המצה התחתונה, כורכים בכזית מרור ואומרים:

זֵכֶר לְמִקְדָּשׁ כְּהִלֵּל. כֵּן עָשָׂה הִלֵּל בִּזְמַן שֶׁבֵּית הַמִּקְדָּשׁ הָיָה קַיָּם. הָיָה כּוֹרֵךְ מַצָּה וּמָרוֹר וְאוֹכֵל בְּיַחַד. לְקַיֵּם מַה שֶּׁנֶּאֱמַר: עַל מַצּוֹת וּמְרוֹרִים יֹאכְלֻהוּ.

אוכלים בהסיבה

שֻׁלְחָן עוֹרֵךְ

אוכלים ביצים קשות במי-מלח, אח"כ אוכלים סעודת החג

צָפוּן

לאחר הסעודה מחלק ראש המסובים את האפיקומן, מברכים
ואוכלים כזית בהסיבה

הִנְנִי מוּכָן וּמְזֻמָּן לְקַיֵּם מִצְוַת אֲכִילַת אֲפִיקוֹמָן. לְשֵׁם יִחוּד קוּדְשָׁא בְּרִיךְ הוּא וּשְׁכִינְתֵּיהּ. עַל יְדֵי הַהוּא טָמִיר וְנֶעְלָם בְּשֵׁם כָּל יִשְׂרָאֵל.

אחרי האפיקומן אין לאכול כלום

בָּרֵךְ

מוזגים כוס שלישי ומברכים ברכת המזון (עמוד 212 או 232)

בסיום ברכת המזון מברכים:

הִנְנִי מוּכָן וּמְזֻמָּן לְקַיֵּם מִצְוַת אֲכִילַת אֲפִיקוֹמָן.
לְשֵׁם יִחוּד קוּדְשָׁא בְּרִיךְ הוּא וּשְׁכִינְתֵּיהּ.
עַל יְדֵי הַהוּא טָמִיר וְנֶעְלָם בְּשֵׁם כָּל יִשְׂרָאֵל.

בָּרוּךְ אַתָּה יְיָ, אֱלֹהֵינוּ מֶלֶךְ הָעוֹלָם, בּוֹרֵא פְּרִי הַגָּפֶן.

שותים כוס שלישי בהסיבת שמאל

כּוֹרֵךְ

Korech: The Master of the House breaks two pieces of the undermost Matzah, puts bitter herbs between them and says:

Eat while reclining

שֻׁלְחָן עוֹרֵךְ

Shulchan Orech: At the beginning of the meal, boiled eggs in salt water are eaten, followed by the festive meal.

צָפוּן

Tsafun:

After the meal, the person leading the Seder distributes the Matzah hidden for the Afikoman, makes the blessing, and eats while reclining.

Nothing is eaten after the Afikoman

בָּרֵךְ

Barech:

Pour the third cup, and say the Grace after Meals (pages 212 or 232):

After the Grace after Meals, recite:

Blessed art Thou, O Lord, our God, King of the Universe, creator of the fruit of the vine.

Drink the third cup while reclining to the left.

מוזגים כוס רביעי וממלאים
כוס של אליהו הנביא,
פותחים את הדלת ואומרים:

שְׁפֹךְ חֲמָתְךָ אֶל הַגּוֹיִם

אֲשֶׁר לֹא יְדָעוּךָ וְעַל מַמְלָכוֹת אֲשֶׁר בְּשִׁמְךָ לֹא
קָרָאוּ. כִּי אָכַל אֶת יַעֲקֹב וְאֶת נָוֵהוּ הֵשַׁמּוּ.

שְׁפָךְ־עֲלֵיהֶם זַעְמֶךָ

וַחֲרוֹן אַפְּךָ יַשִּׂיגֵם. תִּרְדֹּף בְּאַף וְתַשְׁמִידֵם
מִתַּחַת שְׁמֵי יְיָ.

הַלֵּל

סוגרים את הדלת ואומרים:

לֹא לָנוּ יְיָ לֹא לָנוּ

כִּי לְשִׁמְךָ תֵּן כָּבוֹד עַל חַסְדְּךָ עַל אֲמִתֶּךָ. לָמָּה
יֹאמְרוּ הַגּוֹיִם: אַיֵּה נָא אֱלֹהֵיהֶם. וֵאלֹהֵינוּ בַשָּׁמָיִם.
כֹּל אֲשֶׁר חָפֵץ עָשָׂה. עֲצַבֵּיהֶם כֶּסֶף וְזָהָב מַעֲשֵׂה
יְדֵי אָדָם. פֶּה לָהֶם וְלֹא יְדַבֵּרוּ. עֵינַיִם לָהֶם
וְלֹא יִרְאוּ. אָזְנַיִם לָהֶם וְלֹא יִשְׁמָעוּ. אַף לָהֶם
וְלֹא יְרִיחוּן. יְדֵיהֶם וְלֹא יְמִישׁוּן. רַגְלֵיהֶם וְלֹא
יְהַלֵּכוּ. לֹא יֶהְגּוּ בִּגְרוֹנָם. כְּמוֹהֶם יִהְיוּ עֹשֵׂיהֶם.
כֹּל אֲשֶׁר בֹּטֵחַ בָּהֶם.

Fill the fourth cup, and fill up
the cup of Elijah the Prophet.
Open the door, and say:

Pour out Thy wrath,

upon the nations that know Thee not, and upon the kingdoms that invoke not Thy name: for they have devoured Jacob, and laid waste his beautiful dwelling.

Pour out Thy rage

upon them, and let Thy fierce anger overtake them. Pursue them in wrath and destroy them under the heavens of the Lord.

הַלֵּל
Hallel:

Close the door, and say:

Not unto us O Lord, not unto us

but unto Thy name give glory, for Thy mercy and Thy truth's sake. Wherefore should the nations say: Where, now, is their God? But our God is in heaven, and He hath done whatsoever He hath pleased. Their idols are silver and gold, the work of human hands. They have a mouth, but they speak not. They have eyes, but they see not. They have ears, but they hear not. They have noses, but they smell not.They have hands, but they touch not. They have feet, but they walk not. Neither speak they through their throat. Those who make them, everyone that trusteth in them, shall become like them.

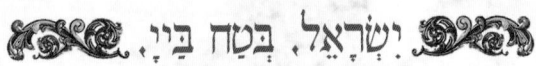

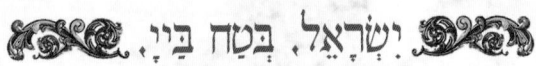

יִשְׂרָאֵל. בְּטַח בַּייָ.

עֶזְרָם וּמָגִנָּם הוּא.

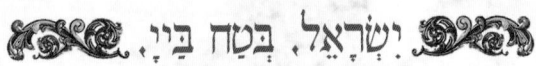

בֵּית אַהֲרֹן. בִּטְחוּ בַייָ.

עֶזְרָם וּמָגִנָּם הוּא.

יִרְאֵי יְיָ. בִּטְחוּ בַייָ.

עֶזְרָם וּמָגִנָּם הוּא. יְיָ זְכָרָנוּ יְבָרֵךְ.
יְבָרֵךְ אֶת בֵּית יִשְׂרָאֵל. יְבָרֵךְ אֶת בֵּית אַהֲרֹן.
יְבָרֵךְ יִרְאֵי יְיָ הַקְּטַנִּים עִם הַגְּדוֹלִים.
יֹסֵף יְיָ עֲלֵיכֶם. עֲלֵיכֶם וְעַל בְּנֵיכֶם.
בְּרוּכִים אַתֶּם לַייָ. עֹשֵׂה שָׁמַיִם וָאָרֶץ.
הַשָּׁמַיִם שָׁמַיִם לַייָ. וְהָאָרֶץ נָתַן לִבְנֵי אָדָם.
לֹא הַמֵּתִים יְהַלְלוּ יָהּ. וְלֹא כָּל יֹרְדֵי דוּמָה.
וַאֲנַחְנוּ נְבָרֵךְ יָהּ מֵעַתָּה וְעַד עוֹלָם.

הַלְלוּיָהּ.

אָהַבְתִּי כִּי יִשְׁמַע יְיָ אֶת קוֹלִי תַּחֲנוּנָי. כִּי הִטָּה אָזְנוֹ לִי. וּבְיָמַי אֶקְרָא. אֲפָפוּנִי חֶבְלֵי מָוֶת. וּמְצָרֵי שְׁאוֹל מְצָאוּנִי. צָרָה וְיָגוֹן אֶמְצָא. וּבְשֵׁם יְיָ אֶקְרָא: אָנָּה יְיָ מַלְּטָה נַפְשִׁי. חַנּוּן יְיָ וְצַדִּיק וֵאלֹהֵינוּ מְרַחֵם. שֹׁמֵר פְּתָאִים יְיָ. דַּלֹּתִי וְלִי יְהוֹשִׁיעַ. שׁוּבִי נַפְשִׁי לִמְנוּחָיְכִי.

Israel, trust in the Lord,

He is their help and their shield.

House of Aaron,

trust in the Lord, He is their help and their shield.

Ye who fear the Lord,

trust in the Lord, He is their help and their shield.

The Lord hath ever been mindful of us, He will bless us, He will bless the house of Israel, He will bless the house of Aaron. He will bless those who fear the Lord, both the small and the great. May the Lord increase you, you and your children. Blessed are ye of the Lord, who made heaven and earth. The heaven are the heavens of the Lord, and the earth hath He given to the children of man. The dead praise not the Lord, nor they who descend to their grave. But we will bless the Lord, henceforth and forever,

Halleluyah.

I love the Lord for He hath heard my voice and my supplications. For He has inclined His ear unto me, all my life I will call upon Him. The cords of death encompassed me, the agony of the tomb seized me, I found sorrow and grief and I called the name of the Lord: O Lord, I beseech Thee, deliver my soul. The Lord is gracious and just, our God is merciful. The Lord watches over the simple, I was brought low and He saved me.

כִּי יְיָ גָּמַל עָלָיְכִי. כִּי חִלַּצְתָּ נַפְשִׁי מִמָּוֶת. אֶת עֵינִי מִן דִּמְעָה. אֶת רַגְלִי מִדֶּחִי. אֶתְהַלֵּךְ לִפְנֵי יְיָ בְּאַרְצוֹת הַחַיִּים. הֶאֱמַנְתִּי כִּי אֲדַבֵּר. אֲנִי עָנִיתִי מְאֹד. אֲנִי אָמַרְתִּי בְחָפְזִי כָּל הָאָדָם כּוֹזֵב.

מָה אָשִׁיב

לַייָ כָּל תַּגְמוּלוֹהִי עָלָי.
כּוֹס יְשׁוּעוֹת אֶשָּׂא וּבְשֵׁם יְיָ אֶקְרָא.
נְדָרַי לַייָ אֲשַׁלֵּם. נֶגְדָה נָּא לְכָל עַמּוֹ.
יָקָר בְּעֵינֵי יְיָ הַמָּוְתָה לַחֲסִידָיו. אָנָּה יְיָ כִּי אֲנִי עַבְדֶּךָ. אֲנִי עַבְדְּךָ בֶּן אֲמָתֶךָ. פִּתַּחְתָּ לְמוֹסֵרָי. לְךָ אֶזְבַּח זֶבַח תּוֹדָה וּבְשֵׁם יְיָ אֶקְרָא. נְדָרַי לַייָ אֲשַׁלֵּם. נֶגְדָה נָּא לְכָל עַמּוֹ. בְּחַצְרוֹת בֵּית יְיָ בְּתוֹכֵכִי יְרוּשָׁלָיִם.

הַלְלוּיָהּ.

הַלְלוּ אֶת יְיָ כָּל גּוֹיִם. שַׁבְּחוּהוּ כָּל הָאֻמִּים.
כִּי גָבַר עָלֵינוּ חַסְדּוֹ וֶאֱמֶת יְיָ לְעוֹלָם הַלְלוּיָהּ.

הוֹדוּ לַייָ כִּי טוֹב — כִּי לְעוֹלָם חַסְדּוֹ
יֹאמַר נָא יִשְׂרָאֵל — כִּי לְעוֹלָם חַסְדּוֹ
יֹאמְרוּ נָא בֵית אַהֲרֹן — כִּי לְעוֹלָם חַסְדּוֹ
יֹאמְרוּ נָא יִרְאֵי יְיָ — כִּי לְעוֹלָם חַסְדּוֹ

Be at rest again, O, my soul, for the Lord hath dealt bountifully with thee. For Thou hast delivered my soul from death, my eyes from tears, and my feet from stumbling. I will walk before the Lord in the lands of the living. I trusted even when I said: I am greatly afflicted. In my haste I said: All men are false.

What can I render

unto the Lord, for all His benefits towards me?
I will raise the cup of salvation, and I will call the name of the Lord. I will pay my vows unto the Lord, yea, in the presence of all his people. Precious in the sight of the Lord is the death of his devoted ones. I beseech Thee, O Lord, I am Thy servant. I am Thy servant, the son of Thy handmaid. Thou hast loosened my bonds. Unto Thee I will offer a sacrifice of thanksgiving; I will call upon the name of the Lord. My vows to the Lord I will fulfill, yea, in the presence of all his people. In the courts of the Lord's house, in the midst of thee, O Jerusalem.

Halleluyah.

Praise the Lord, all ye nations: laud Him all ye peoples, for His mercy is great towards us, and the truth of the Lord endureth forever. Halleluyah.

Give thanks unto the Lord for He is good,

For His mercy endureth forever.

Let Israel now say,	His mercy endureth forever.
Let the house of Aaron now say,	His mercy endureth forever.
Let those who fear the Lord now say,	His mercy endureth forever.

מִן הַמֵּצַר קָרָאתִי יָהּ. עָנָנִי בַמֶּרְחָב יָהּ.
יְיָ לִי לֹא אִירָא. מַה יַּעֲשֶׂה לִי אָדָם.
יְיָ לִי בְּעֹזְרָי וַאֲנִי אֶרְאֶה בְשֹׂנְאָי.
טוֹב לַחֲסוֹת בַּייָ מִבְּטֹחַ בָּאָדָם.
טוֹב לַחֲסוֹת בַּייָ מִבְּטֹחַ בִּנְדִיבִים.
כָּל גּוֹיִם סְבָבוּנִי בְּשֵׁם יְיָ כִּי אֲמִילַם. סַבּוּנִי גַם סְבָבוּנִי בְּשֵׁם יְיָ כִּי אֲמִילַם. סַבּוּנִי כִדְבוֹרִים.
דֹּעֲכוּ כְּאֵשׁ קוֹצִים בְּשֵׁם יְיָ כִּי אֲמִילַם.
דָּחֹה דְחִיתַנִי לִנְפֹּל וַייָ עֲזָרָנִי.
עָזִּי וְזִמְרָת יָהּ וַיְהִי לִי לִישׁוּעָה. קוֹל רִנָּה וִישׁוּעָה בְּאָהֳלֵי צַדִּיקִים.
יְמִין יְיָ עֹשָׂה חָיִל. יְמִין יְיָ רוֹמֵמָה.
יְמִין יְיָ עֹשָׂה חָיִל.
לֹא אָמוּת כִּי אֶחְיֶה וַאֲסַפֵּר מַעֲשֵׂי יָהּ.
יַסֹּר יִסְּרַנִּי יָהּ וְלַמָּוֶת לֹא נְתָנָנִי.

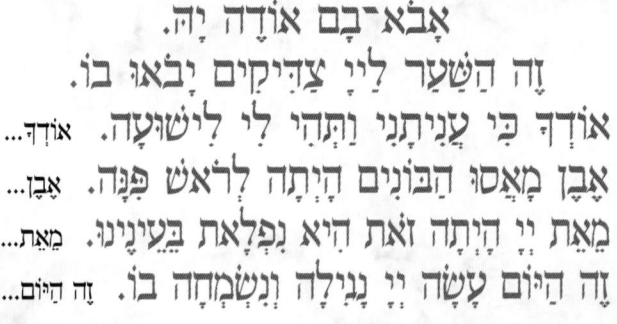

פִּתְחוּ־לִי שַׁעֲרֵי־צֶדֶק.

אָבֹא־בָם אוֹדֶה יָהּ.
זֶה הַשַּׁעַר לַייָ צַדִּיקִים יָבֹאוּ בוֹ.
אוֹדְךָ כִּי עֲנִיתָנִי וַתְּהִי לִי לִישׁוּעָה. אוֹדְךָ...
אֶבֶן מָאֲסוּ הַבּוֹנִים הָיְתָה לְרֹאשׁ פִּנָּה. אֶבֶן...
מֵאֵת יְיָ הָיְתָה זֹּאת הִיא נִפְלָאת בְּעֵינֵינוּ. מֵאֵת...
זֶה הַיּוֹם עָשָׂה יְיָ נָגִילָה וְנִשְׂמְחָה בוֹ. זֶה הַיּוֹם...

Out of my distress I called upon the Lord, He answered me with great enlargement. The Lord is for me, I will not fear. What can man do unto me? The Lord is my helper and I shall gaze upon those that hate me. It is better to take refuge in the Lord than to trust in man. It is better to take refuge in the Lord than to trust in princes. All nations encompass me; in the name of the Lord, I shall cut them off. They encompass me, yea, they encompass me, but in the name of the Lord I shall cut them off. They compass me like bees, they are quenched like a fire of thorns. In the name of the Lord I shall cut them off. They thrust at me, that I might fall, but the Lord helped me. The Lord is my strength and song. He has become my salvation. The voice of rejoicing and salvation is in the tents of the righteous: The right hand of the Lord hath done valiantly. The right hand of the Lord is exalted. The right hand of the Lord hath done valiantly. I shall not die, but live and declare the works of the Lord. The Lord hath chastised me, but He hath not given me over unto death.

 ## Open for me the gates

of righteousness, I will enter them. I will give thanks unto the Lord.
This is the gate to the Lord, the righteous shall enter it.
I will give thanks unto Thee, for Thou hast answered me
and became my salvation. (repeat)
The stone which the builders rejected hath become
the chief cornerstone. (repeat)
This is the Lord's doing, it is marvelous in our eyes. (repeat)
This is the day which the Lord hath made,
we will rejoice and be glad thereon. (repeat)

אָנָּא יְיָ הוֹשִׁיעָה נָּא
אָנָּא יְיָ הוֹשִׁיעָה נָּא
אָנָּא יְיָ הַצְלִיחָה נָּא
אָנָּא יְיָ הַצְלִיחָה נָּא

בָּרוּךְ הַבָּא בְּשֵׁם יְיָ. בֵּרַכְנוּכֶם מִבֵּית יְיָ. בָּרוּךְ...
אֵל יְיָ וַיָּאֶר לָנוּ אִסְרוּ חַג בַּעֲבֹתִים
עַד קַרְנוֹת הַמִּזְבֵּחַ. אֵל יְיָ...
אֵלִי אַתָּה וְאוֹדֶךָּ, אֱלֹהַי אֲרוֹמְמֶךָּ. אֵלִי...
הוֹדוּ לַייָ כִּי טוֹב כִּי לְעוֹלָם חַסְדּוֹ. הוֹדוּ...

יְהַלְלוּךָ

יְיָ אֱלֹהֵינוּ (עַל) כָּל מַעֲשֶׂיךָ.
וַחֲסִידֶיךָ צַדִּיקִים עוֹשֵׂי רְצוֹנֶךָ.
וְכָל עַמְּךָ בֵּית יִשְׂרָאֵל בְּרִנָּה יוֹדוּ וִיבָרְכוּ.
וִישַׁבְּחוּ וִיפָאֲרוּ. וִירוֹמְמוּ וְיַעֲרִיצוּ.
וְיַקְדִּישׁוּ וְיַמְלִיכוּ אֶת שִׁמְךָ מַלְכֵּנוּ.
כִּי לְךָ טוֹב לְהוֹדוֹת וּלְשִׁמְךָ נָאֶה לְזַמֵּר.
כִּי מֵעוֹלָם וְעַד עוֹלָם אַתָּה אֵל.

O Lord! save us now,
we beseech Thee.
O Lord! save us now,
we beseech Thee.
O Lord! make us now to prosper,
we beseech Thee.
O Lord! make us now to prosper,
we beseech Thee.

Blessed be he who cometh in the name of the Lord:
we bless you from the House of the Lord. (repeat)
The Lord is God, and hath granted us light.
Bind the festal offering with cords to the horns of the altar. (repeat)
Thou art my God and I will give thanks unto Thee.
Thou are my God, I will exalt Thee. (repeat)
Give thanks unto the Lord, for He is good.
His mercy endureth forever. (repeat)

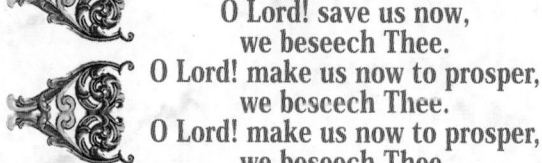 All Thy works,

O Lord, our God, shall praise Thee,

and Thy pious followers, the righteous who do Thy will,

and all Thy people, the house of Israel, with glad song,

shall give thanks, bless, praise, glorify, exalt,

revere, sanctify and crown Thy name,

O our King forever, for unto Thee it is good to give thanks

and unto Thy name it is pleasant to sing,

for from eternity to eternity Thou art God.

הוֹדוּ לַייָ כִּי טוֹב — כִּי לְעוֹלָם חַסְדּוֹ
הוֹדוּ לֵאלֹהֵי הָאֱלֹהִים — כִּי לְעוֹלָם חַסְדּוֹ
הוֹדוּ לַאֲדֹנֵי הָאֲדֹנִים — כִּי לְעוֹלָם חַסְדּוֹ
לְעוֹשֵׂה נִפְלָאוֹת גְּדוֹלוֹת לְבַדּוֹ — כִּי לְעוֹלָם חַסְדּוֹ
לְעוֹשֵׂה הַשָּׁמַיִם בִּתְבוּנָה — כִּי לְעוֹלָם חַסְדּוֹ
לְרוֹקַע הָאָרֶץ עַל הַמָּיִם — כִּי לְעוֹלָם חַסְדּוֹ
לְעוֹשֵׂה אוֹרִים גְּדוֹלִים — כִּי לְעוֹלָם חַסְדּוֹ
אֶת הַשֶּׁמֶשׁ לְמֶמְשֶׁלֶת בַּיּוֹם — כִּי לְעוֹלָם חַסְדּוֹ
אֶת הַיָּרֵחַ וְכוֹכָבִים לְמֶמְשְׁלוֹת בַּלָּיְלָה — כִּי לְעוֹלָם חַסְדּוֹ
לְמַכֵּה מִצְרַיִם בִּבְכוֹרֵיהֶם — כִּי לְעוֹלָם חַסְדּוֹ
וַיּוֹצֵא יִשְׂרָאֵל מִתּוֹכָם — כִּי לְעוֹלָם חַסְדּוֹ
בְּיָד חֲזָקָה וּבִזְרוֹעַ נְטוּיָה — כִּי לְעוֹלָם חַסְדּוֹ
לְגוֹזֵר יַם סוּף לִגְזָרִים — כִּי לְעוֹלָם חַסְדּוֹ
וְהֶעֱבִיר יִשְׂרָאֵל בְּתוֹכוֹ — כִּי לְעוֹלָם חַסְדּוֹ
וְנִעֵר פַּרְעֹה וְחֵילוֹ בְיַם סוּף — כִּי לְעוֹלָם חַסְדּוֹ
לְמוֹלִיךְ עַמּוֹ בַּמִּדְבָּר — כִּי לְעוֹלָם חַסְדּוֹ
לְמַכֵּה מְלָכִים גְּדוֹלִים — כִּי לְעוֹלָם חַסְדּוֹ
וַיַּהֲרֹג מְלָכִים אַדִּירִים — כִּי לְעוֹלָם חַסְדּוֹ
לְסִיחוֹן מֶלֶךְ הָאֱמֹרִי — כִּי לְעוֹלָם חַסְדּוֹ
וּלְעוֹג מֶלֶךְ הַבָּשָׁן — כִּי לְעוֹלָם חַסְדּוֹ
וְנָתַן אַרְצָם לְנַחֲלָה — כִּי לְעוֹלָם חַסְדּוֹ
נַחֲלָה לְיִשְׂרָאֵל עַבְדּוֹ — כִּי לְעוֹלָם חַסְדּוֹ
שֶׁבְּשִׁפְלֵנוּ זָכַר לָנוּ — כִּי לְעוֹלָם חַסְדּוֹ
וַיִּפְרְקֵנוּ מִצָּרֵינוּ — כִּי לְעוֹלָם חַסְדּוֹ
נוֹתֵן לֶחֶם לְכָל בָּשָׂר — כִּי לְעוֹלָם חַסְדּוֹ
הוֹדוּ לְאֵל הַשָּׁמָיִם — כִּי לְעוֹלָם חַסְדּוֹ

Give thanks unto the Lord for He is good,		For His mercy endureth forever.
Give thanks to the God of gods,		For His mercy endureth forever.
Give thanks to the Lord of lords,		For His mercy endureth forever.
To Him Who alone performeth great wonders,		For His mercy endureth forever.
To Him Who made the heavens in wisdom,		For His mercy endureth forever.
To Him Who did expand the earth above the waters,		For His mercy endureth forever.
To Him Who made the great lights,		For His mercy endureth forever.
The sun to rule by day,		For His mercy endureth forever.
The moon and stars to rule by night,		For His mercy endureth forever.
To Him Who smote the Egyptians in their first-born,		For His mercy endureth forever.
And brought out Israel from among them,		For His mercy endureth forever.
With a mighty hand and an outstretched arm,		For His mercy endureth forever.
To Him who divided the Red Sea into parts,		For His mercy endureth forever.
And brought Israel to pass though the midst of it,		For His mercy endureth forever.
And overthrew Pharaoh and his host in the Red Sea,		For His mercy endureth forever.
Him Who led His people through the wilderness,		For His mercy endureth forever.
To Him Who smote great kings,		For His mercy endureth forever.
And slew mighty kings,		For His mercy endureth forever.
Sihon, King of the Emorites,		For His mercy endureth forever.
And Og, King of Bashan,		For His mercy endureth forever.
And gave their land for a heritage,		For His mercy endureth forever.
As a heritage to Israel His servant,		For His mercy endureth forever.
Who remembered us in our humiliation,		For His mercy endureth forever.
And delivered us from our oppressors,		For His mercy endureth forever.
Who giveth food to all flesh,		For His mercy endureth forever.
O give thanks unto the God of heaven,		For His mercy endureth forever.

נִשְׁמַת כָּל חַי

תְּבָרֵךְ אֶת שִׁמְךָ. יְיָ אֱלֹהֵינוּ. וְרוּחַ כָּל בָּשָׂר תְּפָאֵר
וּתְרוֹמֵם זִכְרְךָ מַלְכֵּנוּ תָּמִיד. מִן הָעוֹלָם וְעַד הָעוֹלָם
אַתָּה אֵל. וּמִבַּלְעָדֶיךָ אֵין לָנוּ מֶלֶךְ גּוֹאֵל וּמוֹשִׁיעַ.
פּוֹדֶה וּמַצִּיל וּמְפַרְנֵס וּמְרַחֵם בְּכָל עֵת צָרָה וְצוּקָה.
אֵין לָנוּ מֶלֶךְ אֶלָּא אַתָּה. אֱלֹהֵי הָרִאשׁוֹנִים וְהָאַחֲרוֹנִים.
אֱלוֹהַּ כָּל בְּרִיּוֹת. אֲדוֹן כָּל תּוֹלָדוֹת. הַמְהֻלָּל בְּרוֹב
הַתִּשְׁבָּחוֹת. הַמְנַהֵג עוֹלָמוֹ בְּחֶסֶד וּבְרִיּוֹתָיו בְּרַחֲמִים.
וַייָ לֹא יָנוּם וְלֹא יִישָׁן. הַמְעוֹרֵר יְשֵׁנִים. וְהַמֵּקִיץ
נִרְדָּמִים. וְהַמֵּשִׂיחַ אִלְּמִים. וְהַמַּתִּיר אֲסוּרִים. וְהַסּוֹמֵךְ
נוֹפְלִים. וְהַזּוֹקֵף כְּפוּפִים. לְךָ לְבַדְּךָ אֲנַחְנוּ מוֹדִים.
אִלּוּ פִינוּ מָלֵא שִׁירָה כַּיָּם. וּלְשׁוֹנֵנוּ רִנָּה כַּהֲמוֹן גַּלָּיו.
וְשִׂפְתוֹתֵינוּ שֶׁבַח כְּמֶרְחֲבֵי רָקִיעַ. וְעֵינֵינוּ מְאִירוֹת
כַּשֶּׁמֶשׁ וְכַיָּרֵחַ. וְיָדֵינוּ פְרוּשׂוֹת כְּנִשְׁרֵי שָׁמָיִם. וְרַגְלֵינוּ
קַלּוֹת כָּאַיָּלוֹת. אֵין אֲנַחְנוּ מַסְפִּיקִים לְהוֹדוֹת לְךָ.
יְיָ אֱלֹהֵינוּ וֵאלֹהֵי אֲבוֹתֵינוּ. וּלְבָרֵךְ אֶת שְׁמֶךָ. עַל
אַחַת מֵאָלֶף אֶלֶף אַלְפֵי אֲלָפִים וְרִבֵּי רְבָבוֹת פְּעָמִים
הַטּוֹבוֹת שֶׁעָשִׂיתָ עִם אֲבוֹתֵינוּ וְעִמָּנוּ. מִמִּצְרַיִם גְּאַלְתָּנוּ.
יְיָ אֱלֹהֵינוּ. וּמִבֵּית עֲבָדִים פְּדִיתָנוּ. בְּרָעָב זַנְתָּנוּ.
וּבְשָׂבָע כִּלְכַּלְתָּנוּ. מֵחֶרֶב הִצַּלְתָּנוּ. וּמִדֶּבֶר מִלַּטְתָּנוּ.
וּמֵחֳלָיִם רָעִים וְנֶאֱמָנִים דִּלִּיתָנוּ. עַד הֵנָּה עֲזָרוּנוּ
רַחֲמֶיךָ. וְלֹא עֲזָבוּנוּ חֲסָדֶיךָ. וְאַל תִּטְּשֵׁנוּ. יְיָ אֱלֹהֵינוּ.
לָנֶצַח. עַל כֵּן אֵבָרִים שֶׁפִּלַּגְתָּ בָּנוּ. וְרוּחַ וּנְשָׁמָה
שֶׁנָּפַחְתָּ בְּאַפֵּינוּ. וְלָשׁוֹן אֲשֶׁר שַׂמְתָּ בְּפִינוּ.

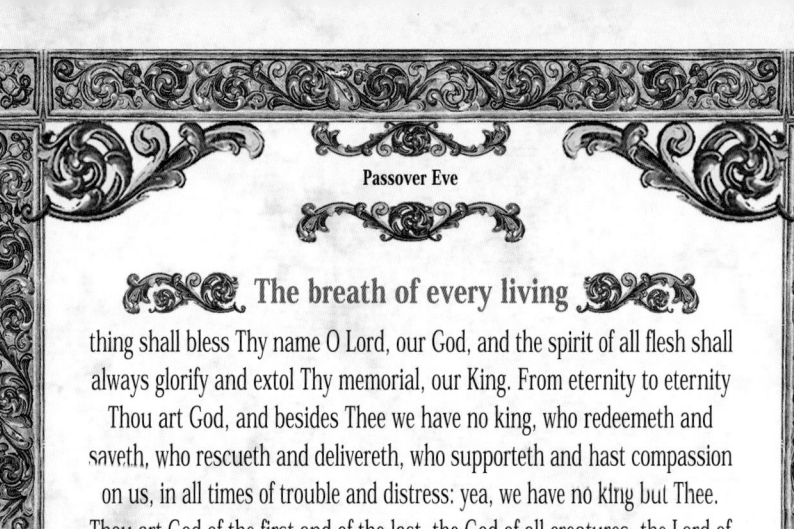

The breath of every living

thing shall bless Thy name O Lord, our God, and the spirit of all flesh shall
always glorify and extol Thy memorial, our King. From eternity to eternity
Thou art God, and besides Thee we have no king, who redeemeth and
saveth, who rescueth and delivereth, who supporteth and hast compassion
on us, in all times of trouble and distress: yea, we have no king but Thee.
Thou art God of the first and of the last, the God of all creatures, the Lord of
all generations, adored with all manner of praise, who governeth the universe
with loving kindness, and His creatures with compassion. The Lord neither
slumbereth nor sleepeth. He who awakeneth the sleeping, and stirreth the
slumbering, and giveth the speech to the dumb, and looseth the bound, and
supporteth the fallen, and raiseth the bowed-down. To Thee alone we do give
thanks. Even were our mouths filled with songs as the sea, our tongues with
exultation as its roaring billows, our lips with praise, like the widespread
firmament, our eyes beaming light like the sun and moon, our hands outspread
like the eagles of heaven, and our feet swift as the winds, we would be incapable
of rendering sufficient thanks unto Thee, O Lord, our God and the God of our
fathers, or to bless Thy name, for even one of the thousands and thousands
of thousands and myriads of myriads of benefits which Thou hast conferred
upon us and our forefathers. For Thou, O Lord, our God didst redeem us from
Egypt, and release us from the house of bondage. In famine didst Thou sustain
us. And in plenty didst Thou nourish us. From the sword didst Thou deliver
us, from the pestilence Thou didst save us and from diseases and raging
sicknesses Thou didst extricate us. Hitherto Thy mercies have supported us,
and Thy loving kindness hath not forsaken us. O Lord, our God, may Thou
never forsake us. Therefore the limbs with which Thou hast formed us, the
spirit and soul which Thou hast breathed into us, and the tongue Thou hast
placed in our mouths, yea, they shall thank,

הֵן הֵם יוֹדוּ וִיבָרְכוּ וִישַׁבְּחוּ וִיפָאֲרוּ וִירוֹמְמוּ וְיַעֲרִיצוּ וְיַקְדִּישׁוּ וְיַמְלִיכוּ אֶת שִׁמְךָ מַלְכֵּנוּ. כִּי כָל פֶּה לְךָ יוֹדֶה. וְכָל לָשׁוֹן לְךָ תִשָּׁבַע. וְכָל בֶּרֶךְ לְךָ תִכְרַע. וְכָל קוֹמָה לְפָנֶיךָ תִשְׁתַּחֲוֶה. וְכָל לְבָבוֹת יִירָאוּךָ. וְכָל קֶרֶב וּכְלָיוֹת יְזַמְּרוּ לִשְׁמֶךָ. כַּדָּבָר שֶׁכָּתוּב: כָּל עַצְמוֹתַי תֹּאמַרְנָה יְיָ מִי כָמוֹךָ. מַצִּיל עָנִי מֵחָזָק מִמֶּנּוּ וְעָנִי וְאֶבְיוֹן מִגֹּזְלוֹ. מִי יִדְמֶה לָּךְ וּמִי יִשְׁוֶה לָּךְ וּמִי יַעֲרָךְ לָךְ. הָאֵל הַגָּדוֹל הַגִּבּוֹר וְהַנּוֹרָא אֵל עֶלְיוֹן קוֹנֵה שָׁמַיִם וָאָרֶץ. נְהַלֶּלְךָ וּנְשַׁבֵּחֲךָ וּנְפָאֶרְךָ וּנְבָרֵךְ אֶת שֵׁם קָדְשֶׁךָ. כָּאָמוּר: לְדָוִד בָּרְכִי נַפְשִׁי אֶת יְיָ. וְכָל קְרָבַי אֶת שֵׁם קָדְשׁוֹ.

הָאֵל בְּתַעֲצֻמוֹת עֻזֶּךָ.

הַגָּדוֹל בִּכְבוֹד שְׁמֶךָ. הַגִּבּוֹר לָנֶצַח וְהַנּוֹרָא בְּנוֹרְאוֹתֶיךָ. הַמֶּלֶךְ הַיּוֹשֵׁב עַל כִּסֵּא רָם וְנִשָּׂא: שׁוֹכֵן עַד מָרוֹם וְקָדוֹשׁ שְׁמוֹ. וְכָתוּב: רַנְּנוּ צַדִּיקִים בַּייָ. לַיְשָׁרִים נָאוָה תְהִלָּה. בְּפִי יְשָׁרִים תִּתְהַלָּל. וּבְדִבְרֵי צַדִּיקִים תִּתְבָּרַךְ. וּבִלְשׁוֹן חֲסִידִים תִּתְרוֹמָם. וּבְקֶרֶב קְדוֹשִׁים תִּתְקַדָּשׁ. וּבְמַקְהֲלוֹת רִבְבוֹת עַמְּךָ בֵּית יִשְׂרָאֵל. בְּרִנָּה יִתְפָּאַר שִׁמְךָ מַלְכֵּנוּ בְּכָל דּוֹר וָדוֹר. שֶׁכֵּן חוֹבַת כָּל הַיְצוּרִים לְפָנֶיךָ. יְיָ אֱלֹהֵינוּ וֵאלֹהֵי אֲבוֹתֵינוּ. לְהוֹדוֹת. לְהַלֵּל. לְשַׁבֵּחַ. לְפָאֵר. לְרוֹמֵם. לְהַדֵּר. לְבָרֵךְ. לְעַלֵּה וּלְקַלֵּס עַל כָּל דִּבְרֵי שִׁירוֹת וְתִשְׁבְּחוֹת דָּוִד בֶּן יִשַׁי עַבְדְּךָ מְשִׁיחֶךָ.

bless, praise, glorify, extol, revere, sanctify and do homage to Thy name, our King. Every mouth shall thank Thee, and every tongue shall swear allegiance unto Thee. Every knee shall bend before Thee, every living being shall bow down. All hearts shall fear Thee, and all inward parts and organs shall sing praises unto Thy name. As it is written: All my bones shall say, O Lord, who is like unto Thee? Who delivereth the needy from one of superior strength, the needy and poor from his oppressor. Who is like unto Thee? Who is equal unto Thee? Who can be compared unto Thee? O God, great, mighty, awful and supreme God, Creator of heaven and earth, we will praise Thee, extol Thee, glorify Thee, and bless Thy holy name. As it is said: "Of David, Bless the Lord, O my soul, and all that is in me, bless His Holy name."

O God, who art

mighty in Thy strength, who art great by Thy glorious name, mighty forever, fearful in Thine fearful deeds! The King, who dost sit on the high and exalted throne. He who dwelleth in eternity, exalted and holy is His name. As it is written: "Rejoice in the Lord, O ye righteous, for praise is comely for the upright." Through the mouth of the upright Thou shall be exalted. The words of the righteous shall bless Thee, and the tongue of the pious exalt Thee, and in the midst of holy ones shalt Thou be sanctified. And in the assemblies of the tens of thousands of Thy people, the house of Israel, in song shall Thy name, O our King, be glorified throughout all generations. For it is the duty of creatures in Thy presence, O Lord, our God, and the God of our fathers, to thank, praise, extol, glorify, exalt, bless, magnify and acclaim Thee in all the words of song and praise of David, the son of Jesse, Thy servant and Thine anointed.

יִשְׁתַּבַּח שִׁמְךָ

לָעַד מַלְכֵּנוּ. הָאֵל הַמֶּלֶךְ הַגָּדוֹל וְהַקָּדוֹשׁ בַּשָּׁמַיִם וּבָאָרֶץ. כִּי לְךָ נָאֶה יְיָ אֱלֹהֵינוּ וֵאלֹהֵי אֲבוֹתֵינוּ. שִׁיר וּשְׁבָחָה. הַלֵּל וְזִמְרָה. עֹז וּמֶמְשָׁלָה. נֶצַח. גְּדֻלָּה וּגְבוּרָה. תְּהִלָּה וְתִפְאֶרֶת. קְדֻשָּׁה וּמַלְכוּת. בְּרָכוֹת וְהוֹדָאוֹת מֵעַתָּה וְעַד עוֹלָם. בָּרוּךְ אַתָּה יְיָ אֵל מֶלֶךְ גָּדוֹל בַּתִּשְׁבָּחוֹת. אֵל הַהוֹדָאוֹת. אֲדוֹן הַנִּפְלָאוֹת. הַבּוֹחֵר בְּשִׁירֵי זִמְרָה. מֶלֶךְ אֵל חֵי הָעוֹלָמִים.

הִנְנִי מוּכָן וּמְזֻמָּן לְקַיֵּם מִצְוַת כּוֹס רְבִיעִי שֶׁל אַרְבָּעָה כּוֹסוֹת, לְשֵׁם יִחוּד קוּדְשָׁא בְּרִיךְ הוּא וּשְׁכִינְתֵּיהּ. עַל יְדֵי הַהוּא טָמִיר וְנֶעְלָם בְּשֵׁם כָּל יִשְׂרָאֵל.

בָּרוּךְ אַתָּה יְיָ. אֱלֹהֵינוּ מֶלֶךְ הָעוֹלָם. בּוֹרֵא פְּרִי הַגָּפֶן.

שותים כוס רביעי בהסיבת שמאל
ומברכים ברכה אחרונה:

בָּרוּךְ אַתָּה יְיָ. אֱלֹהֵינוּ מֶלֶךְ הָעוֹלָם. עַל הַגֶּפֶן וְעַל פְּרִי הַגֶּפֶן. וְעַל תְּנוּבַת הַשָּׂדֶה. וְעַל אֶרֶץ חֶמְדָּה טוֹבָה וּרְחָבָה. שֶׁרָצִיתָ וְהִנְחַלְתָּ לַאֲבוֹתֵינוּ לֶאֱכוֹל מִפִּרְיָהּ וְלִשְׂבּוֹעַ מִטּוּבָהּ. רַחֶם נָא. יְיָ אֱלֹהֵינוּ. עַל יִשְׂרָאֵל עַמֶּךָ וְעַל יְרוּשָׁלַיִם עִירֶךָ וְעַל צִיּוֹן מִשְׁכַּן כְּבוֹדֶךָ. וְעַל מִזְבְּחֶךָ וְעַל הֵיכָלֶךָ וּבְנֵה יְרוּשָׁלַיִם עִיר הַקֹּדֶשׁ בִּמְהֵרָה בְיָמֵינוּ. וְהַעֲלֵנוּ לְתוֹכָהּ. וְשַׂמְּחֵנוּ בְּבִנְיָנָהּ. וְנֹאכַל מִפִּרְיָהּ. וְנִשְׂבַּע מִטּוּבָהּ. וּנְבָרֶכְךָ עָלֶיהָ בִּקְדֻשָּׁה וּבְטָהֳרָה. (בשבת וּרְצֵה וְהַחֲלִיצֵנוּ בְּיוֹם הַשַּׁבָּת הַזֶּה.) וְשַׂמְּחֵנוּ בְּיוֹם חַג הַמַּצּוֹת הַזֶּה. כִּי אַתָּה. יְיָ. טוֹב וּמֵטִיב לַכֹּל וְנוֹדֶה לְךָ עַל הָאָרֶץ וְעַל פְּרִי הַגָּפֶן.

בָּרוּךְ אַתָּה יְיָ עַל הָאָרֶץ וְעַל פְּרִי גַפְנָהּ.

Praised be

Thy name forever, our King, God, great and holy King in heaven and on earth, for unto Thee, O Lord, our God, and the God of our forefathers, are due song and praise, psalm and hymn, strength and dominion, eternity, greatness and bravery, glory and splendor, holiness and sovereignty. Blessing and thanksgiving, from now unto all eternity. Blessed art Thou, O Lord, King, extolled with praises, God of thanksgivings, O Lord of wonders, who delighteth in song, King, God everlasting.

Blessed art Thou, O Lord, our God, King of the universe, Creator of the fruit of the vine.

 Drink the fourth cup while reclining to the left and say the after-blessing:

Blessed art Thou, O Lord, our God, King of the universe, for the vine and the fruits of the vine, for the produce of the field, and for that desirable, good and ample land, which Thou gave to our forefathers to eat of its fruit and to enjoy its goodness. Have compassion upon us, O Lord, our God, and upon Thy people Israel, upon Jerusalem Thy city, upon Zion, the abode of Thy glory, and upon Thine altar and Thy Temple. Rebuild Jerusalem, the holy city, speedily in our days. Bring us there and cheer us with her rebuilding, and may we eat of her fruit, and be satisfied with her goodness. May we bless Thee in holiness and purity. (On Sabbath add: **Be gracious to us and give us strength on this Sabbath day**). Grant us joy on this Feast of Matzot. For Thou, O Lord, art good and beneficent unto all, and we do give thanks unto Thee for the land, and for the fruit of the vine.

Blessed art Thou, O Lord, for the land and for the fruit of the vine.

נִרְצָה

חֲסַל סִדּוּר פֶּסַח כְּהִלְכָתוֹ. כְּכָל מִשְׁפָּטוֹ וְחֻקָּתוֹ.
כַּאֲשֶׁר זָכִינוּ לְסַדֵּר אוֹתוֹ. כֵּן נִזְכֶּה לַעֲשׂוֹתוֹ.
זָךְ שׁוֹכֵן מְעוֹנָה. קוֹמֵם קְהַל עֲדַת מִי מָנָה.
בְּקָרוֹב נַהֵל נִטְעֵי כַנָּה. פְּדוּיִם לְצִיּוֹן בְּרִנָּה.

לַשָּׁנָה הַבָּאָה בִּירוּשָׁלַיִם הַבְּנוּיָה

סדר ספירת העומר

בחו"ל, בליל שני של פסח, מתחילים ספירת העומר

בָּרוּךְ אַתָּה יְיָ. אֱלֹהֵינוּ מֶלֶךְ הָעוֹלָם. אֲשֶׁר קִדְּשָׁנוּ בְּמִצְוֹתָיו וְצִוָּנוּ עַל סְפִירַת הָעֹמֶר:

הַיּוֹם יוֹם אֶחָד לָעֹמֶר

יְהִי רָצוֹן מִלְּפָנֶיךָ יְיָ אֱלֹהֵינוּ וֵאלֹהֵי אֲבוֹתֵינוּ. שֶׁיִּבָּנֶה בֵּית הַמִּקְדָּשׁ בִּמְהֵרָה בְיָמֵינוּ. וְתֵן חֶלְקֵנוּ בְּתוֹרָתֶךָ.

כִּי לוֹ נָאֶה. כִּי לוֹ יָאֶה.

אַדִּיר בִּמְלוּכָה   בָּחוּר כַּהֲלָכָה   גְּדוּדָיו יֹאמְרוּ לוֹ:
לְךָ וּלְךָ. לְךָ כִּי לְךָ. לְךָ אַף לְךָ. לְךָ יְיָ הַמַּמְלָכָה. כִּי לוֹ נָאֶה. כִּי לוֹ יָאֶה
דָּגוּל בִּמְלוּכָה   הָדוּר כַּהֲלָכָה   וָתִיקָיו יֹאמְרוּ לוֹ :   לְךָ וּלְךָ
זַכַּאי בִּמְלוּכָה   חָסִין כַּהֲלָכָה   טַפְסְרָיו יֹאמְרוּ לוֹ :   לְךָ וּלְךָ
יָחִיד בִּמְלוּכָה   כַּבִּיר כַּהֲלָכָה   לִמּוּדָיו יֹאמְרוּ לוֹ :   לְךָ וּלְךָ
מֶלֶךְ בִּמְלוּכָה   נוֹרָא כַּהֲלָכָה   סְבִיבָיו יֹאמְרוּ לוֹ :   לְךָ וּלְךָ
עָנָו בִּמְלוּכָה   פּוֹדֶה כַּהֲלָכָה   צַדִּיקָיו יֹאמְרוּ לוֹ :   לְךָ וּלְךָ
קָדוֹשׁ בִּמְלוּכָה   רַחוּם כַּהֲלָכָה   שִׁנְאַנָּיו יֹאמְרוּ לוֹ :   לְךָ וּלְךָ
תַּקִּיף בִּמְלוּכָה   תּוֹמֵךְ כַּהֲלָכָה   תְּמִימָיו יֹאמְרוּ לוֹ :   לְךָ וּלְךָ

נִרְצָה

The service of the Passover has been accomplished according to its precepts, according to all its regulations and customs. Even as we have been privileged to arrange it, so may we be privileged to fulfill it. O Pure One who dwelleth on high, Raise up the congregation none can count. Speedily lead us, the shoots Thou hast planted, redeemed, to Zion in joy.

Next year in rebuilt Jerusalem!

The Counting of the Omer

On the second night of Passover, we commence the counting of the Omer:

Blessed art Thou, O Lord, our God, King of the Universe, Who has sanctified us with His commandments, and commanded us to count the days of the Omer.

Today is the First day of the Omer

May it be Thy will, O Lord, our God and the God of our fathers, that the holy Temple be speedily rebuilt in our days, and grant us our share in Thy Torah.

To Him praise is becoming.
To Him praise will always be becoming.

| Mighty in majesty, | | Supreme indeed, | His Legions sing to Him. |

Thine and Thine alone, Thine only Thine, Thine always Thine, O Lord, is the sovereignty.

To Him praise is becoming. To Him praise will always be becoming.

First in majesty,	Glorious indeed,	His faithful sing to Him:	Thine & Thine...
Pure in majesty,	Mighty indeed,	His scribes sing to Him:	Thine & Thine...
Unique in majesty,	Omnipotent indeed,	His servitors sing to Him:	Thine & Thine...
Sublime in majesty,	Most fearful indeed,	His hosts sing to Him:	Thine & Thine...
Humble in majesty,	Redeemer indeed,	His righteous sing to Him:	Thine & Thine...
Holy in majesty,	Merciful indeed,	His angels sing to Him:	Thine & Thine...
Most high in majesty,	Upholding indeed,	His purified sing to Him:	Thine & Thine...

159

בחו"ל, בליל ראשון
של פסח, אומרים:

וּבְכֵן וַיְהִי בַּחֲצִי הַלַּיְלָה

אָז רוֹב נִסִּים הִפְלֵאתָ בַּלַּיְלָה בְּרֹאשׁ אַשְׁמוֹרֶת זֶה הַלַּיְלָה

גֵּר צֶדֶק נִצַּחְתּוֹ כְּנֶחֱלַק לוֹ לַיְלָה וַיְהִי בַּחֲצִי הַלַּיְלָה

דַּנְתָּ מֶלֶךְ גְּרָר בַּחֲלוֹם הַלַּיְלָה הִפְחַדְתָּ אֲרַמִּי בְּאֶמֶשׁ לַיְלָה

וַיָּשַׂר יִשְׂרָאֵל לְמַלְאָךְ וַיּוּכַל לוֹ לַיְלָה וַיְהִי בַּחֲצִי הַלַּיְלָה

זֶרַע בְּכוֹרֵי פַתְרוֹס מָחַצְתָּ בַּחֲצִי הַלַּיְלָה חֵילָם לֹא מָצְאוּ בְּקוּמָם בַּלַּיְלָה

טִיסַת נְגִיד חֲרֹשֶׁת סִלִּיתָ בְּכוֹכְבֵי לַיְלָה וַיְהִי בַּחֲצִי הַלַּיְלָה

יָעַץ מְחָרֵף לְנוֹפֵף אִוּוּי הוֹבַשְׁתָּ פְגָרָיו בַּלַּיְלָה כָּרַע בֵּל וּמַצָּבוֹ בְּאִישׁוֹן לַיְלָה

לְאִישׁ חֲמוּדוֹת נִגְלָה רָז חֲזוֹת לַיְלָה וַיְהִי בַּחֲצִי הַלַּיְלָה

מִשְׁתַּכֵּר בִּכְלֵי קֹדֶשׁ נֶהֱרַג בּוֹ בַּלַּיְלָה נוֹשַׁע מִבּוֹר אֲרָיוֹת פּוֹתֵר בִּעֲתוּתֵי לַיְלָה

שִׂנְאָה נָטַר אֲגָגִי וְכָתַב סְפָרִים בַּלַּיְלָה וַיְהִי בַּחֲצִי הַלַּיְלָה

עוֹרַרְתָּ נִצְחֲךָ עָלָיו בְּנֶדֶד שְׁנַת לַיְלָה פּוּרָה תִדְרוֹךְ לְשׁוֹמֵר מַה מִּלַּיְלָה

צָרַח כַּשּׁוֹמֵר וְשָׂח אָתָא בֹקֶר וְגַם לַיְלָה וַיְהִי בַּחֲצִי הַלַּיְלָה

קָרֵב יוֹם אֲשֶׁר הוּא לֹא יוֹם וְלֹא לַיְלָה רָם הוֹדַע כִּי לְךָ הַיּוֹם אַף לְךָ הַלַּיְלָה

שׁוֹמְרִים הַפְקֵד לְעִירְךָ כָּל הַיּוֹם וְכָל הַלַּיְלָה תָּאִיר כְּאוֹר יוֹם חֶשְׁכַת לַיְלָה

וַיְהִי בַּחֲצִי הַלַּיְלָה

Outside Israel, the following is recited
on the first night of Passover:

 ## And thus it happened at midnight.

Of old Thou didst perform abundant miracles	in the night.
At the beginning of the first watch	of this night.

When Thou didst cause the righteous convert (Abraham) to be victorious,
when he divided his company   at night.   **It happened at midnight.**

Thou didst threaten the king of Gerar (Abimelech) with death in a dream	at night.
Thou didst terrify the Aramite (Laban) in the dead	of night.
And Israel (Jacob) wrestled with an angel and prevailed against him,	at night.

It happened at midnight.

The first-born of the Egyptians didst Thou smite	at midnight.
The vigorous youth they found not, when they arose	at night.
The armies of the Prince of Harosheth didst Thou sweep away by the stars	of the night.

It happened at midnight.

The blasphemer (Sennacherib) who proposed to assail Thy habitation,	
Thou didst frustrate by the number of his slain	at night.
Bel and his image were overthrown in the darkness	of night.
To the much beloved (Daniel) Thou revealed the mysterious vision	at night.

It happened at midnight.

He who made himself drunk with the holy vessels was slain	in that same night.
He who was saved from the den of lions, interpreted Thy dreadful dreams	of the night.
The Agagite (Haman) wrote his edicts	at night

It happened at midnight.

Thou didst achieved Thy victory over him by disturbing the sleep of the king	in the night.
Thou wilt tread for them the winepress, for them that ask: Watchman,	what of the night?
Let the watchman of Israel cry out: The morning hath come as well	as the night.

It happened at midnight.

May the day approach which shall be neither day nor	night.
O Most High, make known, that Thine is the day and also	the night.
Appoint watchmen over Thy city all day and also	all night.
Illuminate, as with the light of the day, the darkness	of night.

 ## It happened at midnight.

בחו"ל, בליל שני של פסח, אומרים:

וּבְכֵן וַאֲמַרְתֶּם זֶבַח פֶּסַח

אֹמֶץ גְּבוּרוֹתֶיךָ הִפְלֵאתָ בַּפֶּסַח בְּרֹאשׁ כָּל מוֹעֲדוֹת נִשֵּׂאתָ פֶּסַח
גִּלִּיתָ לְאֶזְרָחִי חֲצוֹת לֵיל פֶּסַח וַאֲמַרְתֶּם זֶבַח פֶּסַח
דְּלָתָיו דָּפַקְתָּ כְּחֹם הַיּוֹם בַּפֶּסַח הִסְעִיד נוֹצְצִים עֻגוֹת מַצּוֹת בַּפֶּסַח
וְאֶל הַבָּקָר רָץ זֵכֶר לְשׁוֹר עֵרֶךְ פֶּסַח וַאֲמַרְתֶּם זֶבַח פֶּסַח
זֹעֲמוּ סְדוֹמִים וְלֹהֲטוּ בָּאֵשׁ בַּפֶּסַח חֻלַּץ לוֹט מֵהֶם וּמַצּוֹת אָפָה בְּקֵץ פֶּסַח
טִאטֵאתָ אַדְמַת מֹף וְנֹף בְּעָבְרְךָ בַּפֶּסַח וַאֲמַרְתֶּם זֶבַח פֶּסַח
יָהּ רֹאשׁ כָּל אוֹן מָחַצְתָּ בְּלֵיל שִׁמּוּר פֶּסַח כַּבִּיר עַל בֵּן בְּכוֹר פָּסַחְתָּ בְּדַם פֶּסַח
לְבִלְתִּי תֵּת מַשְׁחִית לָבֹא בִּפְתָחַי בַּפֶּסַח וַאֲמַרְתֶּם זֶבַח פֶּסַח
מְסֻגֶּרֶת סֻגָּרָה בְּעִתּוֹתֵי פֶּסַח נִשְׁמְדָה מִדְיָן בִּצְלִיל שְׂעוֹרֵי עֹמֶר פֶּסַח
שֹׂרְפוּ מִשְׁמַנֵּי פּוּל וְלוּד בִּיקַד יְקוֹד פֶּסַח וַאֲמַרְתֶּם זֶבַח פֶּסַח
עוֹד הַיּוֹם בְּנֹב לַעֲמוֹד עַד גָּעָה עוֹנַת פֶּסַח פַּס יָד כָּתְבָה לְקַעֲקֵעַ צוּל בַּפֶּסַח
צָפֹה הַצָּפִית עָרוֹךְ הַשֻּׁלְחָן בַּפֶּסַח וַאֲמַרְתֶּם זֶבַח פֶּסַח
קָהָל כִּנְּסָה הֲדַסָּה צוֹם לְשַׁלֵּשׁ בַּפֶּסַח רֹאשׁ מִבֵּית רָשָׁע מָחַצְתָּ בְּעֵץ חֲמִשִּׁים בַּפֶּסַח
שְׁתֵּי אֵלֶּה רֶגַע תָּבִיא לְעוּצִית בַּפֶּסַח תָּעֹז יָדְךָ וְתָרוּם יְמִינְךָ כְּלֵיל הִתְקַדֵּשׁ חַג פֶּסַח

וַאֲמַרְתֶּם זֶבַח פֶּסַח

אַדִּיר הוּא. אַדִּיר הוּא

יִבְנֶה בֵיתוֹ בְּקָרוֹב בִּמְהֵרָה בִּמְהֵרָה בְּיָמֵינוּ בְּקָרוֹב
אֵל בְּנֵה. אֵל בְּנֵה. בְּנֵה בֵיתְךָ בְּקָרוֹב.

בָּחוּר הוּא גָּדוֹל הוּא דָּגוּל הוּא יִבְנֶה בֵיתוֹ
הָדוּר הוּא וָתִיק הוּא זַכַּאי הוּא יִבְנֶה בֵיתוֹ
חָסִיד הוּא טָהוֹר הוּא יָחִיד הוּא יִבְנֶה בֵיתוֹ
כַּבִּיר הוּא לָמוּד הוּא מֶלֶךְ הוּא יִבְנֶה בֵיתוֹ
נָאוֹר הוּא סַגִּיב הוּא עִזּוּז הוּא יִבְנֶה בֵיתוֹ
פּוֹדֶה הוּא צַדִּיק הוּא קָדוֹשׁ הוּא יִבְנֶה בֵיתוֹ
רַחוּם הוּא שַׁדַּי הוּא תַּקִּיף הוּא יִבְנֶה בֵיתוֹ

Outside Israel, the following is recited
on the second night of Passover:

And ye shall say, this is the sacrifice of Passover.

Thy mighty power didst Thou wonderfully reveal, **on Passover**. To be at the head of all Festivals Thou didst set first **Passover**.

To the Oriental Thou revealed Thyself at midnight, **on Passover**.   And ye shall say, **this is the sacrifice of Passover**.

Thou didst visit his door during the heat of the day, **on Passover**. He entertained the angels with Matzot, **on Passover**.

And he ran to the herd, as a memorial of the sacrifice, **of Passover**.   And ye shall say, **this is the sacrifice of Passover**.

The inhabitants of Sodom provoked God, and were consumed with fire, **on Passover**.   Lot was delivered from

them, and he baked Matzot, **on Passover**.   Thou didst sweep the land of Moph and Noph,

when Thou didst pass through it, **on Passover**.   And ye shall say, **this is the sacrifice of Passover**.

O Lord, Thou didst smite the head of every first-born, on the night of vigil   **on Passover**.

Yet didst Thou pass over Thy first-born, marked with the blood of the sacrifice   **of Passover**.

Thou didst not permit any destroyer to enter my doors, **on Passover**. And ye shall say, **this is the sacrifice of Passover**.

The completely fortified city (Jericho) was taken at the time **of Passover**.   Midian was destroyed by a loaf of

barley bread, like the offering of an Omer **on Passover**.   The mighty of Pul and Lud were destroyed with burning

conflagration **on Passover**.   And ye shall say, **this is the sacrifice of Passover**.

The king remained yet in Nob until the approach **of Passover**. The hand wrote the destruction of Babylon, the deep abyss,

on Passover. The watch was set and the table spread **on Passover**.   And ye shall say, **this is the sacrifice of Passover**.

Esther assembled the congregation to fast for three days **on Passover**. The sworn enemy was hanged on the gallows

fifty cubits high **on Passover**. The double punishment wilt Thou bring in a moment on Utz, **on Passover**. Thy hand

will be omnipotent and Thy right hand will be uplifted, on the night when was sanctified the feast **of Passover**.

And ye shall say, this is the sacrifice of Passover.

 ## Mighty is He. (Adir)

May He build His Temple soon, speedily, speedily in our days.
Build it, O Lord, build it, O Lord, build Thy Temple soon.

Supreme is He,	Great is He,	Exalted is He.	May He build ...
Honored is He,	Worthy is He,	Immaculate is He.	May He build ...
Merciful is He,	Pure is He,	Unique is He.	May He build ...
Tremendous is He,	Learned is He,	Sovereign is He.	May He build ...
Glorious is He,	Elevated is He,	Vigorous is He.	May He build ...
Redeemer is He,	Righteous is He,	Holy is He.	May He build ...
Compassionate is He,	Almighty is He,	Omnipotent is He.	May He build ...

אֶחָד מִי יוֹדֵעַ

◆ אֶחָד אֲנִי יוֹדֵעַ ◆ אֶחָד אֱלֹהֵינוּ ◆ שֶׁבַּשָּׁמַיִם וּבָאָרֶץ ◆

שְׁנַיִם מִי יוֹדֵעַ

◆ שְׁנַיִם אֲנִי יוֹדֵעַ ◆ שְׁנֵי לוּחוֹת הַבְּרִית ◆ אֶחָד אֱלֹהֵינוּ ◆ שֶׁבַּשָּׁמַיִם וּבָאָרֶץ ◆

שְׁלֹשָׁה מִי יוֹדֵעַ

◆ שְׁלֹשָׁה אֲנִי יוֹדֵעַ ◆ שְׁלֹשָׁה אָבוֹת ◆ שְׁנֵי לוּחוֹת הַבְּרִית ◆ אֶחָד אֱלֹהֵינוּ ◆ שֶׁבַּשָּׁמַיִם וּבָאָרֶץ ◆

אַרְבַּע מִי יוֹדֵעַ

◆ אַרְבַּע אֲנִי יוֹדֵעַ ◆ אַרְבַּע אִמָּהוֹת ◆ שְׁלֹשָׁה אָבוֹת ◆ שְׁנֵי לוּחוֹת הַבְּרִית ◆ אֶחָד אֱלֹהֵינוּ ◆ שֶׁבַּשָּׁמַיִם וּבָאָרֶץ ◆

חֲמִשָּׁה מִי יוֹדֵעַ

◆ חֲמִשָּׁה אֲנִי יוֹדֵעַ ◆ חֲמִשָּׁה חֻמְשֵׁי תוֹרָה ◆ אַרְבַּע אִמָּהוֹת ◆ שְׁלֹשָׁה אָבוֹת ◆ שְׁנֵי לוּחוֹת הַבְּרִית ◆ אֶחָד אֱלֹהֵינוּ ◆ שֶׁבַּשָּׁמַיִם וּבָאָרֶץ ◆

שִׁשָּׁה מִי יוֹדֵעַ

◆ שִׁשָּׁה אֲנִי יוֹדֵעַ ◆ שִׁשָּׁה סִדְרֵי מִשְׁנָה ◆ חֲמִשָּׁה חֻמְשֵׁי תוֹרָה ◆ אַרְבַּע אִמָּהוֹת ◆ שְׁלֹשָׁה אָבוֹת ◆ שְׁנֵי לוּחוֹת הַבְּרִית ◆ אֶחָד אֱלֹהֵינוּ ◆ שֶׁבַּשָּׁמַיִם וּבָאָרֶץ ◆

שִׁבְעָה מִי יוֹדֵעַ

◆ שִׁבְעָה אֲנִי יוֹדֵעַ ◆ שִׁבְעָה יְמֵי שַׁבַּתָּא ◆ שִׁשָּׁה סִדְרֵי מִשְׁנָה ◆ חֲמִשָּׁה חֻמְשֵׁי תוֹרָה ◆ אַרְבַּע אִמָּהוֹת ◆ שְׁלֹשָׁה אָבוֹת ◆ שְׁנֵי לוּחוֹת הַבְּרִית ◆ אֶחָד אֱלֹהֵינוּ ◆ שֶׁבַּשָּׁמַיִם וּבָאָרֶץ ◆

שְׁמוֹנָה מִי יוֹדֵעַ

◆ שְׁמוֹנָה אֲנִי יוֹדֵעַ ◆ שְׁמוֹנָה יְמֵי מִילָה ◆ שִׁבְעָה יְמֵי שַׁבַּתָּא ◆ שִׁשָּׁה סִדְרֵי מִשְׁנָה ◆ חֲמִשָּׁה חֻמְשֵׁי תוֹרָה ◆ אַרְבַּע אִמָּהוֹת ◆ שְׁלֹשָׁה אָבוֹת ◆ שְׁנֵי לוּחוֹת הַבְּרִית ◆ אֶחָד אֱלֹהֵינוּ ◆ שֶׁבַּשָּׁמַיִם וּבָאָרֶץ ◆

Who Knows One?

I know one. One is our God, in the heaven and the earth.

Who knows two?

I know two. Two are the tablets of the Covenant, one is our God, in the heaven and the earth.

Who knows three?

I know three. Three are the patriarchs, two are the tablets of the Covenant, one is our God, in the heaven and the earth.

Who knows four?

I know four. Four are the matriarchs, three are the patriarchs, two are the tablets of the Covenant, one is our God, in the heaven and the earth.

Who knows five?

I know five. Five are the books of the Torah, four are the matriarchs, three are the patriarchs, two are the tablets of the Covenant, one is our God, in the heaven and the earth.

Who knows six?

I know six. Six are the orders of the Mishnah, five are the books of the Torah, four are the matriarchs, three are the patriarchs, two are the tablets of the Covenant, one is our God, in the heaven and the earth.

Who knows seven?

I know seven. Seven are the days of the week, six are the orders of the Mishnah, five are the books of the Torah, four are the matriarchs, three are the patriarchs, two are the tablets of the Covenant, one is our God, in the heaven and the earth.

Who knows eight?

I know eight. Eight are the days preceding circumcision, seven are the days of the week, six are the orders of the Mishnah, five are the books of the Torah, four are the matriarchs, three are the patriarchs, two are the tablets of the Covenant, one is our God, in the heaven and on the earth.

תִּשְׁעָה מִי יוֹדֵעַ

◆ תִּשְׁעָה אֲנִי יוֹדֵעַ ◆ תִּשְׁעָה יַרְחֵי לֵידָה ◆ שְׁמוֹנָה יְמֵי מִילָה ◆ שִׁבְעָה יְמֵי שַׁבַּתָּא ◆
◆ שִׁשָּׁה סִדְרֵי מִשְׁנָה ◆ חֲמִשָּׁה חֻמְשֵׁי תוֹרָה ◆ אַרְבַּע אִמָּהוֹת ◆
◆ שְׁלֹשָׁה אָבוֹת ◆ שְׁנֵי לוּחוֹת הַבְּרִית ◆ אֶחָד אֱלֹהֵינוּ ◆ שֶׁבַּשָּׁמַיִם וּבָאָרֶץ ◆

עֲשָׂרָה מִי יוֹדֵעַ

◆ עֲשָׂרָה אֲנִי יוֹדֵעַ ◆ עֲשָׂרָה דִבְּרַיָּא ◆ תִּשְׁעָה יַרְחֵי לֵידָה ◆ שְׁמוֹנָה יְמֵי מִילָה ◆
◆ שִׁבְעָה יְמֵי שַׁבַּתָּא ◆ שִׁשָּׁה סִדְרֵי מִשְׁנָה ◆ חֲמִשָּׁה חֻמְשֵׁי תוֹרָה ◆
◆ אַרְבַּע אִמָּהוֹת ◆ שְׁלֹשָׁה אָבוֹת ◆ שְׁנֵי לוּחוֹת הַבְּרִית ◆ אֶחָד אֱלֹהֵינוּ ◆
◆ שֶׁבַּשָּׁמַיִם וּבָאָרֶץ ◆

אַחַד עָשָׂר מִי יוֹדֵעַ

◆ אַחַד עָשָׂר אֲנִי יוֹדֵעַ ◆ אַחַד עָשָׂר כּוֹכְבַיָּא ◆ עֲשָׂרָה דִבְּרַיָּא ◆
◆ תִּשְׁעָה יַרְחֵי לֵידָה ◆ שְׁמוֹנָה יְמֵי מִילָה ◆ שִׁבְעָה יְמֵי שַׁבַּתָּא ◆
◆ שִׁשָּׁה סִדְרֵי מִשְׁנָה ◆ חֲמִשָּׁה חֻמְשֵׁי תוֹרָה ◆ אַרְבַּע אִמָּהוֹת ◆
◆ שְׁלֹשָׁה אָבוֹת ◆ שְׁנֵי לוּחוֹת הַבְּרִית ◆ אֶחָד אֱלֹהֵינוּ ◆ שֶׁבַּשָּׁמַיִם וּבָאָרֶץ ◆

שְׁנֵים עָשָׂר מִי יוֹדֵעַ

◆ שְׁנֵים עָשָׂר אֲנִי יוֹדֵעַ ◆ שְׁנֵים עָשָׂר שִׁבְטַיָּא ◆ אַחַד עָשָׂר כּוֹכְבַיָּא ◆
◆ עֲשָׂרָה דִבְּרַיָּא ◆ תִּשְׁעָה יַרְחֵי לֵידָה ◆ שְׁמוֹנָה יְמֵי מִילָה ◆ שִׁבְעָה יְמֵי שַׁבַּתָּא ◆
◆ שִׁשָּׁה סִדְרֵי מִשְׁנָה ◆ חֲמִשָּׁה חֻמְשֵׁי תוֹרָה ◆ אַרְבַּע אִמָּהוֹת ◆
◆ שְׁלֹשָׁה אָבוֹת ◆ שְׁנֵי לוּחוֹת הַבְּרִית ◆ אֶחָד אֱלֹהֵינוּ ◆ שֶׁבַּשָּׁמַיִם וּבָאָרֶץ ◆

שְׁלֹשָׁה עָשָׂר מִי יוֹדֵעַ

◆ שְׁלֹשָׁה עָשָׂר אֲנִי יוֹדֵעַ ◆ שְׁלוֹשָׁה עָשָׂר מִדַּיָּא ◆ שְׁנֵים עָשָׂר שִׁבְטַיָּא ◆
◆ אַחַד עָשָׂר כּוֹכְבַיָּא ◆ עֲשָׂרָה דִבְּרַיָּא ◆ תִּשְׁעָה יַרְחֵי לֵידָה ◆ שְׁמוֹנָה יְמֵי מִילָה ◆
◆ שִׁבְעָה יְמֵי שַׁבַּתָּא ◆ שִׁשָּׁה סִדְרֵי מִשְׁנָה ◆ חֲמִשָּׁה חֻמְשֵׁי תוֹרָה ◆
◆ אַרְבַּע אִמָּהוֹת ◆ שְׁלֹשָׁה אָבוֹת ◆ שְׁנֵי לוּחוֹת הַבְּרִית ◆ אֶחָד אֱלֹהֵינוּ ◆

שֶׁבַּשָּׁמַיִם וּבָאָרֶץ

Who knows nine?

I know nine. Nine are the months preceding childbirth, eight are the days preceding circumcision, seven are the days of the week, six are the orders of the Mishnah, five are the books of the Torah, four are the matriarchs, three are the patriarchs, two are the tablets of the Covenant, one is our God, in the heaven and the earth.

Who knows ten?

I know ten. Ten are the Commandments, nine are the months preceding childbirth, eight are the days preceding circumcision, seven are the days of the week, six are the orders of the Mishnah, five are the books of the Torah, four are the matriarchs, three are the patriarchs, two are the tablets of the Covenant, one is our God, in the heaven and the earth.

Who knows eleven?

I know eleven. Eleven are the stars, ten are the commandments, nine are the months preceding childbirth, eight are the days preceding circumcision, seven are the days of the week, six are the orders of the Mishnah, five are the books of the Torah, four are the matriarchs, three are the patriarchs, two are the tablets of the Covenant, one is our God, in the heaven and the earth.

Who knows twelve?

I know twelve. Twelve are the tribes, eleven are the stars, ten are the commandments, nine are the months preceding childbirth, eight are the days preceding circumcision, seven are the days of the week, six are the orders of the Mishnah, five are the books of the Torah, four are the matriarchs, three are the patriarchs, two are the tablets of the Covenant, one is our God, in the heaven and the earth.

Who knows thirteen?

I know thirteen. Thirteen are the Divine attributes, twelve are the tribes, eleven are the stars, ten are the commandments, nine are the months preceding childbirth, eight are the days preceding circumcision, seven are the days of the week, six are the orders of the Mishnah, five are the books of the Torah, four are the matriarchs, three are the patriarchs, two are the tablets of the Covenant, one is our God,

 **in the heaven and the earth.**

חַד גַּדְיָא

חַד גַּדְיָא ♦ דְּזַבִּין אַבָּא בִּתְרֵי זוּזֵי ♦

חַד גַּדְיָא חַד גַּדְיָא

וְאָתָא שׁוּנְרָא ♦ וְאָכְלָה לְגַדְיָא ♦

דְּזַבִּין אַבָּא בִּתְרֵי זוּזֵי ♦

חַד גַּדְיָא חַד גַּדְיָא

וְאָתָא כַלְבָּא ♦ וְנָשַׁךְ לְשׁוּנְרָא ♦ דְּאָכְלָה לְגַדְיָא ♦

דְּזַבִּין אַבָּא בִּתְרֵי זוּזֵי ♦

חַד גַּדְיָא חַד גַּדְיָא

וְאָתָא חֻטְרָא ♦ וְהִכָּה לְכַלְבָּא ♦ דְּנָשַׁךְ לְשׁוּנְרָא ♦

דְּאָכְלָה לְגַדְיָא ♦ דְּזַבִּין אַבָּא בִּתְרֵי זוּזֵי ♦

חַד גַּדְיָא חַד גַּדְיָא

וְאָתָא נוּרָא ♦ וְשָׂרַף לְחֻטְרָא ♦ דְּהִכָּה לְכַלְבָּא ♦

דְּנָשַׁךְ לְשׁוּנְרָא ♦ דְּאָכְלָה לְגַדְיָא ♦

דְּזַבִּין אַבָּא בִּתְרֵי זוּזֵי ♦

חַד גַּדְיָא חַד גַּדְיָא

וְאָתָא מַיָּא ♦ וְכָבָה לְנוּרָא ♦ דְּשָׂרַף לְחֻטְרָא ♦

דְּהִכָּה לְכַלְבָּא ♦ דְּנָשַׁךְ לְשׁוּנְרָא ♦

דְּאָכְלָה לְגַדְיָא ♦ דְּזַבִּין אַבָּא בִּתְרֵי זוּזֵי ♦

חַד גַּדְיָא חַד גַּדְיָא

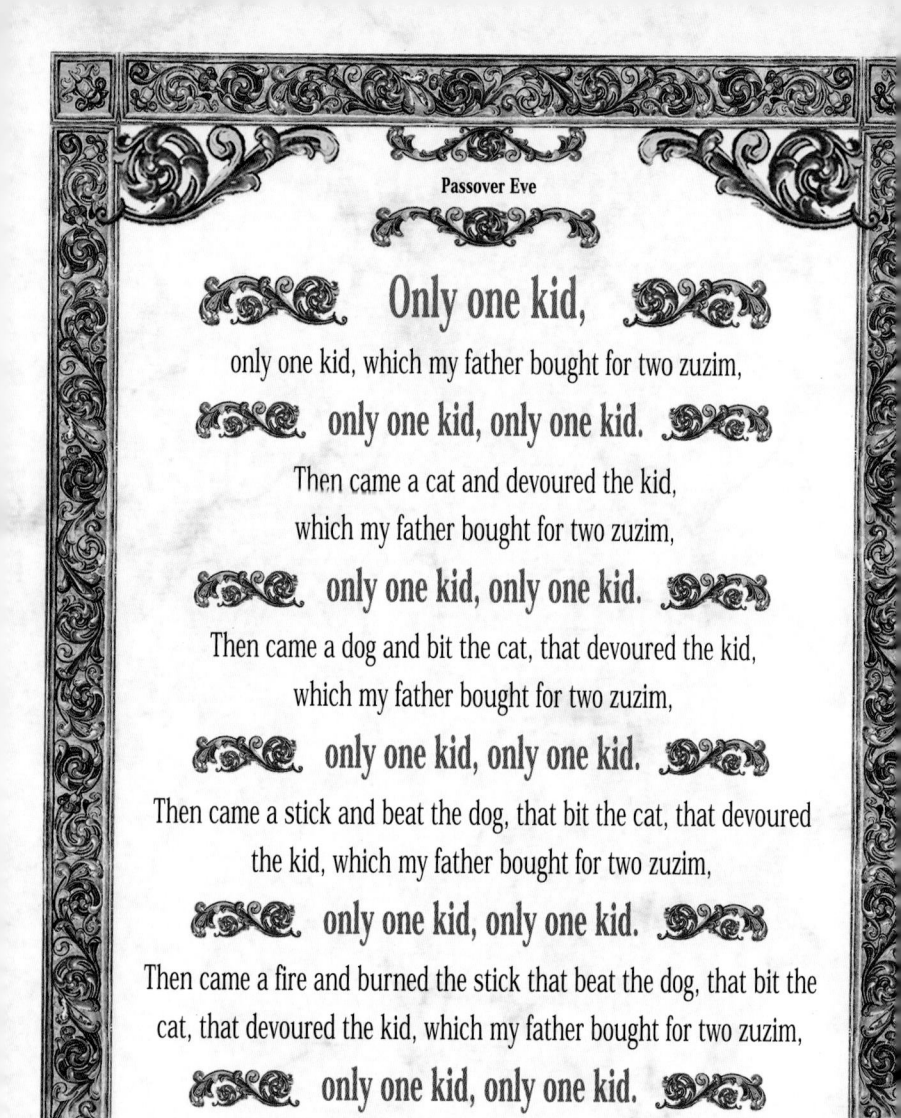

Only one kid,

only one kid, which my father bought for two zuzim,

only one kid, only one kid.

Then came a cat and devoured the kid,
which my father bought for two zuzim,

only one kid, only one kid.

Then came a dog and bit the cat, that devoured the kid,
which my father bought for two zuzim,

only one kid, only one kid.

Then came a stick and beat the dog, that bit the cat, that devoured
the kid, which my father bought for two zuzim,

only one kid, only one kid.

Then came a fire and burned the stick that beat the dog, that bit the
cat, that devoured the kid, which my father bought for two zuzim,

only one kid, only one kid.

Then came water and quenched the fire, that burned the stick that
beat the dog, that bit the cat, that devoured the kid,
which my father bought for two zuzim,

only one kid, only one kid.

וְאָתָא תוֹרָא ✦

✦ וְשָׁתָה לְמַיָּא ✦ דְּכָבָה לְנוּרָא

✦ דְּשָׂרַף לְחֻטְרָא ✦ דְּהִכָּה לְכַלְבָּא ✦ דְּנָשַׁךְ לְשׁוּנְרָא ✦

✦ דְּאָכְלָה לְגַדְיָא ✦ דְּזַבִּין אַבָּא בִּתְרֵי זוּזֵי ✦

חַד גַּדְיָא חַד גַּדְיָא

וְאָתָא הַשּׁוֹחֵט ✦ וְשָׁחַט לְתוֹרָא ✦ דְּשָׁתָה לְמַיָּא ✦

✦ דְּכָבָה לְנוּרָא ✦ דְּשָׂרַף לְחֻטְרָא ✦ דְּהִכָּה לְכַלְבָּא

✦ דְּנָשַׁךְ לְשׁוּנְרָא ✦ דְּאָכְלָה לְגַדְיָא ✦

✦ דְּזַבִּין אַבָּא בִּתְרֵי זוּזֵי ✦

חַד גַּדְיָא חַד גַּדְיָא

✦ וְאָתָא מַלְאַךְ הַמָּוֶת ✦ וְשָׁחַט לְשׁוֹחֵט

✦ דְּשָׁחַט לְתוֹרָא ✦ דְּשָׁתָה לְמַיָּא ✦ דְּכָבָה לְנוּרָא

✦ דְּשָׂרַף לְחֻטְרָא ✦ דְּהִכָּה לְכַלְבָּא ✦ דְּנָשַׁךְ לְשׁוּנְרָא ✦

✦ דְּאָכְלָה לְגַדְיָא ✦ דְּזַבִּין אַבָּא בִּתְרֵי זוּזֵי ✦

חַד גַּדְיָא חַד גַּדְיָא

✦ וְאָתָא הַקָּדוֹשׁ בָּרוּךְ הוּא ✦ וְשָׁחַט לְמַלְאַךְ הַמָּוֶת

✦ דְּשָׁחַט לְשׁוֹחֵט ✦ דְּשָׁחַט לְתוֹרָא ✦ דְּשָׁתָה לְמַיָּא ✦

✦ דְּכָבָה לְנוּרָא ✦ דְּשָׂרַף לְחֻטְרָא ✦ דְּהִכָּה לְכַלְבָּא

✦ דְּנָשַׁךְ לְשׁוּנְרָא ✦ דְּאָכְלָה לְגַדְיָא ✦ דְּזַבִּין אַבָּא בִּתְרֵי זוּזֵי ✦

חַד גַּדְיָא חַד גַּדְיָא

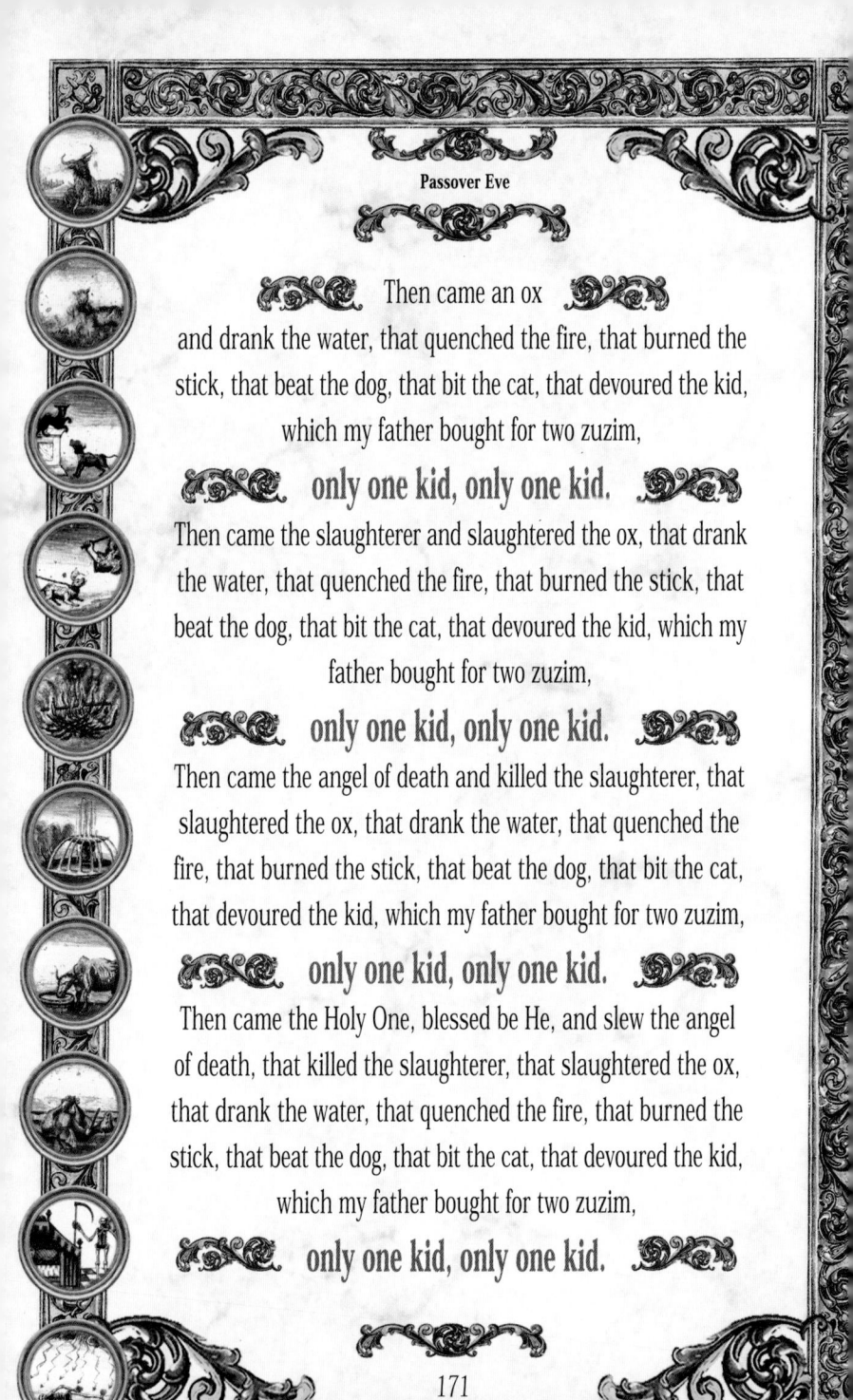

Then came an ox
and drank the water, that quenched the fire, that burned the
stick, that beat the dog, that bit the cat, that devoured the kid,
which my father bought for two zuzim,

only one kid, only one kid.

Then came the slaughterer and slaughtered the ox, that drank
the water, that quenched the fire, that burned the stick, that
beat the dog, that bit the cat, that devoured the kid, which my
father bought for two zuzim,

only one kid, only one kid.

Then came the angel of death and killed the slaughterer, that
slaughtered the ox, that drank the water, that quenched the
fire, that burned the stick, that beat the dog, that bit the cat,
that devoured the kid, which my father bought for two zuzim,

only one kid, only one kid.

Then came the Holy One, blessed be He, and slew the angel
of death, that killed the slaughterer, that slaughtered the ox,
that drank the water, that quenched the fire, that burned the
stick, that beat the dog, that bit the cat, that devoured the kid,
which my father bought for two zuzim,

only one kid, only one kid.

171

ו' בסיון
6 of Sivan

opposite: Silver Torah shield, Berlin, c. 1870,
Max Berger Judaica collection, Vienna

שבועות

Shavuot

"Keep the Festival of Weeks [Shavuot] with the
first fruits of the wheat harvest; and [keep] the
harvest festival [Sukkot] at the year's end."

(Shmot 34,22)

What do we celebrate on Shavuot?

The Shavuot holiday – the time of the giving of the Torah – is a kind of "birthday" for the Jewish people. According to what is written in the Torah, on this day the Creator gathered the people of Israel at the foot of Mount Sinai, spoke so that His voice thundered from above, revealed himself to the people and selected them as the chosen people – the Lord's servants and implementers of his Law and commandments.

What are the names of the holiday and their meanings?

There are four names for this holiday: "The feast of harvest, the first-fruits of thy labours, which thou sowest in the field" (Exodus 23:16); "the feast of weeks, even of the first-fruits of wheat harvest" (Exodus 34:22); "the day of the first-fruits, when ye bring a new meal-offering" (Numbers 28:26); and "Atzeret" [assembly] – the Sages' name for the holiday. The Harvest Feast – to mark the summation of the harvest, since wheat is the last of the year's crops, and from which the main offering is made. The Feast of Weeks – because the date of the holiday (6th day of Sivan) is not set by the Torah but comes at the end of the seven weeks [Shavuot] of the Counting of the Omer. Day of the First Fruits – in honor of the new offering of the first of the wheat and in honor of it falling at the beginning of the season of the commandments of the first fruits, where everyone brings the first of the crop of the seven species grown on their land to the Temple priest and gives thanks to the Lord for the good that he has been provided with. Atzeret – because it is the continuation and end of the days of Passover, just as Shmini Atzeret is the continuation and end of the days of Sukkot.

What are the customs of the Shavuot holiday?

First, on Shavuot eve it is customary for all Jews to remain awake throughout the night and to be occupied with the Torah, and to recite a kind of sampling of each book of the Bible and of all the writings of the Mishnah, articles from the Book of Zohar, and more. Secondly, it is customary to decorate homes and synagogues with wild grasses and flowers, in memory of the flowers that blossomed on Mount Sinai. Thirdly, it is customary to read the Book of Ruth (the great-grandmother of King David), who arrived in the Land of Israel during the harvest and joined the people of Israel when she accepted the Torah. According to tradition, Kind David – one of Ruth's descendants – was born and died on Shavuot.

175

קידוש

ימלא את הכוס ביין, יעמוד, ייטול הכוס ביד ימין, יגביהנו מעל השולחן ויאמר:

כשחל (יום טוב שני בחו"ל) בשבת מתחילים כאן:

אשכנזי (בלחש) וַיְהִי עֶרֶב וַיְהִי בֹקֶר:

יוֹם הַשִּׁשִּׁי: וַיְכֻלּוּ הַשָּׁמַיִם וְהָאָרֶץ וְכָל צְבָאָם: וַיְכַל אֱלֹהִים בַּיּוֹם הַשְּׁבִיעִי מְלַאכְתּוֹ אֲשֶׁר עָשָׂה. וַיִּשְׁבֹּת בַּיּוֹם הַשְּׁבִיעִי מִכָּל מְלַאכְתּוֹ אֲשֶׁר עָשָׂה: וַיְבָרֶךְ אֱלֹהִים אֶת יוֹם הַשְּׁבִיעִי וַיְקַדֵּשׁ אֹתוֹ. כִּי בוֹ שָׁבַת מִכָּל מְלַאכְתּוֹ אֲשֶׁר בָּרָא אֱלֹהִים לַעֲשׂוֹת:

כשחל בחול מתחילים כאן:

ספרדי אֵלֶּה מוֹעֲדֵי יְיָ מִקְרָאֵי קֹדֶשׁ
אֲשֶׁר תִּקְרְאוּ אֹתָם בְּמוֹעֲדָם:
וַיְדַבֵּר מֹשֶׁה אֶת מֹעֲדֵי יְיָ אֶל
בְּנֵי יִשְׂרָאֵל:

ספרדי סַבְרֵי מָרָנָן ועונים לְחַיִּים | אשכנזי סַבְרֵי מָרָנָן וְרַבָּנָן וְרַבּוֹתַי

בָּרוּךְ אַתָּה יְהוָה, אֱלֹהֵינוּ מֶלֶךְ הָעוֹלָם, בּוֹרֵא פְּרִי ספרדי הַגֶּפֶן אשכנזי הַגָּפֶן. ועונים אָמֵן.

בָּרוּךְ אַתָּה יְהוָה, אֱלֹהֵינוּ מֶלֶךְ הָעוֹלָם, אֲשֶׁר בָּחַר בָּנוּ מִכָּל עָם. וְרוֹמְמָנוּ מִכָּל לָשׁוֹן.

Kiddush

Fill the cup with wine, stand, take the cup in the right hand,
lift it above the table and recite:

 On Friday night, begin here:

Ashkenaz the following is said softly: **It was evening and it was morning**

The sixth day.

The creation of the heavens and earth and all their
hosts was completed. God completed, on the seventh
day, the work He had done, and He rested on the
seventh day from all the work He had done.
God blessed the seventh day and sanctified it,
for on it He ceased performing all His work
that He had created.

 On a week-night,
the prayer begins here:

**Sefard: These are the appointed times of G-d that are
proclaimed holy, that you shall proclaim in their times.
And Moshe spoke of these holidays
to the Children of Israel.
Pay heed, our masters.** the assembled respond: **To life!**

Ashkenaz: Pay heed, our masters and teachers:

Blessed art Thou, the Lord God,
King of the Universe,
Who creates the fruit of the vine. they answer: **Amen.**

Blessed art Thou, the Lord God, King of the Universe,
Who has chosen us from among all the nations,
and has raised us above all the tongues,

וְקִדְּשָׁנוּ בְּמִצְוֹתָיו. וַתִּתֶּן לָנוּ יְהֹוָה אֱלֹהֵינוּ בְּאַהֲבָה. (בשבת שַׁבָּתוֹת לִמְנוּחָה וּ) מוֹעֲדִים לְשִׂמְחָה. חַגִּים וּזְמַנִּים לְשָׂשׂוֹן. אֶת יוֹם (בשבת הַשַּׁבָּת הַזֶּה. וְאֶת יוֹם) חַג הַשָּׁבוּעוֹת הַזֶּה. ספרדי אֶת יוֹם טוֹב מִקְרָא קֹדֶשׁ הַזֶּה. זְמַן מַתַּן תּוֹרָתֵנוּ. (בשבת בְּאַהֲבָה) מִקְרָא קֹדֶשׁ. זֵכֶר לִיצִיאַת מִצְרָיִם: כִּי בָנוּ בָחַרְתָּ וְאוֹתָנוּ קִדַּשְׁתָּ מִכָּל הָעַמִּים. (בשבת וְשַׁבָּת ספרדי וְשַׁבָּתוֹת וּ) מוֹעֲדֵי קָדְשֶׁךָ. (בשבת בְּאַהֲבָה וּבְרָצוֹן) בְּשִׂמְחָה וּבְשָׂשׂוֹן הִנְחַלְתָּנוּ. בָּרוּךְ אַתָּה יְהֹוָה. מְקַדֵּשׁ (בשבת הַשַּׁבָּת וְ) יִשְׂרָאֵל וְהַזְּמַנִּים: ועונים אָמֵן.

בָּרוּךְ אַתָּה יְהֹוָה, אֱלֹהֵינוּ מֶלֶךְ הָעוֹלָם,
שֶׁהֶחֱיָנוּ וְקִיְּמָנוּ. וְהִגִּיעָנוּ לַזְּמַן הַזֶּה.

יטעם מהכוס ויחלק לכל המסובין. ייטול ידיו ויברך:

בָּרוּךְ אַתָּה יְהֹוָה, אֱלֹהֵינוּ מֶלֶךְ הָעוֹלָם
אֲשֶׁר קִדְּשָׁנוּ בְּמִצְוֹתָיו. וְצִוָּנוּ עַל נְטִילַת יָדָיִם:

יברך על שתי חלות:

בָּרוּךְ אַתָּה יְהֹוָה, אֱלֹהֵינוּ מֶלֶךְ הָעוֹלָם
הַמּוֹצִיא לֶחֶם מִן הָאָרֶץ:

יבצע החלה ויטעם, יחלק לכל המסובין (לפחות כזית לכל אחד)

סעודת החג

and has sanctified us with His commandments. You have given us, Hashem Our God, with love, _{Sabbath:} **Sabbaths for rest and** festivals of joy, holidays and times of happiness; this day of _{Sabbath:} **Sabbath and** this Festival of Shavuot, _{Sefard:} **this holiday that is proclaimed sacred,** the day of our joy, _{Sabbath:} **with love,** a day that is proclaimed holy, in commemoration of the Exodus from Egypt. For us You have chosen, and us You have sanctified, from among all the nations. _{Ashkenaz:} **And the Sabbath and** _{Sefard:} **And the Sabbaths and** the times of Your holiness, _{Sabbath:} **in love and desire,** with happiness and joy you have bequeathed us.

Blessed art Thou, O God, Who sanctifies _{Sabbath:} **the Sabbath and** Israel and the Festivals. _{those present say:} Amen.

Blessed art Thou, the Lord God, King of the Universe, Who has given us life, and sustained us, and brought us to this time.

Drink of the wine and distribute to the others.

The participants then wash their hands and recite this blessing:

Blessed art Thou, the Lord God, King of the Universe, Who sanctified us with His commandments and commanded us regarding the washing of hands.

Recite over the two challah-breads:

Blessed art Thou, the Lord God, King of the Universe, Who brings forth bread from the earth.

He cuts the Challah, tastes, and distributes at least a slice to each of the participants.

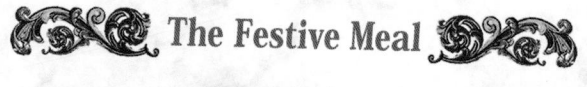 **The Festive Meal**

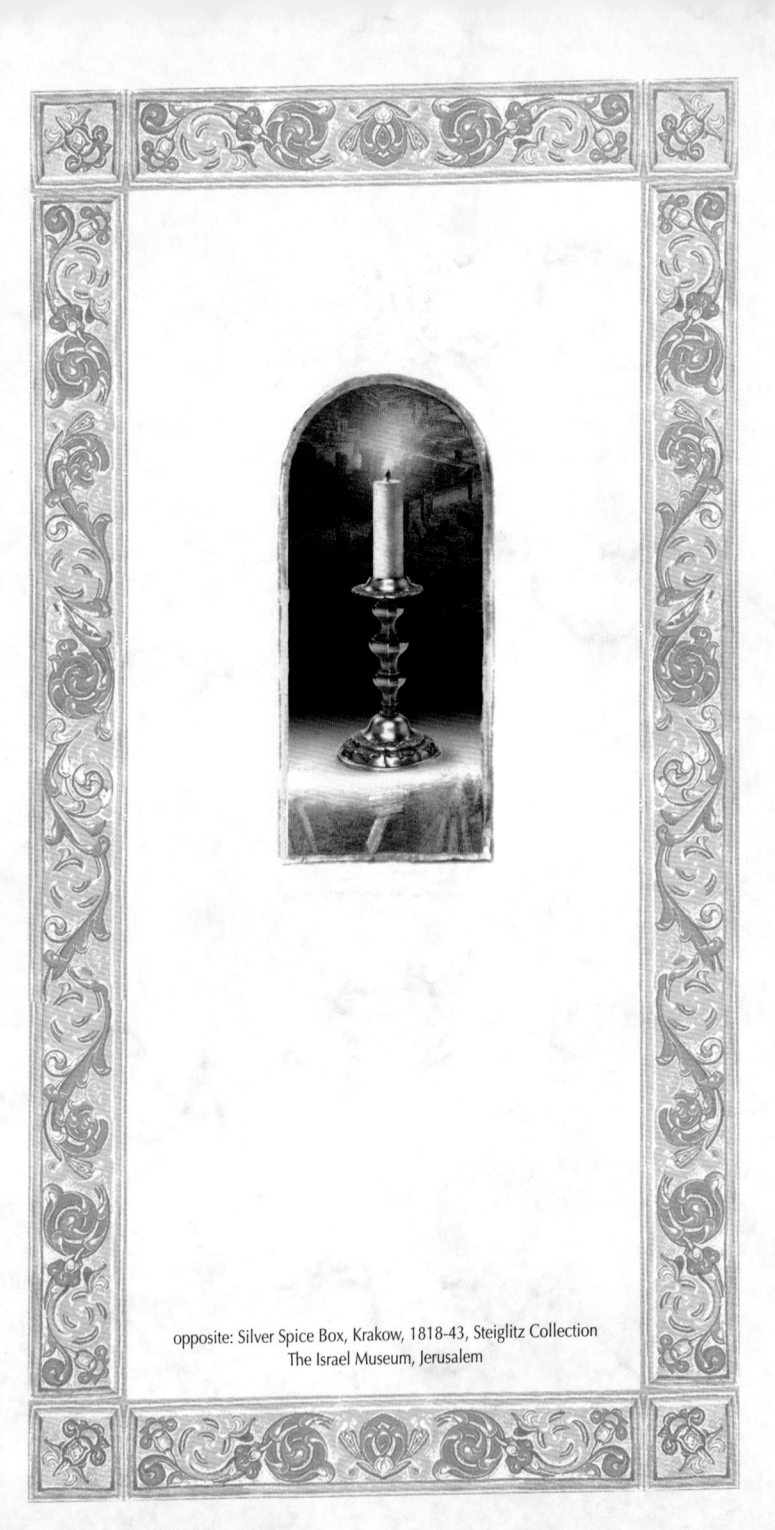

opposite: Silver Spice Box, Krakow, 1818-43, Steiglitz Collection
The Israel Museum, Jerusalem

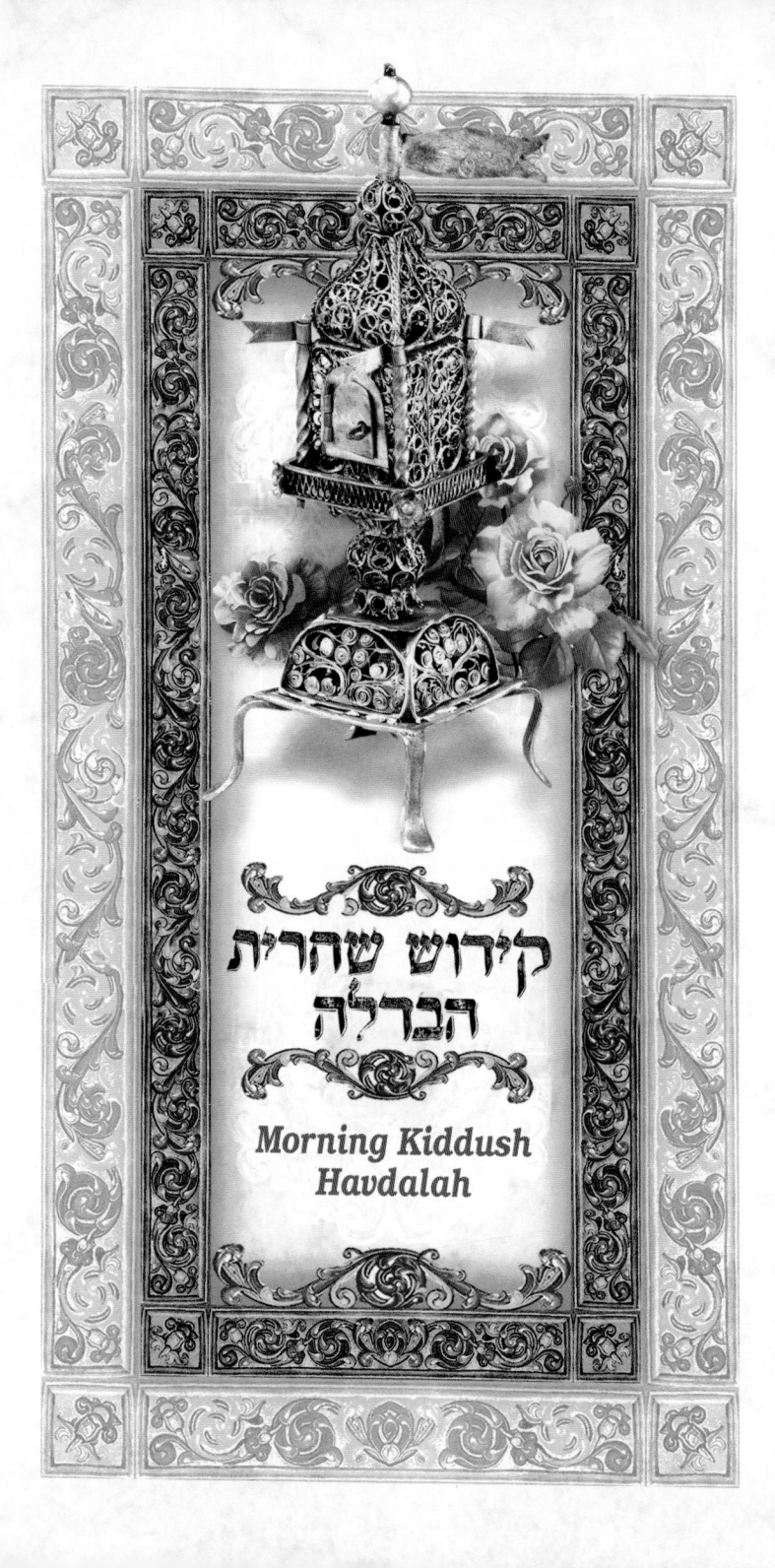

קידוש שחרית הבדלה

Morning Kiddush
Havdalah

B'Siman Tov

With a favorable sign and good fortune, place
upon us the six days of activity coming upon us
for peace, free of all sin and iniquity, clean of all
wrong, fault and evil, and bound up with Torah
study and good deeds.

A prayer for Motzaei Shabbat

What is the purpose of Havdalah
on Saturday night [Motzaei Shabbat]
and the end of holidays?

Just as we are commanded to say things in the glorification of the Shabbat and of holidays as they come in (Kiddush), so we are commanded to exalt the Shabbat as it goes out, in order to emphasize its supremacy and uniqueness in relation to the rest of the days of the week. And just as the Sages appended a blessing over the wine at the start of the holiday, so it has been added to the Havdalah at its exit.

What is the order of Havdalah
and what are the meanings of the blessings
over the candle and the spices?

We start with the recitation of blessings for the new week, each community according to its traditions, and make the first blessing, "Creator of fruit of the vine." The second blessing, "Creator of species of spices," is symbolic of the restoration of our soul from the holiness of Shabbat. The Sages have taught us that on Shabbat eve, the Lord gives "added soul" to a person who keeps the Shabbat and this gives him a luminous new face, and a heart that is wide and open for rest and joy. On Motzaei Shabbat, the sanctity of Shabbat leaves, and smelling the spices is intended to restore his soul after the "added soul" departs. The third blessing, "Creator of lights of fire," is said on Motzaei Shabbat, when Adam, the first man, made the first fire. The fourth and final blessing, "Who separates between holy and profane," is the actual Havdalah [separation] blessing. The blessing (and the blessing over the wine) is said every Havdalah, even when it is not Motzaei Shabbat: at the end of holidays, or when Havdalah is postponed to Sunday night (for example, when the 9th of Av falls on Saturday night).

183

קידוש שחרית

בשבת ובכל חג החל בשבת, מתחילים כאן:

מִזְמוֹר לְדָוִד. יְהֹוָה רֹעִי לֹא אֶחְסָר: בִּנְאוֹת דֶּשֶׁא יַרְבִּיצֵנִי. עַל מֵי מְנֻחוֹת יְנַהֲלֵנִי: נַפְשִׁי יְשׁוֹבֵב. יַנְחֵנִי בְמַעְגְּלֵי צֶדֶק לְמַעַן שְׁמוֹ: גַּם כִּי אֵלֵךְ בְּגֵיא צַלְמָוֶת לֹא אִירָא רָע כִּי אַתָּה עִמָּדִי. שִׁבְטְךָ וּמִשְׁעַנְתֶּךָ הֵמָּה יְנַחֲמֻנִי: תַּעֲרֹךְ לְפָנַי שֻׁלְחָן נֶגֶד צֹרְרָי. דִּשַּׁנְתָּ בַשֶּׁמֶן רֹאשִׁי כּוֹסִי רְוָיָה: אַךְ טוֹב וָחֶסֶד יִרְדְּפוּנִי כָּל יְמֵי חַיָּי. וְשַׁבְתִּי בְּבֵית יְהֹוָה לְאֹרֶךְ יָמִים:

אִם תָּשִׁיב

מִשַּׁבָּת רַגְלֶךָ. עֲשׂוֹת חֲפָצֶךָ בְּיוֹם קָדְשִׁי. וְקָרָאתָ לַשַּׁבָּת עֹנֶג לִקְדוֹשׁ יְהֹוָה מְכֻבָּד. וְכִבַּדְתּוֹ מֵעֲשׂוֹת דְּרָכֶיךָ. מִמְּצוֹא חֶפְצְךָ וְדַבֵּר דָּבָר: אָז תִּתְעַנַּג עַל יְהֹוָה וְהִרְכַּבְתִּיךָ עַל בָּמֳתֵי אָרֶץ. וְהַאֲכַלְתִּיךָ נַחֲלַת יַעֲקֹב אָבִיךָ כִּי פִּי יְהֹוָה דִּבֵּר:

וְשָׁמְרוּ בְנֵי יִשְׂרָאֵל

אֶת הַשַּׁבָּת. לַעֲשׂוֹת אֶת הַשַּׁבָּת לְדֹרֹתָם בְּרִית עוֹלָם: בֵּינִי וּבֵין בְּנֵי יִשְׂרָאֵל אוֹת הִיא לְעֹלָם. כִּי שֵׁשֶׁת יָמִים עָשָׂה יְהֹוָה אֶת הַשָּׁמַיִם וְאֶת הָאָרֶץ. וּבַיּוֹם הַשְּׁבִיעִי שָׁבַת וַיִּנָּפַשׁ:

אשכנזי זָכוֹר אֶת יוֹם הַשַּׁבָּת לְקַדְּשׁוֹ. שֵׁשֶׁת יָמִים תַּעֲבֹד וְעָשִׂיתָ כָּל מְלַאכְתֶּךָ. וְיוֹם הַשְּׁבִיעִי שַׁבָּת לַיהֹוָה אֱלֹהֶיךָ לֹא תַעֲשֶׂה כָל מְלָאכָה אַתָּה וּבִנְךָ וּבִתֶּךָ עַבְדְּךָ וַאֲמָתְךָ וּבְהֶמְתֶּךָ וְגֵרְךָ אֲשֶׁר בִּשְׁעָרֶיךָ כִּי שֵׁשֶׁת יָמִים עָשָׂה יְהֹוָה אֶת הַשָּׁמַיִם וְאֶת הָאָרֶץ אֶת הַיָּם וְאֶת כָּל אֲשֶׁר בָּם וַיָּנַח בַּיּוֹם הַשְּׁבִיעִי. עַל־כֵּן בֵּרַךְ יְהֹוָה אֶת־יוֹם הַשַּׁבָּת וַיְקַדְּשֵׁהוּ:

Kiddush Shacharit
Morning Kiddush

If the holiday occurs on the Sabbath, begin here:

Mizmor L'David

A Song unto David. The Lord is my shepherd, I lack for nothing.
He has me lie down in green pastures, He leads me beside tranquil waters.
He restores my soul, He leads me in the paths of justice, for His name's sake.
Though I walk through a valley overshadowed by death, I fear no evil, for You
are with me. Your rod and Your staff comfort me. You prepare a table for me
opposite my enemies. You anointed my head with oil; my cup runs over.
May only goodness and lovingkindness pursue me all the days of my life, and
may I return to dwell in the house of the Lord forever.

Im Tashiv

If you turn back your feet because it is Sabbath, and refrain from accomplishing your
own desires on My holy day; if you proclaim the Sabbath a 'delight' and God's holy day
'honorable;' and if you honor it by not engaging in your own affairs, pursuing your own
business, or speaking of forbidden matters - then you shall delight in the Lord, and I
will cause you to ride upon the high places of the earth, and feed you with the heritage
of Yaakov your father - for the mouth of the Lord has spoken.

V'Shamru

The children of Israel shall keep the Sabbath, observing the Sabbath
throughout their generations, for a perpetual covenant. Between Me and
the children of Israel, it is a sign forever. For in six days G-d made the
Heaven and Earth, and on the seventh day, He rested and withdrew.

Ashkenaz: **Remember the Sabbath day, to sanctify it. For six days you shall
toil and accomplish all your work, and the seventh day will be Sabbath unto
the Lord your God; do not do any work - not you, your son, your daughter,
your handmaiden, your beast and the stranger in your gates. For in six
days G-d made the Heaven and Earth, the sea and all that is within it - and
He rested on the seventh day**

therefore the Lord blessed the Sabbath day and hallowed it.

קידוש שחרית

חג החל בחול מתחילים כאן:

בראש השנה אומרים:

ספרדי וּבְיוֹם שִׂמְחַתְכֶם וּבְמוֹעֲדֵיכֶם וּבְרָאשֵׁי חָדְשֵׁכֶם וּתְקַעְתֶּם בַּחֲצֹצְרֹת עַל עֹלֹתֵיכֶם וְעַל זִבְחֵי שַׁלְמֵיכֶם, וְהָיוּ לָכֶם לְזִכָּרוֹן לִפְנֵי אֱלֹהֵיכֶם אֲנִי יְהֹוָה אֱלֹהֵיכֶם:

אשכנזי אֵלֶּה מוֹעֲדֵי יְיָ מִקְרָאֵי קֹדֶשׁ אֲשֶׁר תִּקְרְאוּ אֹתָם בְּמוֹעֲדָם: וַיְדַבֵּר מֹשֶׁה אֶת מֹעֲדֵי יְיָ אֶל בְּנֵי יִשְׂרָאֵל: תִּקְעוּ בַחֹדֶשׁ שׁוֹפָר בַּכֶּסֶה לְיוֹם חַגֵּנוּ: כִּי חֹק לְיִשְׂרָאֵל הוּא לֵאלֹהֵי יַעֲקֹב:

בסוכות, שמחת תורה, פסח ושבועות אומרים:

אֵלֶּה מוֹעֲדֵי יְיָ מִקְרָאֵי קֹדֶשׁ אֲשֶׁר תִּקְרְאוּ אֹתָם בְּמוֹעֲדָם: וַיְדַבֵּר מֹשֶׁה אֶת מֹעֲדֵי יְיָ אֶל בְּנֵי יִשְׂרָאֵל:

בשבת ובחגים שבחול מברכים:

ספרדי סַבְרֵי מָרָנָן ועונים לְחַיִּים | אשכנזי סַבְרֵי מָרָנָן וְרַבָּנָן וְרַבּוֹתַי

בָּרוּךְ אַתָּה יְהֹוָה, אֱלֹהֵינוּ מֶלֶךְ הָעוֹלָם, בּוֹרֵא פְּרִי ספרדי הַגֶּפֶן אשכנזי הַגָּפֶן. ועונים אָמֵן.

בסוכות מוסיפים:

בָּרוּךְ אַתָּה יְהֹוָה, אֱלֹהֵינוּ מֶלֶךְ הָעוֹלָם, אֲשֶׁר קִדְּשָׁנוּ בְּמִצְוֹתָיו וְצִוָּנוּ לֵישֵׁב בַּסֻּכָּה.

ואחר כך ייטול ידיו ויברך על "נטילת ידיים" ו"המוציא לחם מן הארץ"

Kiddush
Shacharit

Morning Kiddush

If the holiday occurs on a weekday, begin here:

 On Rosh HaShanah say:

Sefard: "And on the day of your rejoicing, and on your festivals, and on your new-month celebrations, you shall sound the trumpets on your burnt-offerings and over your sacrificial peace-offerings, and they shall be for you a remembrance before your God. I am the Lord your God."

Ashkenaz: "These are the appointed times of God that are proclaimed holy, that you shall proclaim in their times. And Moshe spoke of these holidays to the Children of Israel. Sound the shofar on the New Moon, the hidden [moon] on the day of our festival [the New Year], for it is a statute for Israel, a law of the God of Yaakov.

 On Sukkot, Simchat Torah, Pesach and Shavuot, say:

These are the appointed times of God that are proclaimed holy, that you shall proclaim in their times. And Moshe spoke of these holidays to the Children of Israel.

 On Shabbat and Festivals, say :

Sefard: **Pay heed, our masters.** the assembled respond: **To life!**
Ashkenaz: **Pay heed, our masters and teachers:**

Blessed art Thou, the Lord God, King of the Universe, Who creates the fruit of the vine. they answer: **Amen.**

 On Sukkot, add:

Blessed art Thou, the Lord God, King of the Universe, Who sanctified us with His commandments and commanded us to sit in the Sukkah.

The participants then wash their hands and recite the blessing for the washing of the hands, and the leader recites the blessing for eating bread.

סדר הבדלה
למוצאי השבת

במוצאי שבת נוהגים להדליק את נר ההבדלה (רצוי נר קלוע מיוחד להבדלה), למלא את כוס ההבדלה עד לגדותיה כך שהיין יישפך מעט (לסימן טוב), ליטול ענף מעשב או עץ מבושם (ריחני), ליטול הכוס ביד ימין ולברך אל מול אור נר ההבדלה:

הִנֵּה אֵל יְשׁוּעָתִי אֶבְטַח וְלֹא אֶפְחָד:
כִּי עָזִּי וְזִמְרָת יָהּ יְהוָֹה.
וַיְהִי לִי לִישׁוּעָה: וּשְׁאַבְתֶּם מַיִם
בְּשָׂשׂוֹן. מִמַּעַיְנֵי הַיְשׁוּעָה: לַיהוָֹה
הַיְשׁוּעָה. עַל עַמְּךָ בִרְכָתֶךָ סֶּלָה:
יְהוָֹה צְבָאוֹת עִמָּנוּ.
מִשְׂגָּב לָנוּ אֱלֹהֵי יַעֲקֹב סֶלָה:
יְהוָֹה צְבָאוֹת.
אַשְׁרֵי אָדָם בֹּטֵחַ בָּךְ:
יְהוָֹה הוֹשִׁיעָה.
הַמֶּלֶךְ יַעֲנֵנוּ בְיוֹם קָרְאֵנוּ:
לַיְּהוּדִים הָיְתָה אוֹרָה
וְשִׂמְחָה וְשָׂשׂוֹן וִיקָר. כֵּן תִּהְיֶה לָנוּ:
כּוֹס יְשׁוּעוֹת אֶשָּׂא.
וּבְשֵׁם יְהוָֹה אֶקְרָא:

The Havdalah Service

at the Conclusion of the Sabbath

Havdalah is recited with a slightly-overflowing cup of wine
or grape juice, a special braided Havdalah candle
(or any two wicks), and a sweet-smelling fragrance.

Behold, God is my salvation, I will trust and not fear,
for my might and Divine song is God,
and He was a salvation for me.
And you will draw water with joy
from the wells of salvation.
Salvation is God's,
and upon Your nation is Your blessing, forever.
The Lord of Hosts is with us;
our high fortress is the God of Jacob.
The Lord of Hosts - fortunate is
the man who trusts in You.
Grant salvation, God.
May the King
respond to us on the day we call.
The Jews had light, and happiness,
and joy, and prominence - so may it be for us.
A cup of salvations I will raise,
and in the Name of God I will call.

סדר הבדלה
למוצאי השבת

ספרדי סַבְרֵי מָרָנָן ועונים לְחַיִּים | אשכנזי סַבְרֵי מָרָנָן וְרַבָּנָן וְרַבּוֹתַי

בָּרוּךְ אַתָּה יְהֹוָה, אֱלֹהֵינוּ מֶלֶךְ הָעוֹלָם,
בּוֹרֵא פְּרִי ספרדי הַגֶּפֶן אשכנזי הַגָּפֶן. ועונים אָמֵן.

יברך על הבשמים:

בָּרוּךְ אַתָּה יְהֹוָה, אֱלֹהֵינוּ מֶלֶךְ הָעוֹלָם,
בּוֹרֵא עֲצֵי/מִינֵי/עִשְׂבֵי/בְשָׂמִים.

יברך על הנר (ובתוך כך יביט בציפורני יד ימין):

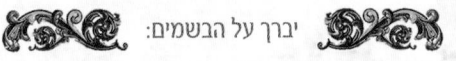

בָּרוּךְ אַתָּה יְהֹוָה, אֱלֹהֵינוּ מֶלֶךְ
הָעוֹלָם, בּוֹרֵא מְאוֹרֵי הָאֵשׁ.

בָּרוּךְ אַתָּה יְהֹוָה, אֱלֹהֵינוּ
מֶלֶךְ הָעוֹלָם, הַמַּבְדִּיל בֵּין
קֹדֶשׁ לְחֹל, וּבֵין אוֹר לְחֹשֶׁךְ,
וּבֵין יִשְׂרָאֵל לָעַמִּים,
וּבֵין יוֹם הַשְּׁבִיעִי לְשֵׁשֶׁת יְמֵי הַמַּעֲשֶׂה.
בָּרוּךְ אַתָּה יְהֹוָה,
הַמַּבְדִּיל בֵּין קֹדֶשׁ לְחֹל.

The Havdalah Service

at the Conclusion of the Sabbath

Sefard: **Pay heed, our masters.** the assembled respond: **To life!**
Ashkenaz: **Pay heed, our masters and teachers:**

Blessed art Thou, the Lord God, King of the Universe, Who creates the fruit of the vine. they answer: **Amen.**

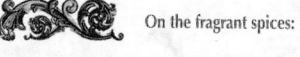

On the fragrant spices:

Blessed art Thou, the Lord God, King of the Universe, Who creates trees / species / herbs of fragrances.

On the candle, and while looking at one's right-hand fingernails:

Blessed art Thou, the Lord God, King of the Universe, Who creates the lights of the fire.

Blessed art Thou, the Lord God, King of the Universe, Who separates between holy and earthly, and between light and darkness, and between Israel and the nations, and between the Seventh Day and the six days of activity. Blessed art Thou, God, Who separates between holy and earthly.

סדר הבדלה
למוצאי יום טוב

ימלא את הכוס ביין, יעמוד, ייטול הכוס ביד ימין,
יגביהנו מעל השולחן ויאמר:

ספרדי כּוֹס יְשׁוּעוֹת אֶשָּׂא. וּבְשֵׁם יְהֹוָה אֶקְרָא:
סָבְרֵי מָרָנָן ועונים לְחַיִּים
אשכנזי סָבְרֵי מָרָנָן וְרַבָּנָן וְרַבּוֹתַי

בָּרוּךְ אַתָּה יְהֹוָה, אֱלֹהֵינוּ
מֶלֶךְ הָעוֹלָם, בּוֹרֵא
פְּרִי ספרדי הַגֶּפֶן אשכנזי הַגָּפֶן. ועונים אָמֵן.

בָּרוּךְ אַתָּה יְהֹוָה, אֱלֹהֵינוּ מֶלֶךְ הָעוֹלָם,
הַמַּבְדִּיל בֵּין קֹדֶשׁ לְחֹל,
בֵּין אוֹר לְחֹשֶׁךְ,
בֵּין יִשְׂרָאֵל לָעַמִּים,
בֵּין יוֹם הַשְּׁבִיעִי לְשֵׁשֶׁת יְמֵי הַמַּעֲשֶׂה.
בָּרוּךְ אַתָּה יְהֹוָה,
הַמַּבְדִּיל בֵּין קֹדֶשׁ לְחֹל.

The Havdalah Service

at the Conclusion of a Festival

Fill a cup of wine, stand,
take the cup in the right hand,
and lift it above the table:

Sefard: **A cup of salvations I will raise, and in the Name of God I will call.
Pay heed, our masters.** the assembled respond: **To life!**

Ashkenaz: **Pay heed, our masters and teachers:**

Blessed art Thou, the Lord God, King of the Universe, Who creates the fruit of the vine. they answer: **Amen.**

Blessed art Thou, the Lord God,
King of the Universe,
**Who separates between
holy and earthly,
and between light and darkness,
and between Israel and the nations,
and between the Seventh Day
and the six days of activity.**
Blessed art Thou, God, Who separates
between holy and earthly.

193

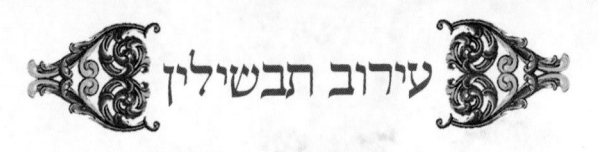

עירוב תבשילין

חכמי ישראל אסרו לבשל ביום טוב לצורך שבת שאחריו, שמא יבואו לבשל ביום טוב לצורך ימי החול. ותיקנו שכל מי שהתחיל לבשל ולאפות לשבת לפני יום טוב, יכול להמשיך ביום טוב. מכינים פת ותבשיל ומברכים:

בָּרוּךְ אַתָּה יְהֹוָה אֱלֹהֵינוּ מֶלֶךְ הָעוֹלָם אֲשֶׁר קִדְּשָׁנוּ בְּמִצְוֹתָיו וְצִוָּנוּ עַל מִצְוַת עֵרוּב:

בְּזֶה הָעֵרוּב יְהֵא מוּתָּר לָנוּ לֶאֱפוֹת וּלְבַשֵּׁל וּלְהַטְמִין וּלְהַדְלִיק נֵר וְלַעֲשׂוֹת כָּל צָרְכֵנוּ מִיּוֹם טוֹב לְשַׁבָּת. לָנוּ וּלְכָל יִשְׂרָאֵל הַדָּרִים בָּעִיר הַזֹּאת:

ובזה נחשב שכל מה שנבשל ביום טוב לצורך השבת, הוא המשך להכנה זו. יש להקפיד שה"עירוב" יהיה קיים עד סוף הבישולים לצורך השבת, ונוהגים להשתמש ב"פת" לצורך "לחם משנה" בכל סעודות החג והשבת, ואוכלים אותה בסעודה שלישית.

Eruv Tavshilin

The Sages of Israel forbade cooking on the Festival for other days. When the Sabbath immediately follows a Festival, the Sages enacted that one must begin cooking for the Sabbath before the Festival, and may then continue on the Festival. To this end, prepare bread and a cooked item before the Festival, and recite:

**Blessed art Thou, the Lord God,
King of the Universe,
Who has sanctified us
with His commandments, and
commanded us regarding the
commandment of the Eruv.**

**With this Eruv, we shall be
permitted to bake, and cook,
and insulate food, and light a flame, and
do anything necessary
[from among the permitted
categories of work] on the festival
for the sake of the Sabbath -
for us and for all the Jews
who live in this town.**

With this, whatever we cook on the Festival for the purpose of the Sabbath - known as the Eruv - is considered a continuation of the above preparations. One must make sure that the Eruv is not eaten until all the cooking for the Sabbath is completed; it is customarily used for the "second Challah" for all the holiday and Sabbath meals, and is generally eaten on the Third Meal of the Sabbath.

195

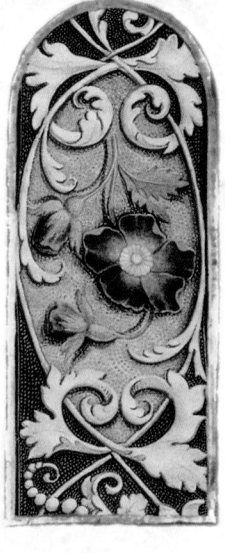

You will sing as you do on the night of
a holy festival, and you will have
gladness of heart like one who plays
a flute as he goes to the Holy Temple,
the mountain of God, the Rock of Israel.

(Isaiah 30,29)

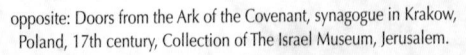

opposite: Doors from the Ark of the Covenant, synagogue in Krakow,
Poland, 17th century, Collection of The Israel Museum, Jerusalem.

חגים נוספים
ימי זיכרון
וברכות

Additional Holidays,
Memorial Days,
and Blessings

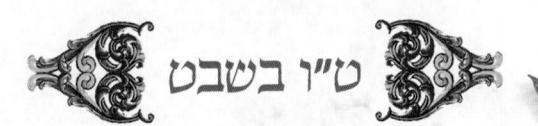

ט"ו בשבט

החמישה-עשר בשבט הוא ראש השנה לאילנות,
כלומר - התאריך המגדיר שנה לצורך המצוות הקשורות
באילנות הצומחים בארץ:

מעשר אין מעשרים מפירות שנה זו על פירות שנה אחרת, כלומר - פירות שחנטו לפני ט"ו בשבט אינם מעשרים עם פירות שחנטו אחרי ט"ו בשבט. כמו כן מבחינים בין השנים כאשר מעשרים מעשר שני (שהפירות או תמורתם נאכלים בקדושה בירושלים) או מעשר עני (הפירות המחולקים לעניים), והתאריך הקובע לעניין זה הוא ט"ו בשבט.

ערלה התורה אוסרת לאכול וליהנות מפרי האילן לפני שצבר שלוש שנות חיים, ואף לעניין זה התאריך הקובע הוא ט"ו בשבט.

שביעית יש אומרים שגם לעניין זה הפירות שחנטו עד ט"ו בשבט של השנה השמינית, קדושים בקדושת השביעית.

ביום זה לא חל איסור על מלאכה ואין בו משתה ושמחה ולא שינוי בתפילה, אך נהגו לשנות בו מעט משאר הימים, שכן אין אומרים בו תחנון בתפילה ואין מספידים בו את המת ונוהגים להרבות בו באכילת פירות ולהתפלל על טיבם של פירות השנה. ויש מתפללים בו במיוחד על פרי האתרוג, שיהא נאה למצווה.

תפילה לט"ו בשבט: הבן איש חי

ר' יוסף חיים מבגדד (1913-1840)

יהי רצון מלפניך, ה' אלוהינו ואלוהי אבותינו, שתברך כל מיני האילנות ויוציאו פירותיהם בריצוי - שמנים וטובים, ותברך את הגפנים שיוציאו ענבים הרבה - שמנים וטובים, כדי שיהיה היין היוצא מהם מצוי לרוב לכל עמך ישראל, לקיים בו מצוות קידוש ומצוות הבדלה בשבתות וימים טובים. ויתקיים בנו ובכל ישראל אחינו מקרא שכתוב: לך אכול בשמחה לחמך ושתה בלב טוב יינך כי כבר רצה אלוהים את מעשיך.

Tu B'Shvat
15 of Shvat

The fifteenth day of the month of Shvat
is the New Year for Trees, that is to say,
the date that defines the year within the context
of the mitzvot concerning trees that grow in Israel:

Tithe One does not make a tithe on one year's crop from the fruit
of another year; in other words, fruit that has ripened before Tu B'Shvat is not
used as tithe for fruit ripened after Tu B'Shvat. In addition, in some years a second tithe is taken
(the fruit and crops are sanctified and eaten in Jerusalem), and in other years there is a tithe for
the poor (fruit handed out to the poor), and the date that determines these is Tu B'Shvat.

Orla [young tree] The Torah forbids eating and enjoying fruit taken from a tree that
is less than three years old, and the date that determines this is Tu B'Shvat.

Shvi'it [seventh year] There are those that say that fruit ripened before Tu B'Shvat
of the eighth year are sanctified with the holiness of the shvi'it year.

On this day, there is no prohibition of working and there is no joyful feast and no changes in the liturgy,
but it is customary to make the day slightly different from other days: The supplicatory prayer [tachanun]
is not said in the prayers and no eulogies for the dead are said. It is traditional to eat a lot of fruit and to
pray for the quality of the fruit in the coming year. There are those who recite a special prayer for the citron
[etrog], so that it will be fitting for the mitzvah [of Sukkot].

Prayer by the Ben Ish Chai
Rav Yosef Chaim of Baghdad (1840-1913)

May it be Your will, O Lord, our God and the God of our fathers:
Please bless all the various types of trees, and may they produce
their fruits generously, plump and good. Please bless the vines,
and may they produce many grapes, plump and good, so that the
wine they produce will be plentiful for all Your people Israel,
enabling them to fulfill the commandments of Kiddush and
Havdalah on Sabbaths and Festivals. And may this verse be
fulfilled for us and for all of our brethren in Israel: Go along and
eat your bread with joy, and drink your wine with a happy heart,
for God has approved your endeavors.

יום הזיכרון לשואה ולגבורה

כ"ז בניסן

"זכרו שניכם את אשר עשה לנו עמלק. זכרו הכל. אל תשכחו עד סוף ימיכם והעבירו הלאה, כצוואה קדושה לדורות הבאים, שהגרמנים הרגו, טבחו ורצחו אותנו"
(מתוך צוואתו של אלחנן אלקס, ראש היודנראט - בגטו קובנה)

כנסת ישראל קבעה את יום כ"ז בניסן כיום הזיכרון לשואה ולגבורה. ראשיתו של היום בשקיעת החמה וסיומו עם צאת הכוכבים. אם חל כ"ז בניסן ביום שישי, מוקדם יום הזיכרון ביום אחד ומתקיים ביום חמישי, כ"ו בניסן. אם חל כ"ז בניסן ביום ראשון בשבוע, נדחה יום הזיכרון ביום אחד ומתקיים ביום שני, כ"ח בניסן.

זהו יום התייחדות עם קורבנות השואה הנוראה, ששת המיליונים שהושמדו בשל יהדותם, המורדים, הגיבורים והלוחמים היהודים בצורר הנאצי, ומיליוני הניצולים, היתומים והאלמנות. ביום זה יש האומרים "קדיש" ותפילת "אל מלא רחמים" מיוחדת. נהוג בו גם להדליק בבית נר זיכרון.

אל מלא רחמים

אֵל מָלֵא רַחֲמִים שׁוֹכֵן בַּמְּרוֹמִים, דַּיַּן אַלְמָנוֹת וַאֲבִי יְתוֹמִים, הַמְצֵא מְנוּחָה נְכוֹנָה עַל כַּנְפֵי הַשְּׁכִינָה בְּמַעֲלוֹת קְדוֹשִׁים וּטְהוֹרִים כְּזֹהַר הָרָקִיעַ מַזְהִירִים לְנִשְׁמוֹת שֵׁשֶׁת הַמִּלְיוֹנִים אַחֵינוּ וְאַחְיוֹתֵינוּ רִבְבוֹת רִבְבוֹת אַלְפֵי יִשְׂרָאֵל, אֲנָשִׁים נָשִׁים וָטַף שֶׁנֶּהֶרְגוּ, שֶׁנֶּחְנְקוּ, שֶׁנִּשְׂרְפוּ, שֶׁנִּקְבְּרוּ חַיִּים וְשֶׁהוּמְתוּ בְּכָל מִינֵי מִיתוֹת מְשׁוּנּוֹת וְאַכְזָרִיּוֹת בִּידֵי הַנָּאצִים וְעוֹזְרֵיהֶם וְשֶׁהָלְכוּ לְעוֹלָמָם עַל קִדּוּשׁ הַשֵּׁם. בְּגַן עֵדֶן תְּהֵא מְנוּחָתָם. לָכֵן בַּעַל הָרַחֲמִים יַסְתִּירֵם בְּסֵתֶר כְּנָפָיו לְעוֹלָמִים וְיִצְרוֹר בִּצְרוֹר הַחַיִּים אֶת נִשְׁמוֹתֵיהֶם, ה' הוּא נַחֲלָתָם וְיָנוּחוּ בְשָׁלוֹם עַל מִשְׁכָּבָם וְנֹאמַר אָמֵן.

יזכר

יִזְכֹּר אֱלֹהִים אֶת נִשְׁמוֹת אַחֵינוּ בְּנֵי יִשְׂרָאֵל, חַלְלֵי הַשּׁוֹאָה וּגְבוּרֶיהָ, נִשְׁמוֹת שֵׁשׁ מֵאוֹת רִבְבוֹת אַלְפֵי יִשְׂרָאֵל, שֶׁהוּמְתוּ וְשֶׁנֶּהֶרְגוּ וְשֶׁנֶּחְנְקוּ וְשֶׁנִּקְבְּרוּ חַיִּים, וְאֶת קְהִלּוֹת הַקֹּדֶשׁ שֶׁנֶּחְרְבוּ עַל קְדֻשַּׁת הַשֵּׁם. יִזְכֹּר אֱלֹהִים אֶת עֲקֵדָתָם עִם עֲקֵדַת שְׁאָר יִשְׂרָאֵל וּגְבוֹרָיו מִימֵי עוֹלָם וְיִצְרֹר בִּצְרוֹר הַחַיִּים אֶת נִשְׁמוֹתֵיהֶם. הַנֶּאֱהָבִים וְהַנְּעִימִים בְּחַיֵּיהֶם וּבְמוֹתָם לֹא נִפְרָדוּ. יָנוּחוּ בְשָׁלוֹם עַל מִשְׁכְּבוֹתָם וְנֹאמַר אָמֵן.

Holocaust and
Heroism Memorial Day

27 of Nissan

"Remember, both of you, that which Amalek has done to us. Remember everything.
Never forget, for as long as you live, and pass it onward as a holy testament to the
coming generations, that the Germans killed, slaughtered and murdered us..."

from the last testament of Elchanan Elkes, head of the Judenraat in the Kovno Ghetto

The Israeli Knesset set the 27th day of Nissan as Memorial Day for the Holocaust and Heroism.
The day begins at sunset, and concludes the next day when the first stars become visible. If the 27th of Nissan falls
out on a Friday, Memorial Day is moved up to Thursday, and if it falls out on Sunday,
Memorial Day is commemorated the next day, Monday.

It is a day of communion with the memory of the victims of the horrific Holocaust - the six million who were
eradicated merely because they were Jewish, and the Jewish heroes who fought the Nazi tyrant - and a day of
solidarity with the millions of survivors, orphans and widows. Some recite special Kaddish and E-l Maleh Rachamim
prayers on this day, and light memorial candles at home.

E-l Maleh Rachamim

O God, full of compassion, Who dwells on high, the arbiter of justice for
widows and the father of orphans: Grant perfect rest upon the wings of Your
Divine presence, among the heights of the holy and pure who shine as the
brightness of the heavens, to the souls of our six million brothers and sisters,
the myriads and myriads of Israel, men, women and children, who were
murdered, suffocated, burnt, buried alive and killed in very many cruel ways
by the Nazis and their collaborators - who went to their eternal home for the
Sanctification of G-d's Name. May they rest in Eden.
Therefore, may the Master of Compassion enwrap them in the shelter of His
wings forever, and bind their souls in the bond of eternal life. God is their
legacy, and may they rest in peace, and we will say: Amen.

Yizkor

May God remember the souls of our brother Jews, the fallen and the heroes
of the Holocaust, the souls of the 600 myriads of Jews who were put to
death and killed and suffocated and buried alive, and the holy communities
that were destroyed for the sanctification of G-d's Name.
May God remember their sacrifice, together with the sacrifice of
all the Jewish heroes throughout history.
May God bind their souls in the bond of eternal life - the beloved and pleasant
souls who never separated, neither in their lives nor in their deaths,
may they rest in pace, and we will say: Amen.

יום הזיכרון לשואה ולגבורה

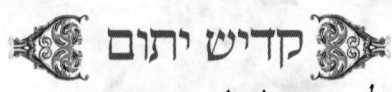

קדיש יתום

האבלים: יִתְגַּדַּל וְיִתְקַדַּשׁ שְׁמֵהּ רַבָּא. הקהל: אָמֵן.
האבלים: בְּעָלְמָא דִּי בְרָא כִרְעוּתֵהּ וְיַמְלִיךְ מַלְכוּתֵהּ
וְיַצְמַח פֻּרְקָנֵהּ וִיקָרֵב מְשִׁיחֵהּ. הקהל: אָמֵן.
האבלים: בְּחַיֵּיכוֹן וּבְיוֹמֵיכוֹן וּבְחַיֵּי דְכָל בֵּית יִשְׂרָאֵל
בַּעֲגָלָא וּבִזְמַן קָרִיב. וְאִמְרוּ אָמֵן. הקהל: אָמֵן.
האבלים: יְהֵא שְׁמֵהּ רַבָּא מְבָרַךְ לְעָלַם וּלְעָלְמֵי
עָלְמַיָּא. יִתְבָּרַךְ וְיִשְׁתַּבַּח וְיִתְפָּאַר וְיִתְרוֹמַם
וְיִתְנַשֵּׂא וְיִתְהַדָּר וְיִתְעַלֶּה וְיִתְהַלָּל שְׁמֵהּ
דְּקֻדְשָׁא בְּרִיךְ הוּא. הקהל: אָמֵן.
האבלים: לְעֵלָּא מִן כָּל בִּרְכָתָא וְשִׁירָתָא תֻּשְׁבְּחָתָא
וְנֶחֱמָתָא דַּאֲמִירָן בְּעָלְמָא.
וְאִמְרוּ אָמֵן. הקהל: אָמֵן.
האבלים: יְהֵא שְׁלָמָא רַבָּא מִן שְׁמַיָּא וְחַיִּים טוֹבִים עָלֵינוּ
וְעַל כָּל יִשְׂרָאֵל. וְאִמְרוּ אָמֵן. הקהל: אָמֵן.
האבלים: עוֹשֶׂה שָׁלוֹם בִּמְרוֹמָיו הוּא בְּרַחֲמָיו
יַעֲשֶׂה שָׁלוֹם עָלֵינוּ וְעַל כָּל יִשְׂרָאֵל
וְאִמְרוּ אָמֵן. האבלים: אָמֵן.

תרגום מארמית:

יתגדל ויתקדש שמו הגדול. **אמן.**
בעולם שברא כרצונו וימליך מלכותו ויצמיח ישועתו ויקרב משיחו. **אמן.**
בחייכם ובימיכם ובחיי כל בית ישראל במהרה ובזמן קרוב, ואמרו אמן. **אמן.**
יהי שמו הגדול מבורך לעולם ולעולמי עולמים. יתברך וישתבח ויתפאר ויתרומם ויתנשא
ויתהדר ויתעלה ויתהלל שמו של הקדוש ברוך הוא. **אמן.**
למעלה מכל הברכות והשירות, התשבחות והנחמות הנאמרות בעולם, ואמרו אמן. **אמן.**
יהי שלום רב מן השמים וחיים טובים עלינו ועל כל ישראל, ואמרו אמן. **אמן.**
עושה שלום במרומיו הוא יעשה שלום עלינו ועל כל ישראל, ואמרו אמן. **אמן.**

Holocaust and Heroism Memorial Day

 ## Kaddish for Orphans

May His holy Name be exalted and sanctified

the assembled respond: **Amen**

in the world that He created according to His will, and may His kingdom be established Sefard: **and may He sprout forth His salvation and bring His Messiah close**

the assembled respond: **Amen**

in your days and in the days of the entire House of Israel, speedily and soon, and say Amen. *the assembled respond:* **Amen**

May His great Name be blessed for ever and evermore. It shall be blessed, and lauded, and venerated, and raised up, and uplifted, and glorified, and exalted, and praised - the Name of the Holy One, blessed be He -

the assembled respond: **Ashkenaz:** **Blessed be He** Sefard: **Amen**

above all the blessings and songs and praises and consolations that are recited in the world, and say Amen.

the assembled respond: **Amen**

May great peace from Heaven and good life be granted us and all Israel, and say Amen. *the assembled respond:* **Amen**

He Who makes peace in the heavens, may He make peace upon us and all Israel, and say Amen. *the assembled respond:* **Amen**

יום הזיכרון
לחללי מלחמות ישראל
ונפגעי פעולות האיבה

ד' באייר

כנסת ישראל קבעה את יום ד' באייר כיום הזיכרון לחללי מערכות ישראל ונפגעי פעולות האיבה. אם חל ד' באייר ביום חמישי, מוקדם יום הזיכרון ביום אחד ומתקיים ביום רביעי, ג' באייר. אם חל ד' באייר ביום שישי, מוקדם יום הזיכרון ביומיים ומתקיים ביום רביעי, ב' באייר. אם חל ד' באייר ביום ראשון בשבוע, נדחה יום הזיכרון ביום אחד ומתקיים ביום שני, ה' באייר. תמיד מועד יום העצמאות זז בהתאם, כך שיתחיל מיד עם צאת יום הזיכרון. כמו כן נקבע ז' באדר - יום מותו של משה רבנו על פי המסורת היהודית - כיום הזיכרון הרשמי לחללים שמקום קבורתם לא נודע.

נהוג לומר "קדיש" (ראה עמ' קודם) ותפילות "אל מלא רחמים" ו"יזכור" מיוחדות ליום זה. נהוג להניף את דגל ישראל במקום בולט ומכובד בחזית הבית, ורצוי להצמיד לו סרט שחור לאות זיכרון ואבל (את הסרט מסירים עם כניסתו של יום העצמאות). בבית נהוג להדליק נר זיכרון.

אל מלא רחמים

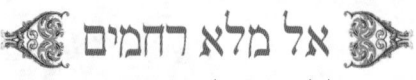

אֵל מָלֵא רַחֲמִים שׁוֹכֵן בַּמְּרוֹמִים, הַמְצֵא מְנוּחָה נְכוֹנָה עַל כַּנְפֵי הַשְּׁכִינָה, בְּמַעֲלוֹת קְדוֹשִׁים וּטְהוֹרִים כְּזֹהַר הָרָקִיעַ מַזְהִירִים, לְנִשְׁמוֹת הַקְּדוֹשִׁים שֶׁנִּלְחֲמוּ בְּכָל מַעַרְכוֹת יִשְׂרָאֵל, בַּמַּחְתֶּרֶת וּבִצְבָא הַהֲגָנָה לְיִשְׂרָאֵל, וְשֶׁנָּפְלוּ בְּמִלְחַמְתָּם וּמָסְרוּ נַפְשָׁם עַל קִדּוּשׁ הַשֵּׁם, הָעָם וְהָאָרֶץ, בַּעֲבוּר שֶׁאָנוּ מִתְפַּלְּלִים לְעִלּוּי נִשְׁמוֹתֵיהֶם. לָכֵן בַּעַל הָרַחֲמִים יַסְתִּירֵם בְּסֵתֶר כְּנָפָיו לְעוֹלָמִים וְיִצְרֹר בִּצְרוֹר הַחַיִּים אֶת נִשְׁמוֹתֵיהֶם. יְהֹוָה הוּא נַחֲלָתָם, בְּגַן עֵדֶן מְנוּחָתָם, וְיָנוּחוּ בְּשָׁלוֹם עַל מִשְׁכְּבוֹתָם, וְתַעֲמוֹד לְכָל יִשְׂרָאֵל זְכוּתָם וְיַעַמְדוּ לְגוֹרָלָם לְקֵץ הַיָּמִין, וְנֹאמַר אָמֵן.

Memorial Day for the Fallen Soldiers of Israel's Wars and Victims of Terrorism

4th of Iyar

The Israeli Knesset set the 4th day of Iyar as Memorial Day for the Fallen Soldiers of Israel's Wars and Victims of Terrorism. If the day falls out on a Thursday, Memorial Day is advanced one day to Wednesday, the 3rd of Iyar; and if the day falls out on a Friday, Memorial Day is advanced two days to Wednesday, the 2nd of Iyar. If the day falls out on a Sunday, Memorial Day is pushed back to Monday, the 5th of Iyar. Independence Day always follows Memorial Day, regardless of what day the latter is commemorated.

Similarly, the 7th day of Adar - the day of death of Moses, according to tradition - has been set as the official Memorial Day for fallen soldiers whose burial place is unknown.

It is customary to recite the Kaddish [see previous page] and special E-l Maleh Rachamim and Yizkor prayers on this day. It is also customary to light a memorial candle and fly the flag of Israel in a central place outside one's house, often with a black ribbon as a sign of mourning; the ribbon is removed when Independence Day begins.

E-l Maleh Rachamim

O God, full of compassion, Who dwells on high.
Grant perfect rest upon the wings of Your Divine presence, among the heights of the holy and pure who shine as the brightness of the heavens, to the souls of the holy ones who fought in all of Israel's wars - in the underground and as part of the Israel Defense Forces - and who fell in battle and gave their lives for the Sanctification of God's Name, the Nation and the Land, for we pray that their souls be raised up. Therefore, may the Master of Compassion enwrap them in the shelter of His wings forever, and bind their souls in the bond of eternal life. God is their legacy, and their resting place is in Eden. May they rest in peace, and may their merits be counted for all of Israel, and may they arise to receive their just rewards at the end of days, and we will say: Amen.

יום הזיכרון
לחללי מלחמות ישראל
ונפגעי פעולות האיבה

יזכר

יִזְכֹּר אֱלֹהִים אֶת בָּנָיו וּבְנוֹתָיו, הַנֶּאֱמָנִים וְהָאַמִּיצִים,
חַיָּלֵי צְבָא־הֲגָנָה לְיִשְׂרָאֵל, וְכָל לוֹחֲמֵי הַמַּחְתָּרוֹת
וַחֲטִיבוֹת הַלּוֹחֲמִים בְּמַעַרְכוֹת הָעָם, וְכָל אַנְשֵׁי קְהִילִיַּת
הַמּוֹדִיעִין וְהַבִּטָּחוֹן וְאַנְשֵׁי הַמִּשְׁטָרָה אֲשֶׁר חֵרְפוּ נַפְשָׁם
בַּמִּלְחָמָה עַל תְּקוּמַת יִשְׂרָאֵל, וְכָל אֵלֶּה שֶׁנִּרְצְחוּ
בָּאָרֶץ וּמִחוּצָה לָהּ בִּידֵי מְרַצְּחִים מֵאִרְגּוּנֵי הַטֶּרוֹר.
יִזְכֹּר יִשְׂרָאֵל וְיִתְבָּרֵךְ בְּזַרְעוֹ וְיֶאֱבַל עַל זִיו הָעֲלוּמִים
וְחֶמְדַּת הַגְּבוּרָה וּקְדֻשַּׁת הָרָצוֹן וּמְסִירוּת הַנֶּפֶשׁ
אֲשֶׁר נִסְפּוּ בַּמַּעֲרָכָה הַכְּבֵדָה.
יִהְיוּ גִּבּוֹרֵי מִלְחֲמוֹת יִשְׂרָאֵל עֲטוּרֵי הַנִּצָּחוֹן
חֲתוּמִים בְּלֵב יִשְׂרָאֵל לְדוֹר דּוֹר.

יום העצמאות

ה׳ באייר

כנסת ישראל קבעה את ה׳ באייר - למחרת יום הזיכרון לחללי מערכות ישראל ונפגעי פעולות האיבה - כיום העצמאות למדינת ישראל. ה׳ באייר הוא היום שבו נחתמה מגילת העצמאות של מדינת ישראל (14.5.1948), ערב סיום המנדט הבריטי.

רוב התפילות וההודיות נאמרות בציבור, ונוהגים שונים קיימים בנושא זה. יש המברכים בבית הכנסת ברכת "שהחיינו", ברכת "הלל", "תפילה לשלום המדינה" וברכות נוספות. נהוג להניף את דגל ישראל במקום בולט ומכובד בחזית הבית, ולערוך סעודות חגיגיות ומסיבות בחוג המשפחה והידידים.

Memorial Day for the Fallen Soldiers of Israel's Wars and Victims of Terrorism

 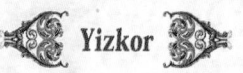 Yizkor

May God remember His loyal and courageous sons
and daughters, the soldiers of the Israel Defense Forces,
and all the fighters of the underground and warring forces
in the nation's campaigns, and all the members of the
intelligence and security and police arms who endangered
their lives in the war for Israel's revival, and all those
who were murdered, both in and out of the Land,
by terrorist murderers.
May Israel remember and be blessed with its seed,
and mourn for the luster of youth, the eagerness for heroism,
the holiness of desire, and the self-sacrifice
lost in the heavy battles.
May the heroes of the wars of Israel, crowned with victory,
be engraved in the heart of Israel throughout the generations.

 ## Independence Day
5th of Iyar

The Israeli Knesset set the 5th day of Iyar - the day after
Memorial Day - as Israel Independence Day. The 5th of Iyar is the day
on which Israel's Declaration of Independence was signed (May 14, 1948),
on the eve of the end of the British Mandate.

Most of the prayers and thanks are recited in public, governed by various customs.
There are those who recite the Shehecheyanu blessing and the full Hallel,
together with the Prayer for the Welfare of the State of Israel. It is customary
to fly the flag of Israel in a central place outside one's home,
and to share a festive meal with family and friends.

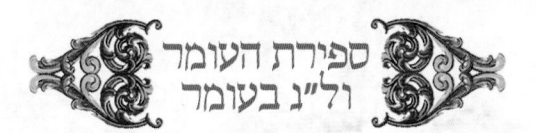

ספירת העומר ול"ג בעומר

ביום השני של פסח היו מקריבים בבית המקדש מנחת ביכורים מקציר השעורים, בטרם החלו עושים שימוש בתבואת השנה. מידת השעורים במנחה זו נקראה עומר. מיום זה היו סופרים 49 ימים, וביום החמישים - הוא חג השבועות - היו מקריבים מנחת ביכורי קציר חיטים. ספירת העומר מסמנת את הציפייה שבשאיפתו של עם ישראל, מיום צאתו מעבדות, אל תכלית הגאולה שבקבלת התורה בהר סיני, הנחגגת אף היא בחג השבועות, הוא חג מתן תורה.

על פי המסורת, 12 אלף זוגות תלמידים היו לרבי עקיבא וכולם מתו במגיפה שהשתוללה בזמנו בימי ספירת העומר, בין פסח לל"ג בעומר (יש הגורסים כעונש על שלא נהגו כבוד זה בזה, יש הגורסים שלפחות חלקם נפלו בחרב הרומאים בימי המרד הגדול). האסון נחקק בזכרון האומה, ומאז נוהגים בימים אלה מנהגי אבלות. מקובל שביום ה-33 (ל"ג) לספירת העומר פסק המוות, ולכן נוהגים בו קצת שמחה. רבים נוהגים לעלות ביום זה למירון, מקום קבורתו של רבי שמעון בר-יוחאי - מגדולי תלמידיו של רבי עקיבא בדור שלאחר המגיפה - ולהדליק מדורות המסמלות את האור הגדול שהיה בעולם ביום פטירתו, רמז לסודות הטמירים שגילה לתלמידיו ושאותם כתבו בספר הזוהר.

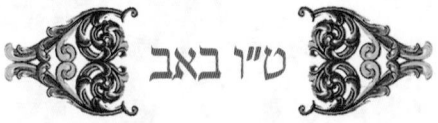

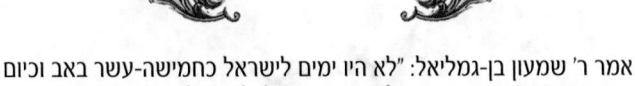

ט"ו באב

אמר ר' שמעון בן-גמליאל: "לא היו ימים לישראל כחמישה-עשר באב וכיום הכיפורים, שבהם בנות ירושלים יוצאות בכלי לבן וחלות (רוקדות) בכרמים" (המשנה, מסכת תענית ד, ח).

יום חג זה הוא מהנשכחים בחגי ישראל, מאז חורבן בית המקדש והגלות הארוכה שבאה בעקבותיו. במשנה ובתלמוד הוא מוזכר כחג חקלאי - ראשית בציר הענבים - וכחג חברתי, שבו היו יוצאות בנות ישראל הלבושות לבן (בגדים פשוטים ושאולים, שלא יתקנאו זו בזו) לחולל בכרמים ובעקבותיהן רווקים שחיפשו כלות.

יש המדגישים את הקשר בין אהבה ליין עוד בדברי המלך שלמה: "אשכול הכפר דודי לי בכרמי עין-גדי" (שיר השירים א, יד); "אשקך מיין הרקח מעסיס רימוני" (שיר השירים ח, ב). מסורות לאומיות, חברתיות ודתיות נוספות נקשרו במהלך השנים במועד זה, שבו אין מתענים ואין מספידים.

The Counting of the Omer and Lag BaOmer

On the second day of Passover there used to be an offering of the first fruits of the barley crop at the Temple before use was made of that year's crop. The amount of barley in the offering was called the "Omer". From that day they would count 49 days, and on the 50th – the holiday of Shavuot – there would be an offering of the first fruits of the wheat crop. The counting of the Omer symbolizes the anticipation of the people of Israel, ever since they were freed from slavery, for the ultimate goal of salvation with the acceptance of the Torah at Mount Sinai, which is also celebrated on Shavuot, the Holiday of the Giving of the Torah.

According to tradition, Rabbi Akiva had 12 thousand pairs of students and they all died from a plague that raged during the counting of the Omer between Passover and the 33rd day of the counting [Lag BaOmer] (there are those who believe it was because they were not respectful of each other and those who hold that some died fighting the Romans in the great rebellion). The disaster was seared into the nation's memory and since then mourning customs have been adhered to during this period. It is accepted that on the 33rd day of counting the Omer the dying stopped, and therefore it is a day of some happiness. Many make a pilgrimage to Meiron, burial site of Rabbi Shimon Bar Yochai – one of the greatest of Rabbi Akiva's students from the generation after the plague – and light bonfires to symbolize the great light that was in the world on the day of his passing, an allusion to the hidden secrets he revealed to his pupils who wrote the book of the Zohar.

Tu B'Av
15th of Av

Rabbi Shimon Ben-Gamliel said: "Israel had no holidays as joyous as Tu B'Av and Yom Kippur, when the young women of Jerusalem would go out and dance in the vineyards."
(Mishnah Ta'anit 4:8)

Since the destruction of Temple and the long exile that followed, this holiday has been one of the least observed Jewish holidays. In the Mishnah and in the Talmud it is mentioned as an agricultural holiday – the beginning of the grape harvest – and also as a social holiday, when young girls would dress in white (simple and borrowed clothes to arouse no jealousy) and dance in the vineyards, and would be followed by young men looking for brides.

There are those who emphasize the connection between love and wine from the writings of King Solomon: "My beloved is unto me as a cluster of henna in the vineyards of Ein-gedi" (Song of Songs 1:14); "I would cause thee to drink of spiced wine, of the juice of my pomegranate" (Song of Songs 8:2). Over the years other national, social and religious traditions have been linked to this date, on which there are no fasts or memorials for the dead.

ימי תענית

מתקנת הנביאים להתענות ארבע פעמים בשנה "מפני הצרות שאירעו בהם כדי לעורר הלבבות ולפתוח דרכי תשובה, ויהיה זה זיכרון למעשינו הרעים ולמעשה אבותינו, שהיה כמעשינו עתה, עד שגרם להם ולנו אותן הצרות, שבזכרון דברים אלו נשוב להיטיב" (רמב"ם, הלכות תעניות פ"ה), ואלו הם:

 ## צום גדליה
ג' בתשרי

בו נהרג גדליה בן אחיקם, הממונה מטעם נבוכדנאצר על שארית העם לאחר החורבן, ובמותו התפזרה שארית הפליטה וכבתה גחלת ישראל בארצם.

 ## י' בטבת

יום ראשית המצור על ירושלים בימי בית ראשון, שבו החלה הפורענות ששיאה בחורבן הבית. על יום זה נאמר ליחזקאל הנביא: "בן-אדם, כתוב לך את שם היום עצם היום הזה, סמך מלך בבל אל ירושלם בעצם היום הזה" (יחזקאל כד, ב).

 ## י"ז בתמוז

חמישה דברים אירעו בו לאבותינו: השתברו הלוחות במעשה העגל; בטל התמיד בימי בית ראשון; הובקעה העיר בימי בית שני; שרף אפוסטמוס (אחד משרי הרומאים) את התורה; והעמיד (אפוסטמוס, ויש אומרים מנשה מלך יהודה) צלם בהיכל.

 ## ט' באב

גם בו אירעו חמש פורעניות: נגזר על ישראל שלא ייכנסו לארץ מפני חטא המרגלים; חרבו בו בתי המקדש, הראשון והשני; ונחרבה ביתר; ונחרשה ירושלים לאחר החורבן.

 ## תענית אסתר
י"ג באדר

לימים הוסיפו חז"ל את תענית אסתר, זכר לתענית שהתענו בימי גזירות המן.

תעניות אלה (למעט תשעה באב) אינן חמורות כיום הכיפורים - הן במשך הצום, הנוהג בהם מעלות השחר בלבד, והן בכך שאין בהם אלא איסור אכילה ושתייה בלבד. בימי התענית מרבים בסליחות ובבקשת רחמים על כלל ישראל בעד כל הצרות וחשכת הגלות, ומסיימים בתקווה שתתמוש במהרה הבטחת ה' בפי זכריה:

צום הרביעי וצום החמישי וצום השביעי וצום העשירי יהיה לבית יהודה לששון ולשמחה ולמועדים טובים
(זכריה ח, יט)

Fast Days
[yemei ta'anit]

The Prophets added four Fast days throughout the year "because of the troubles that occurred on them in order to arouse the hearts and open paths of repentance, and it will be a remembrance of our wrong deeds and of the deeds of our forefathers, which were the same as ours today, so much so that it is as if we have suffered the same troubles, and because of the memory of these things we will return to the path of good." (Maimonides, Hilchot Ta'aniot 80). And they are:

Fast of Gedaliah
3rd of Tishrei

The day on which Gedaliah son of Achikam was killed. He was appointed by Nebuchadnezzar to be responsible for the remainder of the Jewish people after the destruction of the Temple. With his death the people dispersed and the light of Israel went out of their country.

10th of Tevet

The first day of the siege of Jerusalem in the First Temple period, which led to the destruction of the Temple. The prophet Ezekiel wrote of this day, "Son of man, write thee the name of the day, even of this selfsame day; this selfsame day the king of Babylon hath invested Jerusalem" (Ezekiel 24:2).

17th of Tammuz

Five things happened to our forefathers on this date: The Tablets of the Covenant were broken because of the Golden Calf; the eternal light went out in the days of the First Temple; the city of Jerusalem was breached in the days of the Second Temple; Apostmus (a Roman minister) burnt the Torah; and (either Apostmus or some say Menashe King of Judea) placed a statue in the great hall of the Temple.

Tishah B'Av
9th of Av

There were five disasters on this date as well: The people of Israel were condemned not to enter the land of Israel because of the transgression of the spies; the destruction of the First and Second Temples; Beitar was destroyed; and Jerusalem was razed after the destruction.

Fast of Esther
13th of Adar

After some years, the Sages added the Fast of Esther, in memory of the fasts that we held during the edicts of Haman. These fasts (except for Tishah B'Av) are not as severe as Yom Kippur – because of the length of the fasts, which customarily only begin at sunrise, and also because they only prohibit eating and drinking. During fast days many ask forgiveness and mercy for all of Israel for all the troubles and dark days in exile, and end with the hope that the promise as given by Zechariah will quickly be realized:

"The fast of the fourth month, and the fast of the fifth, and the fast of the seventh, and the fast of the tenth, shall be to the house of Judah joy and gladness, and cheerful seasons; therefore love ye truth and peace."

(Zechariah 8:19)

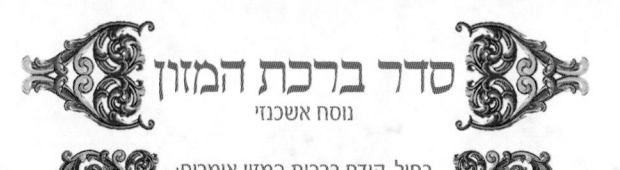

סדר ברכת המזון

נוסח אשכנזי

בחול, קודם ברכות המזון אומרים:

עַל נַהֲרוֹת בָּבֶל שָׁם יָשַׁבְנוּ גַּם בָּכִינוּ. בְּזָכְרֵנוּ אֶת צִיּוֹן: עַל עֲרָבִים בְּתוֹכָהּ. תָּלִינוּ כִּנֹּרוֹתֵינוּ: כִּי שָׁם שְׁאֵלוּנוּ שׁוֹבֵינוּ דִּבְרֵי שִׁיר וְתוֹלָלֵינוּ שִׂמְחָה. שִׁירוּ לָנוּ מִשִּׁיר צִיּוֹן: אֵיךְ נָשִׁיר אֶת שִׁיר יְהוָה. עַל אַדְמַת נֵכָר: אִם אֶשְׁכָּחֵךְ יְרוּשָׁלָםִ. תִּשְׁכַּח יְמִינִי: תִּדְבַּק לְשׁוֹנִי לְחִכִּי אִם לֹא אֶזְכְּרֵכִי. אִם לֹא אַעֲלֶה אֶת יְרוּשָׁלַםִ עַל רֹאשׁ שִׂמְחָתִי: זְכֹר יְהוָה לִבְנֵי אֱדוֹם אֵת יוֹם יְרוּשָׁלָםִ. הָאֹמְרִים עָרוּ עָרוּ עַד הַיְסוֹד בָּהּ: בַּת בָּבֶל הַשְּׁדוּדָה. אַשְׁרֵי שֶׁיְשַׁלֶּם לָךְ אֶת גְּמוּלֵךְ שֶׁגָּמַלְתְּ לָנוּ: אַשְׁרֵי שֶׁיֹּאחֵז וְנִפֵּץ אֶת עֹלָלַיִךְ אֶל הַסָּלַע:

בשבת וביום-טוב ובימים שאין אומרים בהם תחנון אומרים:

שִׁיר הַמַּעֲלוֹת. בְּשׁוּב יְהוָה אֶת שִׁיבַת צִיּוֹן הָיִינוּ כְּחֹלְמִים: אָז יִמָּלֵא שְׂחוֹק פִּינוּ וּלְשׁוֹנֵנוּ רִנָּה. אָז יֹאמְרוּ בַגּוֹיִם הִגְדִּיל יְהוָה לַעֲשׂוֹת עִם אֵלֶּה: הִגְדִּיל יְהוָה לַעֲשׂוֹת עִמָּנוּ. הָיִינוּ שְׂמֵחִים: שׁוּבָה יְהוָה אֶת שְׁבִיתֵנוּ כַּאֲפִיקִים בַּנֶּגֶב: הַזֹּרְעִים בְּדִמְעָה בְּרִנָּה יִקְצֹרוּ: הָלוֹךְ יֵלֵךְ וּבָכֹה נֹשֵׂא מֶשֶׁךְ הַזָּרַע. בֹּא יָבֹא בְרִנָּה. נֹשֵׂא אֲלֻמֹּתָיו:

נטילת ידיים: מים אחרונים חובה קודם ברכת המזון,
ואין להפסיק בין נטילה לברכת המזון אף בדברי תורה.
כשנוטל כוס לברך ברכת המזון נוהגים לומר
"כוס ישועות אשא ובשם ה' אקרא". קודם שיברך יאמר:

הִנְנִי מוּכָן וּמְזֻמָּן לְקַיֵּם מִצְוַת עֲשֵׂה שֶׁל בִּרְכַּת הַמָּזוֹן שֶׁנֶּאֱמַר. וְאָכַלְתָּ וְשָׂבָעְתָּ וּבֵרַכְתָּ אֶת יְהוָה אֱלֹהֶיךָ. עַל הָאָרֶץ הַטֹּבָה. אֲשֶׁר נָתַן לָךְ:

Birkat HaMazon
The Post-Meal Blessing
Ashkenaz Liturgy

 Birkat HaMazon is preceded by a chapter
of Psalms. On weekdays, recite :

By the rivers of Babylon, there we sat and wept as we remembered
Zion. We hung our musical instruments (so as not to use them) upon the
willows there. For there, our captors asked us to sing, and those who
made us cry requested joyous song, saying, 'Sing us of the song of Zion.'
But how could we sing the song of the Lord on alien soil?
If I forget you, Jerusalem, let my right hand be disabled.
Let my tongue hold fast to my palate if I do not remember you,
if I do not remember Jerusalem at the height of my joy.
Remember, God, what the Edomites did on the day of Jerusalem's
calamity, saying, 'Destroy, destroy, to its very foundation.'
O soon-to-be-destroyed Babylonia, fortunate is he who will repay in
kind for what you have done to us. Fortunate is he who will grasp and
dash your little ones against the boulder.

 On the Sabbath, Festivals, and other days
on which Tachanun is not recited, recite:

A song of ascents. When God returns the Exiles to Zion, we will be
like dreamers. Our mouth will then be filled with laughter, and our
tongues with joy. The nations will then say, "God has done great things
for these people." God has done great things for us; we will be joyful.
Return our Exiles like the gushing waters of the Negev,
where those who plant with tears - harvest with joy.
He will go weeping, he who carries the seed and sows it -
but he will return with joy, carrying his sheaves.

 Washing of the hands is obligatory before the Post-Meal Blessings,
and one must not talk between the washing and the Blessings,
even to say words of Torah. When one recites the Birkat HaMazon
upon a cup of wine, it is customary to recite this verse: "A cup of
salvations I shall raise, and in the Name of God I will call."
Begin with this introduction:

I am prepared and ready to fulfill the positive Torah precept of Birkat
HaMazon, as is written, "When you eat and are satiated, you shall
bless the Lord your God, upon the good land that He has given you."

213

אם במסובים יש שלושה, או יותר,
גברים בני מצוות, חייבים הסועדים בזימון.
וכך מזמנין:

המזמן אומר: רַבּוֹתַי. נְבָרֵךְ:

המסובים עונים: יְהִי שֵׁם יְהוָה מְבֹרָךְ מֵעַתָּה וְעַד עוֹלָם:

והמזמן חוזר: יְהִי שֵׁם יְהוָה מְבֹרָךְ מֵעַתָּה וְעַד עוֹלָם:

בִּרְשׁוּת מָרָנָן וְרַבּוֹתַי נְבָרֵךְ (בעשרה ויותר: אֱלֹהֵינוּ) שֶׁאָכַלְנוּ מִשֶּׁלּוֹ:

ועונים המסובים והמזמן חוזר: בָּרוּךְ (בעשרה ויותר: אֱלֹהֵינוּ) שֶׁאָכַלְנוּ מִשֶּׁלּוֹ וּבְטוּבוֹ חָיִינוּ:

מי שלא אכל עונה: בָּרוּךְ (בעשרה ויותר: אֱלֹהֵינוּ) וּמְבֹרָךְ שְׁמוֹ תָּמִיד לְעוֹלָם וָעֶד.

סדר זימון לסעודת נישואין

המזמן אומר: רַבּוֹתַי. נְבָרֵךְ:

המסובים עונים: יְהִי שֵׁם יְהוָה מְבֹרָךְ מֵעַתָּה וְעַד עוֹלָם:

המזמן חוזר ואומר: יְהִי שֵׁם יְהוָה מְבֹרָךְ מֵעַתָּה וְעַד עוֹלָם:

דְּוַי הָסֵר וְגַם חָרוֹן. וְאָז אִלֵּם בְּשִׁיר יָרוֹן. נְחֵנוּ בְּמַעְגְּלֵי צֶדֶק. שְׁעֵה בִּרְכַּת יְשׁוּרוּן. בְּנֵי אַהֲרֹן: בִּרְשׁוּת מָרָנָן וְרַבָּנָן וְרַבּוֹתַי. נְבָרֵךְ אֱלֹהֵינוּ שֶׁהַשִּׂמְחָה בִּמְעוֹנוֹ. שֶׁאָכַלְנוּ מִשֶּׁלּוֹ:

ועונים המסובים והמזמן חוזר: בָּרוּךְ אֱלֹהֵינוּ שֶׁהַשִּׂמְחָה בִּמְעוֹנוֹ שֶׁאָכַלְנוּ מִשֶּׁלּוֹ. וּבְטוּבוֹ חָיִינוּ:

סדר זימון לסעודת ברית מילה

המזמן אומר: רַבּוֹתַי. נְבָרֵךְ:

המסובים עונים: יְהִי שֵׁם יְהוָה מְבֹרָךְ מֵעַתָּה וְעַד עוֹלָם:

המזמן חוזר ואומר: יְהִי שֵׁם יְהוָה מְבֹרָךְ מֵעַתָּה וְעַד עוֹלָם:

נוֹדֶה לְשִׁמְךָ בְּתוֹךְ אֱמוּנַי. בְּרוּכִים אַתֶּם לַיהוָה: המסובים: נוֹדֶה לְשִׁמְךָ ...

המזמן: בִּרְשׁוּת אֵל אָיוֹם וְנוֹרָא. מִשְׂגָּב לְעִתּוֹת בַּצָּרָה.
אֵל נֶאְזָר בִּגְבוּרָה. אַדִּיר בַּמָּרוֹם יְהוָה. המסובים: נוֹדֶה לְשִׁמְךָ ...

המזמן: בִּרְשׁוּת הַתּוֹרָה הַקְּדוֹשָׁה. טְהוֹרָה הִיא וְגַם פְּרוּשָׁה.
צִוָּה לָנוּ מוֹרָשָׁה. מֹשֶׁה עֶבֶד יְהוָה. המסובים: נוֹדֶה לְשִׁמְךָ ...

המזמן: בִּרְשׁוּת הַכֹּהֲנִים וְהַלְוִיִּם. אֶקְרָא לֵאלֹהֵי הָעִבְרִיִּים. אֲהוֹדֶנּוּ
בְּכָל אִיִּים. אֲבָרְכָה אֶת יְהוָה. המסובים: נוֹדֶה לְשִׁמְךָ ...

המזמן: בִּרְשׁוּת מָרָנָן וְרַבָּנָן וְרַבּוֹתַי. אֶפְתְּחָה בְּשִׁיר פִּי וּשְׂפָתַי. וְתֹאמַרְנָה
עַצְמוֹתַי. בָּרוּךְ הַבָּא בְּשֵׁם יְהוָה. המסובים: נוֹדֶה לְשִׁמְךָ ...

המזמן: בִּרְשׁוּת מָרָנָן וְרַבּוֹתַי נְבָרֵךְ אֱלֹהֵינוּ שֶׁאָכַלְנוּ מִשֶּׁלּוֹ:

ועונים המסובים והמזמן חוזר: בָּרוּךְ אֱלֹהֵינוּ שֶׁאָכַלְנוּ מִשֶּׁלּוֹ וּבְטוּבוֹ חָיִינוּ:

If three or more males above the age of 13 ate together,
they must recite the following Zimun:

Leader:
Gentlemen, let us recite Birkat HaMazon!
The others: May God's Name be blessed from now and evermore.
Leader: May God's Name be blessed from now and evermore. With the permission of the rabbis
and the gentlemen, let us bless (if ten are present: our God,) He of Whose food we have eaten.
The others: Blessed is (if ten are present: our God,) He of Whose food we have eaten
and from Whose bounty we live.
Leader: Blessed is (if ten are present: our God,) He of Whose food we have eaten and
from Whose bounty we live.
One who is present but did not eat: Blessed is (if ten are present: our God and) His Name, forever.

Zimun at a wedding meal:

Leader: Gentlemen, let us recite Birkat HaMazon!
The others: May God's Name be blessed from now and evermore.
Leader: May God's Name be blessed from now and evermore.
Remove sadness as well as anguish, and even the mute will ring out in song.
Guide us along the circles of justice. Hearken to the blessing of Jeshurun (Israel), by the
sons of Aharon. With the permission of the rabbis and the gentlemen, let us bless our God,
in Whose abode is the joy, and of Whose food we have eaten.
The others, followed by the leader: Blessed is our God, in Whose abode is the joy, and of Whose
food we have eaten, from Whose bounty we live.

Zimun at a Brit Milah meal:

Leader: Gentlemen, let us recite Birkat HaMazon!
The others : May God's Name be blessed from now and evermore.
Leader : May God's Name be blessed from now and evermore.
Let us acknowledge Your Name among my faithful; you are blessed unto the Lord.
The others repeat : Let us acknowledge ...
Leader: With the consent of the awesome and overwhelming God, tower of strength for times of trouble. God
girded with power, mighty on high.   The others repeat : Let us acknowledge ...
Leader: With the consent of the holy Torah - pure and brought to light. Moshe, the servant of God, commanded
it to us as our legacy.   The others repeat :: Let us acknowledge ...
Leader: With the consent of the Priests and the Levites, I will call the God of the Jews. I will glorify Him in all
the islands [everywhere], and I will bless the Lord.   The others repeat :: Let us acknowledge ...
Leader: With the permission of the rabbis and the gentlemen, I will open with song my mouth and lips.
My bones will say: Blessed is he who comes in the Name of the Lord. The others repeat : Let us acknowledge ...
Leader: With the permission of the rabbis and the gentlemen,
let us bless (if ten are present: our God,) He of Whose food we have eaten.
The others, followed by the leader: Blessed is (if ten are present: our God,) He of Whose food we have
eaten and from Whose bounty we live.

יחיד אינו אומר: בָּרוּךְ הוּא וּבָרוּךְ שְׁמוֹ.

בָּרוּךְ אַתָּה יְהֹוָה

אֱלֹהֵינוּ מֶלֶךְ הָעוֹלָם. הַזָּן אֶת הָעוֹלָם כֻּלּוֹ. בְּטוּבוֹ בְּחֵן בְּחֶסֶד וּבְרַחֲמִים. הוּא נוֹתֵן לֶחֶם לְכָל בָּשָׂר. כִּי לְעוֹלָם חַסְדּוֹ: וּבְטוּבוֹ הַגָּדוֹל תָּמִיד לֹא חָסַר לָנוּ וְאַל יֶחְסַר לָנוּ מָזוֹן לְעוֹלָם וָעֶד. בַּעֲבוּר שְׁמוֹ הַגָּדוֹל. כִּי הוּא אֵל זָן וּמְפַרְנֵס לַכֹּל וּמֵטִיב לַכֹּל וּמֵכִין מָזוֹן לְכָל בְּרִיּוֹתָיו אֲשֶׁר בָּרָא: כָּאָמוּר. פּוֹתֵחַ אֶת יָדֶךָ וּמַשְׂבִּיעַ לְכָל חַי רָצוֹן: בָּרוּךְ אַתָּה יְהֹוָה. הַזָּן אֶת הַכֹּל:

נוֹדֶה לְּךָ יְהֹוָה אֱלֹהֵינוּ.

עַל שֶׁהִנְחַלְתָּ לַאֲבוֹתֵינוּ אֶרֶץ חֶמְדָּה טוֹבָה וּרְחָבָה. וְעַל שֶׁהוֹצֵאתָנוּ יְהֹוָה אֱלֹהֵינוּ מֵאֶרֶץ מִצְרַיִם. וּפְדִיתָנוּ מִבֵּית עֲבָדִים. וְעַל בְּרִיתְךָ שֶׁחָתַמְתָּ בִּבְשָׂרֵנוּ. וְעַל תּוֹרָתְךָ שֶׁלִּמַּדְתָּנוּ. וְעַל חֻקֶּיךָ שֶׁהוֹדַעְתָּנוּ. וְעַל חַיִּים חֵן וָחֶסֶד שֶׁחוֹנַנְתָּנוּ. וְעַל אֲכִילַת מָזוֹן שָׁאַתָּה זָן וּמְפַרְנֵס אוֹתָנוּ תָּמִיד. בְּכָל יוֹם וּבְכָל עֵת וּבְכָל שָׁעָה:

בחנוכה מוסיפים:

וְעַל הַנִּסִּים וְעַל הַפֻּרְקָן וְעַל הַגְּבוּרוֹת וְעַל הַתְּשׁוּעוֹת וְעַל הַמִּלְחָמוֹת. שֶׁעָשִׂיתָ לַאֲבוֹתֵינוּ בַּיָּמִים הָהֵם בַּזְּמַן הַזֶּה: בִּימֵי מַתִּתְיָהוּ בֶּן יוֹחָנָן כֹּהֵן גָּדוֹל חַשְׁמוֹנָאִי וּבָנָיו. כְּשֶׁעָמְדָה מַלְכוּת יָוָן הָרְשָׁעָה עַל עַמְּךָ יִשְׂרָאֵל לְהַשְׁכִּיחָם תּוֹרָתֶךָ וּלְהַעֲבִירָם מֵחֻקֵּי רְצוֹנֶךָ. וְאַתָּה בְּרַחֲמֶיךָ הָרַבִּים עָמַדְתָּ לָהֶם בְּעֵת צָרָתָם. רַבְתָּ אֶת רִיבָם. דַּנְתָּ אֶת דִּינָם. נָקַמְתָּ אֶת נִקְמָתָם. מָסַרְתָּ גִבּוֹרִים בְּיַד חַלָּשִׁים. וְרַבִּים בְּיַד מְעַטִּים. וּטְמֵאִים בְּיַד טְהוֹרִים. וּרְשָׁעִים בְּיַד צַדִּיקִים. וְזֵדִים בְּיַד עוֹסְקֵי תוֹרָתֶךָ. וּלְךָ עָשִׂיתָ שֵׁם גָּדוֹל וְקָדוֹשׁ בְּעוֹלָמֶךָ. וּלְעַמְּךָ יִשְׂרָאֵל עָשִׂיתָ תְּשׁוּעָה גְדוֹלָה וּפֻרְקָן כְּהַיּוֹם הַזֶּה. וְאַחַר כַּךְ בָּאוּ בָנֶיךָ לִדְבִיר בֵּיתֶךָ. וּפִנּוּ אֶת הֵיכָלֶךָ. וְטִהֲרוּ אֶת מִקְדָּשֶׁךָ. וְהִדְלִיקוּ נֵרוֹת בְּחַצְרוֹת קָדְשֶׁךָ. וְקָבְעוּ שְׁמוֹנַת (יָמִים אֵלוּ בְּהַלֵּל וּבְהוֹדָאָה וְעָשִׂיתָ עִמָּהֶם נֵס וָפֶלֶא וְנוֹדֶה לְשִׁמְךָ הַגָּדוֹל סֶלָה) יְמֵי חֲנֻכָּה אֵלוּ. לְהוֹדוֹת וּלְהַלֵּל לְשִׁמְךָ הַגָּדוֹל:

The participants in the Zimun say: Blessed is He and Blessed is His Name.

Bleesed art Thou,

the Lord God, King of the Universe, Who nourishes the entire world in His goodness, with grace, kindness and mercy. He gives bread to all flesh, for his kindness is everlasting. And with His great goodness, we have never lacked, nor will we lack, food forever, because of His great Name. For He is a God Who nourishes and sustains all, and is beneficial to all, and prepares food for all His creations that He created. As is written: "You open Your hand and satisfy the desire of every living thing."
Blessed art Thou, O God, Who provides nourishment to all.

We thank you,

O Lord our God, for having granted our fathers a good, expansive and beloved land, and for having taken us, O Lord our God, out of the Land of Egypt, and having redeemed us from the house of bondage, and for the Covenant You sealed on our flesh, and for the Torah You taught us, and for Your laws of which You informed us, and for the life, grace and kindness You bestowed upon us, and for the food we eat with which You nourish and sustain us always, every day, every time and every hour.

On Chanukkah:

And for the miracles, and the redemption, and the acts of might, and the salvations, and the wars that You wrought for our fathers, at this time in days of old. In the days of Matityahu, the son of Yochanan, the High Priest of the Hashmonean family and his sons, when the evil Syrian-Greek kingdom arose against Your people Israel, to make them forget Your Torah and to have them transgress the laws of Your will. But You, with Your plentiful mercy, stood up for them at their time of tribulation. You fought their fight; You judged their claim; You took vengeance for them. You delivered the strong into the hands of the weak, the many into the hands of the few, the impure into the hands of the pure, the wicked ones into the hands of the righteous, the insolent into the hands of those who occupy themselves with Your Torah. And for Yourself, You made a great and holy Name in Your world, and for Your people Israel You made a great salvation and redemption, as it is [up to] this very day. Afterwards, Your children came to Your holy Temple, cleaned out Your sanctuary, purified Your holy site, and lit lights in the courts of Your sacred Temple, and ordained (these eight days for praise and thanks, for having done miracles and wonders for them;) eight days of Chanukah, during which we thank and praise Your great Name.

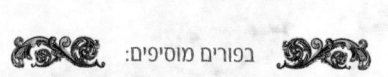

בפורים מוסיפים:

וְעַל הַנִּסִּים וְעַל הַפֻּרְקָן וְעַל הַגְּבוּרוֹת וְעַל הַתְּשׁוּעוֹת וְעַל הַמִּלְחָמוֹת. שֶׁעָשִׂיתָ לַאֲבוֹתֵינוּ בַּיָּמִים הָהֵם בַּזְּמַן הַזֶּה: בִּימֵי מָרְדְּכַי וְאֶסְתֵּר בְּשׁוּשַׁן הַבִּירָה. כְּשֶׁעָמַד עֲלֵיהֶם הָמָן הָרָשָׁע. בִּקֵּשׁ לְהַשְׁמִיד לַהֲרוֹג וּלְאַבֵּד אֶת כָּל הַיְּהוּדִים. מִנַּעַר וְעַד זָקֵן. טַף וְנָשִׁים. בְּיוֹם אֶחָד. בִּשְׁלֹשָׁה עָשָׂר לְחֹדֶשׁ שְׁנֵים עָשָׂר הוּא חֹדֶשׁ אֲדָר וּשְׁלָלָם לָבוֹז. וְאַתָּה בְּרַחֲמֶיךָ הָרַבִּים הֵפַרְתָּ אֶת עֲצָתוֹ. וְקִלְקַלְתָּ אֶת מַחֲשַׁבְתּוֹ. וַהֲשֵׁבוֹתָ לּוֹ גְּמוּלוֹ בְּרֹאשׁוֹ. וְתָלוּ אוֹתוֹ וְאֶת בָּנָיו עַל הָעֵץ. וְעָשִׂיתָ עִמָּהֶם נֵס וָפֶלֶא וְנוֹדֶה לְשִׁמְךָ הַגָּדוֹל סֶלָה:)

וְעַל הַכֹּל

יְהֹוָה אֱלֹהֵינוּ אֲנַחְנוּ מוֹדִים לָךְ וּמְבָרְכִים אוֹתָךְ. יִתְבָּרַךְ שִׁמְךָ בְּפִי כָּל חַי תָּמִיד לְעוֹלָם וָעֶד כַּכָּתוּב: וְאָכַלְתָּ וְשָׂבָעְתָּ וּבֵרַכְתָּ אֶת יְהֹוָה אֱלֹהֶיךָ עַל הָאָרֶץ הַטֹּבָה אֲשֶׁר נָתַן לָךְ: בָּרוּךְ אַתָּה יְהֹוָה. עַל הָאָרֶץ וְעַל הַמָּזוֹן:

רַחֵם נָא יְהֹוָה אֱלֹהֵינוּ

עַל יִשְׂרָאֵל עַמֶּךָ. וְעַל יְרוּשָׁלַיִם עִירֶךָ. וְעַל צִיּוֹן מִשְׁכַּן כְּבוֹדֶךָ. וְעַל מַלְכוּת בֵּית דָּוִד מְשִׁיחֶךָ. וְעַל הַבַּיִת הַגָּדוֹל וְהַקָּדוֹשׁ שֶׁנִּקְרָא שִׁמְךָ עָלָיו: אֱלֹהֵינוּ. אָבִינוּ. רְעֵנוּ זוּנֵנוּ פַּרְנְסֵנוּ וְכַלְכְּלֵנוּ וְהַרְוִיחֵנוּ. וְהַרְוַח לָנוּ יְהֹוָה אֱלֹהֵינוּ מְהֵרָה מִכָּל צָרוֹתֵינוּ. וְנָא אַל תַּצְרִיכֵנוּ יְהֹוָה אֱלֹהֵינוּ לֹא לִידֵי מַתְּנַת בָּשָׂר וָדָם וְלֹא לִידֵי הַלְוָאָתָם כִּי אִם לְיָדְךָ הַמְּלֵאָה. הַפְּתוּחָה. הַקְּדוֹשָׁה וְהָרְחָבָה. שֶׁלֹּא נֵבוֹשׁ וְלֹא נִכָּלֵם לְעוֹלָם וָעֶד:

בשבת מוסיפים:

רְצֵה וְהַחֲלִיצֵנוּ יְהֹוָה אֱלֹהֵינוּ בְּמִצְוֹתֶיךָ וּבְמִצְוַת יוֹם הַשְּׁבִיעִי הַשַּׁבָּת הַגָּדוֹל וְהַקָּדוֹשׁ הַזֶּה. כִּי יוֹם זֶה גָּדוֹל וְקָדוֹשׁ הוּא לְפָנֶיךָ לִשְׁבָּת בּוֹ וְלָנוּחַ בּוֹ בְּאַהֲבָה כְּמִצְוַת רְצוֹנֶךָ. וּבִרְצוֹנְךָ הָנִיחַ לָנוּ יְהֹוָה אֱלֹהֵינוּ שֶׁלֹּא תְהֵא צָרָה וְיָגוֹן וַאֲנָחָה בְּיוֹם מְנוּחָתֵנוּ. וְהַרְאֵנוּ יְהֹוָה אֱלֹהֵינוּ בְּנֶחָמַת צִיּוֹן עִירֶךָ וּבְבִנְיַן יְרוּשָׁלַיִם עִיר קָדְשֶׁךָ. כִּי אַתָּה הוּא בַּעַל הַיְשׁוּעוֹת וּבַעַל הַנֶּחָמוֹת:

On Purim:

And for the miracles, and the redemption, and the acts of might, and the salvations, and the wars that You wrought for our fathers, at this time in days of old. In the days of Mordechai and Esther, in Shushan the capital [of Persia], when the evil Haman arose against them, he sought to destroy, to kill and to annihilate all the Jews, from young to old, children and women, on one day - the 13th day of the 12th month, the month of Adar - and to plunder their property. But You, with Your plentiful mercy, confounded his scheme, ruined his plan, and repaid him by having his head; they hung him and his sons on the tree. (You performed miracles and wonders for them, and we will give thanks to Your great Name.)

V'al HaKol

And for everything, our Lord God, we thank You and bless you. May Your Name be blessed in the mouths of all life, forever, as is written: "When you eat and are satiated, you shall bless the Lord your God, upon the good land that He has given you."
Blessed art Thou, O God, for the Land and for the food.

Rachem

Have compassion, please, O Lord our God, on Your nation Israel, and on Your city Jerusalem, and on Zion the abode of Your glory, and on the kingdom of the House of Your Messiah David, and on the great and holy Temple on which Your Name is proclaimed. Our God, our father, guide us, nourish us, sustain us, support us, and comfort us. Speedily give us relief, O Lord our God, from all our troubles. Please do not make us dependent, O Lord our God, upon gifts from mortal men, nor upon their loans - but rather upon Your full, open, holy and widespread hand, so that we may not be shamed or humiliated forever.

On the Sabbath :

May it please You, Lord our God: Strengthen us with Your commandments, and through the precept of the Seventh Day, this great and holy Sabbath. For this day is great and holy before You, on which we refrain from work and rest with love, in accordance with the command of Your will. May it be Your desire, Lord our G-d, to give us serenity, that there be no troubles, sadness or grief on the day of our rest. And let us see, Lord our G-d, the consolation of Zion Your city, and the rebuilding of Jerusalem Your holy city, for You are the Master of salvations and the Master of consolations.

בראש חודש ויום טוב וחול המועד מוסיפים:

אֱלֹהֵינוּ וֵאלֹהֵי אֲבוֹתֵינוּ

יַעֲלֶה וְיָבֹא וְיַגִּיעַ וְיֵרָאֶה וְיֵרָצֶה וְיִשָּׁמַע וְיִפָּקֵד וְיִזָּכֵר זִכְרוֹנֵנוּ וּפִקְדוֹנֵנוּ וְזִכְרוֹן אֲבוֹתֵינוּ וְזִכְרוֹן מָשִׁיחַ בֶּן דָּוִד עַבְדֶּךָ וְזִכְרוֹן יְרוּשָׁלַיִם עִיר קָדְשֶׁךָ וְזִכְרוֹן כָּל עַמְּךָ בֵּית יִשְׂרָאֵל לְפָנֶיךָ לִפְלֵיטָה לְטוֹבָה לְחֵן וּלְחֶסֶד וּלְרַחֲמִים לְחַיִּים (טוֹבִים) וּלְשָׁלוֹם בְּיוֹם

לראש-חודש: רֹאשׁ הַחֹדֶשׁ הַזֶּה:

לפסח: חַג הַמַּצּוֹת הַזֶּה:

לשבועות: חַג הַשָּׁבֻעוֹת הַזֶּה:

לסוכות: חַג הַסֻּכּוֹת הַזֶּה:

לשמיני עצרת: שְׁמִינִי עֲצֶרֶת הַחַג הַזֶּה:

לראש השנה: הַזִּכָּרוֹן הַזֶּה:

לילדים האוכלים ביום הכיפורים: הַכִּפּוּרִים הַזֶּה.

זָכְרֵנוּ יְהֹוָה אֱלֹהֵינוּ בּוֹ לְטוֹבָה וּפָקְדֵנוּ בוֹ לִבְרָכָה וְהוֹשִׁיעֵנוּ בוֹ לְחַיִּים (טוֹבִים). וּבִדְבַר יְשׁוּעָה וְרַחֲמִים חוּס וְחָנֵּנוּ וְרַחֵם עָלֵינוּ וְהוֹשִׁיעֵנוּ כִּי אֵלֶיךָ עֵינֵינוּ כִּי אֵל מֶלֶךְ חַנּוּן וְרַחוּם אָתָּה:

וּבְנֵה יְרוּשָׁלַיִם עִיר הַקֹּדֶשׁ בִּמְהֵרָה בְיָמֵינוּ. בָּרוּךְ אַתָּה יְהֹוָה. בּוֹנֵה בְרַחֲמָיו יְרוּשָׁלָיִם: אָמֵן:

ברכות למי ששכח לומר "רצה" או "יעלה ויבוא": שכח לומר "רצה" בשבת או "יעלה ויבוא" בראש חודש, יום טוב או חול המועד, ונזכר קודם שאמר "ה'" בברכת "בונה ברחמיו ירושלים", אומר אותו שם. אבל אם אמר "ה'" אם נזכר קודם שהתחיל "הטוב והמיטיב" יאמר:

בשבת: בָּרוּךְ אַתָּה יְהֹוָה אֱלֹהֵינוּ מֶלֶךְ הָעוֹלָם אֲשֶׁר נָתַן שַׁבָּתוֹת לִמְנוּחָה לְעַמּוֹ יִשְׂרָאֵל בְּאַהֲבָה לְאוֹת וְלִבְרִית: בָּרוּךְ אַתָּה יְהֹוָה מְקַדֵּשׁ הַשַּׁבָּת:

ביום-טוב ובחול המועד: בָּרוּךְ אַתָּה יְהֹוָה אֱלֹהֵינוּ מֶלֶךְ הָעוֹלָם אֲשֶׁר נָתַן יָמִים טוֹבִים (בחול המועד מוֹעֲדִים) לְעַמּוֹ יִשְׂרָאֵל לְשָׂשׂוֹן וּלְשִׂמְחָה אֶת יוֹם

בפסח: חַג הַמַּצּוֹת:

בשבועות: חַג הַשָּׁבוּעוֹת:

בסוכות: חַג הַסֻּכּוֹת:

בשמיני עצרת: שְׁמִינִי עֲצֶרֶת הַחַג הַזֶּה:

בָּרוּךְ אַתָּה יְהֹוָה מְקַדֵּשׁ יִשְׂרָאֵל וְהַזְּמַנִּים:

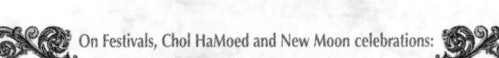

On Festivals, Chol HaMoed and New Moon celebrations:

Our God

and God of our fathers: May there arise and come and arrive successfully, and be seen, accepted and heard, and be registered and remembered - the remembrance of us, and of our fathers, and of Mashiach the son of David Your servant, and of Jerusalem Your holy city, and Your entire nation, the House of Israel, before You - for deliverance, well-being, grace, kindness, mercy, good life and peace, on this day:

Rosh Chodesh:	**of the New Moon**
Pesach:	**of the Festival of Matzot**
Shavuot:	**of the Festival of Weeks**
Sukkot:	**of the Festival of Sukkot (Huts)**
Shmini Atzeret:	**of holiday, the eighth day of Assembly**
Rosh HaShanah:	**of Remembrance**

children or others who are permitted to eat on Yom Kippur: **of Atonement**

Remember us,

Lord our God, for good, and list us for blessing, and grant us salvation for (good) life. And have pity and grace us with a declaration of salvation and compassion, and deliver us - for our eyes are turned towards You, for You are a compassionate and giving God and King.

Rebuild Jerusalem, the holy city, speedily in our days.
Blessed art Thou, O God, Who rebuilds Jerusalem in His mercy. Amen.

For those who forgot to add the special Sabbath or Festival additional passages:
If you remembered the omission before saying God's Name in the previous blessing, recite the additions then, and continue from there. If you remembered after reciting God's Name, but before concluding the blessing, conclude with the words "teach me Your statutes," then recite the additions, and continue from there. If you remembered after completing the blessing, but before the subsequent one, say the following:

Shabbat: **Blessed art Thou, O God, Lord, King of the World, Who gave Sabbaths for rest to His nation Israel with love, for an eternal sign and covenant. Blessed art Thou, O God, Who sanctifies the Sabbath.**

On Festivals and Chol HaMoed: **Blessed art Thou, O God, Lord, King of the World, Who gave (** on Festivals: **Festival days) (** on Chol HaMoed: **special days) to His nation Israel for joy and happiness, this day of:**

Pesach :	**the Festival of Matzot.**
Shavuot :	**the Festival of Weeks.**
Sukkot :	**the Festival of Sukkot (Huts).**
Shmini Atzeret :	**holiday, the eighth day of Assembly.**

Blessed art Thou, O God, Who sanctifies Israel and the times.

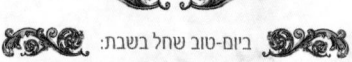

ביום-טוב שחל בשבת:

בָּרוּךְ אַתָּה יְהֹוָה אֱלֹהֵינוּ מֶלֶךְ הָעוֹלָם אֲשֶׁר נָתַן שַׁבָּתוֹת לִמְנוּחָה לְעַמּוֹ יִשְׂרָאֵל בְּאַהֲבָה לְאוֹת וְלִבְרִית וְיָמִים טוֹבִים (בחול המועד מוֹעֲדִים) לְשָׂשׂוֹן וּלְשִׂמְחָה אֶת יוֹם

בפסח חַג הַמַּצּוֹת:

בשבועות חַג הַשָּׁבוּעוֹת:

בסוכות חַג הַסֻּכּוֹת:

בשמיני עצרת שְׁמִינִי עֲצֶרֶת הַחַג הַזֶּה:

בָּרוּךְ אַתָּה יְהֹוָה מְקַדֵּשׁ הַשַּׁבָּת וְיִשְׂרָאֵל וְהַזְּמַנִּים:

בראש השנה: בָּרוּךְ אַתָּה יְהֹוָה אֱלֹהֵינוּ מֶלֶךְ הָעוֹלָם אֲשֶׁר נָתַן יָמִים טוֹבִים לְעַמּוֹ יִשְׂרָאֵל אֶת יוֹם הַזִּכָּרוֹן הַזֶּה: בָּרוּךְ אַתָּה יְהֹוָה מְקַדֵּשׁ יִשְׂרָאֵל וְיוֹם הַזִּכָּרוֹן:

בראש השנה שחל בשבת:

בָּרוּךְ אַתָּה יְהֹוָה אֱלֹהֵינוּ מֶלֶךְ הָעוֹלָם אֲשֶׁר נָתַן שַׁבָּתוֹת לִמְנוּחָה לְעַמּוֹ יִשְׂרָאֵל בְּאַהֲבָה לְאוֹת וְלִבְרִית וְיָמִים טוֹבִים לְיִשְׂרָאֵל אֶת יוֹם הַזִּכָּרוֹן הַזֶּה: בָּרוּךְ אַתָּה יְהֹוָה מְקַדֵּשׁ הַשַּׁבָּת וְיִשְׂרָאֵל וְיוֹם הַזִּכָּרוֹן:

בראש חודש: בָּרוּךְ אַתָּה יְהֹוָה אֱלֹהֵינוּ מֶלֶךְ הָעוֹלָם אֲשֶׁר נָתַן רָאשֵׁי חֳדָשִׁים לְעַמּוֹ יִשְׂרָאֵל לְזִכָּרוֹן:

בראש חודש שחל בשבת:

בָּרוּךְ אַתָּה יְהֹוָה אֱלֹהֵינוּ מֶלֶךְ הָעוֹלָם אֲשֶׁר נָתַן שַׁבָּתוֹת לִמְנוּחָה לְעַמּוֹ יִשְׂרָאֵל בְּאַהֲבָה לְאוֹת וְלִבְרִית וְרָאשֵׁי חֳדָשִׁים לְזִכָּרוֹן: בָּרוּךְ אַתָּה יְהֹוָה מְקַדֵּשׁ הַשַּׁבָּת וְיִשְׂרָאֵל וְרָאשֵׁי חֳדָשִׁים:

בָּרוּךְ אַתָּה יְהֹוָה

אֱלֹהֵינוּ מֶלֶךְ הָעוֹלָם. הָאֵל. אָבִינוּ. מַלְכֵּנוּ. אַדִּירֵנוּ. בּוֹרְאֵנוּ. גּוֹאֲלֵנוּ. יוֹצְרֵנוּ. קְדוֹשֵׁנוּ קְדוֹשׁ יַעֲקֹב. רוֹעֵנוּ רוֹעֵה יִשְׂרָאֵל. הַמֶּלֶךְ הַטּוֹב וְהַמֵּטִיב לַכֹּל. שֶׁבְּכָל יוֹם וָיוֹם הוּא הֵטִיב הוּא מֵטִיב הוּא יֵיטִיב לָנוּ. הוּא גְמָלָנוּ הוּא גוֹמְלֵנוּ הוּא יִגְמְלֵנוּ לָעַד לְחֵן וּלְחֶסֶד וּלְרַחֲמִים וּלְרֶוַח. הַצָּלָה וְהַצְלָחָה. בְּרָכָה וִישׁוּעָה. נֶחָמָה. פַּרְנָסָה וְכַלְכָּלָה. וְרַחֲמִים וְחַיִּים וְשָׁלוֹם וְכָל טוֹב. וּמִכָּל טוּב לְעוֹלָם אַל יְחַסְּרֵנוּ: ועונים: אָמֵן.

The Post-Meal Blessing - Ashkenaz Liturgy

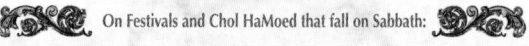 On Festivals and Chol HaMoed that fall on Sabbath:

Blessed art Thou, O God, Lord, King of the World, Who gave Sabbaths for rest to His nation Israel with love, for an eternal sign and covenant, and (on Festivals: **Festival days) (** on Chol HaMoed: **special days) for joy and happiness, this day of:**

Pesach : **the Festival of Matzot**

Shavuot : **the Festival of Weeks**

Sukkot : **the Festival of Sukkot (Huts)**

Shmini Atzeret : **holiday, the eighth day of Assembly**

Blessed art Thou, O God, Who sanctifies the Sabbath, Israel and the times.

On Rosh HaShanah: **Blessed art Thou, O God, Lord, King of the World, Who gave Festival days to His nation Israel, this day of Remembrance. Blessed art Thou, O God, Who sanctifies Israel and the Day of Remembrance.**

On Rosh HaShanah that falls on the Sabbath: **Blessed art Thou, O God, Lord, King of the World, Who gave Sabbaths for rest to His nation Israel with love, for an eternal sign and covenant, and Festival days to His nation Israel, this day of Remembrance. Blessed art Thou, O God, Who sanctifies the Sabbath, Israel and the Day of Remembrance.**

On the day of New Moon: **Blessed art Thou, O God, Lord, King of the World, Who gave New Moon celebrations to His nation Israel for remembrance.**

On the day of New Moon that falls on the Sabbath: **Blessed art Thou, O God, Lord, King of the World, Who gave Sabbaths for rest to His nation Israel with love, for an eternal sign and covenant, and New Moon celebrations for remembrance. Blessed art Thou, O God, Who sanctifies the Sabbath and the New Moons.**

Blessed art Thou,

O God, Lord, King of the World - God, our Father, our King, our Might, our Creator, our Redeemer, our Maker, our Holy One, the Holy One of Yaakov, our Shepherd, the Shepherd of Israel, the King who is good and does good to all. For on each and every day, He has done good, He does good, and He will do good for us. He has repaid us, repays us, and will forever repay us with grace, kindness, and mercy, ample sustenance, and success, blessing, salvation, consolation, sustenance, compassion, life, peace and all goodness; and may He cause us never to lack any good. the others answer: **Amen**

הָרַחֲמָן הוּא יִמְלֹךְ עָלֵינוּ לְעוֹלָם וָעֶד:

הָרַחֲמָן הוּא יִתְבָּרַךְ בַּשָּׁמַיִם וּבָאָרֶץ:

הָרַחֲמָן הוּא יִשְׁתַּבַּח לְדוֹר דּוֹרִים. וְיִתְפָּאַר בָּנוּ
לָעַד וּלְנֵצַח נְצָחִים. וְיִתְהַדַּר בָּנוּ לָעַד וּלְעוֹלְמֵי עוֹלָמִים:

הָרַחֲמָן הוּא יְפַרְנְסֵנוּ בְּכָבוֹד:

הָרַחֲמָן הוּא יִשְׁבֹּר עֻלֵּנוּ מֵעַל צַוָּארֵנוּ וְהוּא יוֹלִיכֵנוּ
קוֹמְמִיּוּת לְאַרְצֵנוּ:

הָרַחֲמָן הוּא יִשְׁלַח לָנוּ בְּרָכָה מְרֻבָּה בַּבַּיִת הַזֶּה
וְעַל שֻׁלְחָן זֶה שֶׁאָכַלְנוּ עָלָיו:

הָרַחֲמָן הוּא יִשְׁלַח לָנוּ אֶת אֵלִיָּהוּ הַנָּבִיא זָכוּר
לַטּוֹב וִיבַשֶּׂר לָנוּ בְּשׂוֹרוֹת טוֹבוֹת יְשׁוּעוֹת וְנֶחָמוֹת:

אורח יאמר: הָרַחֲמָן הוּא יְבָרֵךְ אֶת (אָבִי מוֹרִי) בַּעַל הַבַּיִת הַזֶּה
וְאֶת (אִמִּי מוֹרָתִי) בַּעֲלַת הַבַּיִת הַזֶּה. אוֹתָם וְאֶת בֵּיתָם
וְאֶת זַרְעָם וְאֶת כָּל אֲשֶׁר לָהֶם.

בעל-הבית יאמר: הָרַחֲמָן הוּא יְבָרֵךְ אוֹתִי (וְאָבִי וְאִמִּי) וְאִשְׁתִּי וְזַרְעִי
וְאֶת כָּל אֲשֶׁר לִי, אוֹתָנוּ וְאֶת כָּל אֲשֶׁר לָנוּ. כְּמוֹ שֶׁנִּתְבָּרְכוּ
אֲבוֹתֵינוּ אַבְרָהָם יִצְחָק וְיַעֲקֹב. בַּכֹּל. מִכֹּל. כֹּל.
כֵּן יְבָרֵךְ אוֹתָנוּ כֻּלָּנוּ יַחַד בִּבְרָכָה שְׁלֵמָה. וְנֹאמַר אָמֵן:

בַּמָּרוֹם יְלַמְּדוּ עֲלֵיהֶם וְעָלֵינוּ זְכוּת שֶׁתְּהֵא

לְמִשְׁמֶרֶת שָׁלוֹם. וְנִשָּׂא בְרָכָה מֵאֵת יְהוָה.

וּצְדָקָה מֵאֱלֹהֵי יִשְׁעֵנוּ. וְנִמְצָא חֵן

וְשֵׂכֶל טוֹב בְּעֵינֵי אֱלֹהִים וְאָדָם:

The Merciful One - may He reign over us forever and ever.

The Merciful One - may He be blessed in heaven and on earth.

The Merciful One - may He be praised for all generations, and take glory in us forever and for all eternity, and exult in us forever and ever.

The Merciful One - may He sustain us with dignity.

The Merciful One - may He break off the yoke of exile from our neck, and may He lead us upright to our land.

The Merciful One - may He send abundant blessing into this house and upon this table at which we have eaten.

The Merciful One - may He send us Eliyahu the Prophet, who is remembered for good, and who will bring us good tidings, salvations and consolations.

A guest in his parents' or another's home: The Merciful One - may He bless (if in his father's home: my father and teacher) the master of this house, and (if in his mother's home: my mother and teacher) the mistress of this house; them, their household, their children, and all that is theirs.

One who is in his own home: The Merciful One - may He bless me (and my father and mother), and my wife, my children, and all that is mine, and us and all that is ours; just as our forefathers Avraham, Yitzchak and Yaakov were blessed "in everything," "from everything," and with "everything," and so too, may God bless all of us together with complete blessing and let us say Amen.

May the angels in the heavens find merits for them and for us, to serve as a safeguard for peace, and may we bear blessing from God and justice from the God of our salvation, and may we find favor and understanding in the eyes of God and people.

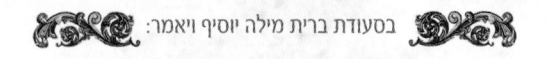

בסעודת ברית מילה יוסיף ויאמר:

הָרַחֲמָן, הוּא יְבָרֵךְ אֲבִי הַיֶּלֶד וְאִמּוֹ, וְיִזְכּוּ לְגַדְּלוֹ וּלְחַנְּכוֹ וּלְחַכְּמוֹ, מִיּוֹם הַשְּׁמִינִי וָהָלְאָה יֵרָצֶה דָמוֹ, וִיהִי יְיָ אֱלֹהָיו עִמּוֹ: ועונים אָמֵן

הָרַחֲמָן, הוּא יְבָרֵךְ בַּעַל בְּרִית הַמִּילָה, אֲשֶׁר שָׂשׂ לַעֲשׂוֹת צֶדֶק בְּגִילָה, וִישַׁלֵּם פָּעֳלוֹ וּמַשְׂכֻּרְתּוֹ כְּפוּלָה, וְיִתְּנֵהוּ לְמַעְלָה לְמָעְלָה: ועונים אָמֵן

הָרַחֲמָן, הוּא יְבָרֵךְ רַךְ הַנִּמּוֹל לִשְׁמוֹנָה, וְיִהְיוּ יָדָיו וְלִבּוֹ לָאֵל אֱמוּנָה, וְיִזְכֶּה לִרְאוֹת פְּנֵי הַשְּׁכִינָה, שָׁלֹשׁ פְּעָמִים בַּשָּׁנָה: ועונים אָמֵן

הָרַחֲמָן, הוּא יְבָרֵךְ הַמָּל בְּשַׂר הָעָרְלָה, וּפָרַע וּמָצַץ דְּמֵי הַמִּילָה, אִישׁ הַיָּרֵא וְרַךְ הַלֵּבָב עֲבוֹדָתוֹ פְּסוּלָה, אִם שְׁלָשׁ אֵלֶּה לֹא יַעֲשֶׂה לָהּ: ועונים אָמֵן

הָרַחֲמָן, הוּא יִשְׁלַח לָנוּ מְשִׁיחוֹ הוֹלֵךְ תָּמִים, בִּזְכוּת חֲתַן לַמּוּלוֹת דָּמִים, לְבַשֵּׂר בְּשׂוֹרוֹת טוֹבוֹת וְנִחוּמִים, לְעַם אֶחָד מְפֻזָּר וּמְפֹרָד בֵּין הָעַמִּים: ועונים אָמֵן

הָרַחֲמָן, הוּא יִשְׁלַח לָנוּ כֹּהֵן צֶדֶק אֲשֶׁר לֻקַּח לְעֵילוֹם, עַד הוּכַן כִּסְאוֹ כַּשֶּׁמֶשׁ וְיַהֲלוֹם, וַיָּלֶט פָּנָיו בְּאַדַּרְתּוֹ וַיִּגְלֹם, בְּרִיתִי הָיְתָה אִתּוֹ הַחַיִּים וְהַשָּׁלוֹם: ועונים אָמֵן

לשבת: הָרַחֲמָן, הוּא יַנְחִילֵנוּ יוֹם שֶׁכֻּלּוֹ שַׁבָּת וּמְנוּחָה לְחַיֵּי הָעוֹלָמִים:

לראש חדש: הָרַחֲמָן, הוּא יְחַדֵּשׁ עָלֵינוּ אֶת הַחֹדֶשׁ הַזֶּה לְטוֹבָה וְלִבְרָכָה:

ליום-טוב: הָרַחֲמָן, הוּא יַנְחִילֵנוּ יוֹם שֶׁכֻּלּוֹ טוֹב:

לראש השנה: הָרַחֲמָן, הוּא יְחַדֵּשׁ עָלֵינוּ אֶת הַשָּׁנָה הַזֹּאת לְטוֹבָה וְלִבְרָכָה:

לסוכות: הָרַחֲמָן, הוּא יָקִים לָנוּ אֶת סֻכַּת דָּוִד הַנּוֹפָלֶת:

הָרַחֲמָן, הוּא יְזַכֵּנוּ לִימוֹת הַמָּשִׁיחַ וּלְחַיֵּי הָעוֹלָם הַבָּא: מַגְדִּיל

(ביום שיש בו מוסף: מִגְדּוֹל) יְשׁוּעוֹת מַלְכּוֹ וְעֹשֶׂה חֶסֶד לִמְשִׁיחוֹ לְדָוִד וּלְזַרְעוֹ עַד עוֹלָם:

עֹשֶׂה שָׁלוֹם בִּמְרוֹמָיו הוּא יַעֲשֶׂה שָׁלוֹם עָלֵינוּ וְעַל כָּל יִשְׂרָאֵל וְאִמְרוּ אָמֵן:

יְראוּ אֶת יְהֹוָה קְדשָׁיו כִּי אֵין מַחְסוֹר לִירֵאָיו: כְּפִירִים רָשׁוּ וְרָעֵבוּ וְדוֹרְשֵׁי יְהֹוָה לֹא יַחְסְרוּ כָל טוֹב: הוֹדוּ לַיהֹוָה כִּי טוֹב כִּי לְעוֹלָם חַסְדּוֹ: פּוֹתֵחַ אֶת יָדֶךָ וּמַשְׂבִּיעַ לְכָל חַי רָצוֹן: בָּרוּךְ הַגֶּבֶר אֲשֶׁר יִבְטַח בַּיהֹוָה וְהָיָה יְהֹוָה מִבְטַחוֹ: נַעַר הָיִיתִי גַּם זָקַנְתִּי וְלֹא רָאִיתִי צַדִּיק נֶעֱזָב וְזַרְעוֹ מְבַקֶּשׁ לָחֶם: יְהֹוָה עֹז לְעַמּוֹ יִתֵּן יְהֹוָה יְבָרֵךְ אֶת עַמּוֹ בַשָּׁלוֹם:

 At a festive meal in honor of a Brit Milah (ritual circumcision), add these passages:

The Merciful One - may He bless the baby's father and his mother, and may they merit to raise him, educate him and teach him wisdom. From the eighth day and onward [a sacrifice's] blood will be accepted. May the Lord his God be with him.   The assembled answer: **Amen.**

The Merciful One - may He bless the one fulfilling this commandment of Brit Milah, who is happy to achieve justice with joy. May God repay him for his actions several times over, and raise him to lofty heights.   The assembled answer: **Amen.**

The Merciful One - may He bless the tender infant, circumcised at eight days, and may his hands and heart be directed towards the God of faith. May he merit to see the Divine presence, three times a year.   The assembled answer: **Amen.**

The Merciful One - may He bless the circumciser of the foreskin, who removes and suctions the circumcision blood; even though a God-fearing and gentle-hearted man, his service is disqualified if these three he does not do.   The assembled answer: **Amen.**

The Merciful One - may He send us his Messiah, the man who walks in perfection, in the merit of the "groom of circumcision blood", to bring good tidings and consolations, to the "One Nation scattered and divided among the nations."   The assembled answer: **Amen.**

The Merciful One - may He send us [Elijah] the Priest of Justice who has been concealed, until the day his throne will illuminate like the sun and like a diamond.

He "hid his face in his cloak" and "rolled it up [and made a miracle]" ; I made My covenant with him for life and peace.   The assembled answer: **Amen.**

On Sabbath: **The Merciful One** - may He cause us to inherit a day that is entirely Sabbath and rest, for eternal life.

On the New Moon day: **The Merciful One** - may He bring us this new month for goodness and blessing.

On Festivals: **The Merciful One** - may He cause us to inherit a day that is entirely good.

On Rosh HaShanah: **The Merciful One** - may He bring us this new year for goodness and blessing.

On Sukkot: **The Merciful One** - may He re-establish for us the fallen tabernacle of David.

The Merciful One - may He grant us the merit of seeing the days of the Messiah and the World to Come. He magnifies (on days when Mussaf is recited, say instead **Tower of**) salvations for His king, and performs kindness for His Messiah, for David and his seed forever. He Who makes peace in the heavens, may He bring peace to us and all Israel, and say Amen. Fear God, His holy ones, for those who fear Him have no lack. Young lions are weakened and go hungry, but those who seek God will lack no good. Give thanks to God, for He is good; His kindness endures forever. You open Your hand and satisfy the desire of every living thing. Blessed is the man who trusts in God, and for whom God is his trust. I have been young and I have aged, and I never saw a righteous man abandoned and his descendants wanting for bread. May God grant strength to His nation, and may God bless His people with peace.

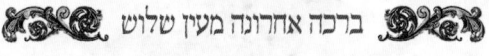

ברכה אחרונה מעין שלוש

(על מיני מזונות מחמשת מיני דגן, על יין או מיץ ענבים ועל פירות משבעת המינים)

בָּרוּךְ אַתָּה יְהוָה אֱלֹהֵינוּ מֶלֶךְ הָעוֹלָם

על היין: עַל הַגֶּפֶן וְעַל פְּרִי הַגֶּפֶן

על פירות משבעת המינים: הָעֵץ וְעַל פְּרִי הָעֵץ

על מזונות: הַמִּחְיָה וְעַל הַכַּלְכָּלָה

על מזונות ויין ביחד: הַמִּחְיָה וְעַל הַכַּלְכָּלָה
וְעַל הַגֶּפֶן וְעַל פְּרִי הַגֶּפֶן

וְעַל תְּנוּבַת הַשָּׂדֶה

וְעַל אֶרֶץ חֶמְדָּה טוֹבָה וּרְחָבָה שֶׁרָצִיתָ וְהִנְחַלְתָּ לַאֲבוֹתֵינוּ לֶאֱכֹל מִפִּרְיָהּ וְלִשְׂבּוֹעַ מִטּוּבָהּ. רַחֵם (נָא) יְהוָה אֱלֹהֵינוּ עַל יִשְׂרָאֵל עַמֶּךָ וְעַל יְרוּשָׁלַיִם עִירֶךָ וְעַל צִיּוֹן מִשְׁכַּן כְּבוֹדֶךָ וְעַל מִזְבְּחֶךָ וְעַל הֵיכָלֶךָ. וּבְנֵה יְרוּשָׁלַיִם עִיר הַקֹּדֶשׁ בִּמְהֵרָה בְיָמֵינוּ וְהַעֲלֵנוּ לְתוֹכָהּ וְשַׂמְּחֵנוּ בְּבִנְיָנָהּ וְנֹאכַל מִפִּרְיָהּ וְנִשְׂבַּע מִטּוּבָהּ וּנְבָרֶכְךָ עָלֶיהָ בִּקְדֻשָּׁה וּבְטָהֳרָה:

בשבת: וּרְצֵה וְהַחֲלִיצֵנוּ בְּיוֹם הַשַּׁבָּת הַזֶּה:

בראש-חודש: וְזָכְרֵנוּ לְטוֹבָה בְּיוֹם רֹאשׁ הַחֹדֶשׁ הַזֶּה:

בראש השנה: וְזָכְרֵנוּ לְטוֹבָה בְּיוֹם הַזִּכָּרוֹן הַזֶּה:

פסח: וְשַׂמְּחֵנוּ בְּיוֹם חַג הַמַּצּוֹת

שבועות: וְשַׂמְּחֵנוּ בְּיוֹם חַג הַשָּׁבוּעוֹת

סוכות: וְשַׂמְּחֵנוּ בְּיוֹם חַג הַסֻּכּוֹת

שמיני עצרת: וְשַׂמְּחֵנוּ בְּיוֹם שְׁמִינִי עֲצֶרֶת הַחַג הַזֶּה:

The Al HaMichyah After-Blessing

recited after eating a product of the five grains, a fruit of the Seven Species
(such as dates, figs, grapes, pomegranates, or olives), or after drinking wine or grape juice

Blessed art Thou, the Lord God, King of the Universe,

after wine or grape juice: for the vine and the fruit of the vine

after a fruit of the Seven Species: for the tree and the fruit of the tree

after cake and the like: for the sustenance and provisions

after cake and wine/grape juice: for the sustenance and provisions and the vine and the fruit of the vine

and for the produce of the field,

and for the good, expansive and beloved land You chose and granted to our fathers, to eat of its fruit and be satiated of its goodness. Have mercy, God our Lord, on Your nation Israel, and on Jerusalem Your city, and on Zion the abode of Your glory, and on Your altar and Your sanctuary. Rebuild Jerusalem, the holy city, speedily in our days, and bring us up to Jerusalem and let us rejoice in its rebuilding, and we will eat of its fruits, be satiated of its goodness, and bless You there in holiness and purity.

on Sabbath: **and may it please You: Strengthen us on this Sabbath day**

on the New Moon day: **and remember us for good on this day of New Moon celebration**

on Rosh HaShanah: **and remember us for good on this Day of Remembrance**

Pesach: **and give us joy on this day of the Festival of Matzot.**

Shavuot: **and give us joy on this day of the Festival of Weeks.**

Sukkot: **and give us joy on this day of the Festival of Sukkot (Huts).**

Shmini Atzeret: **and give us joy on this day of the eighth day of Assembly.**

229

על היין: כִּי אַתָּה יְהוָה טוֹב וּמֵטִיב לַכֹּל וְנוֹדֶה לְּךָ
עַל הָאָרֶץ וְעַל פְּרִי הַגָּפֶן:

בָּרוּךְ אַתָּה יְהוָה עַל הָאָרֶץ וְעַל פְּרִי (גידולי א"י: גַפְנָהּ) (גידול מחו"ל: הַגָּפֶן):

על הפירות: כִּי אַתָּה יְהוָה טוֹב וּמֵטִיב לַכֹּל וְנוֹדֶה לְּךָ
עַל הָאָרֶץ וְעַל הַפֵּרוֹת:

בָּרוּךְ אַתָּה יְהוָה עַל הָאָרֶץ וְעַל (גידולי א"י: פֵּרוֹתֶיהָ) (גידול מחו"ל: הַפֵּרוֹת):

על מזונות: כִּי אַתָּה יְהוָה טוֹב וּמֵטִיב לַכֹּל וְנוֹדֶה לְּךָ
עַל הָאָרֶץ וְעַל הַמִּחְיָה:

בָּרוּךְ אַתָּה יְהוָה עַל הָאָרֶץ וְעַל הַמִּחְיָה וְעַל הַכַּלְכָּלָה:

על מזונות ויין ביחד: כִּי אַתָּה יְהוָה טוֹב וּמֵטִיב לַכֹּל וְנוֹדֶה לְּךָ
עַל הָאָרֶץ וְעַל הַמִּחְיָה וְעַל פְּרִי הַגָּפֶן:

בָּרוּךְ אַתָּה יְהוָה עַל הָאָרֶץ וְעַל הַמִּחְיָה וְעַל הַכַּלְכָּלָה
וְעַל פְּרִי (גידולי א"י: גַפְנָהּ) (גידול מחו"ל: הַגָּפֶן):

ברכת בורא נפשות

על פירות האילן (חוץ משבעת המינים),
ופירות האדמה וירקות, ועל כל המשקין, ועל דבר שאין גידולו
מן הארץ מברכין אחר אכילתן:

בָּרוּךְ אַתָּה יְהוָה אֱלֹהֵינוּ מֶלֶךְ הָעוֹלָם בּוֹרֵא נְפָשׁוֹת
רַבּוֹת וְחֶסְרוֹנָן עַל כָּל מַה שֶּׁבָּרָא לְהַחֲיוֹת בָּהֶם נֶפֶשׁ
כָּל חָי בָּרוּךְ חֵי הָעוֹלָמִים:

after wine or grape juice: **For You, God, are good and do good for all, and we will thank you for the land and for the fruit of the vine.** Blessed art Thou, God, for the Land and the fruit of the (in Israel: Land's) vine.

after a fruit of the Seven Species: **For You, God, are good and do good for all, and we will thank you for the land and for the fruits.** Blessed art Thou, God, for the Land and the (in Israel: Land's) fruits.

after cake and the like: **For You, God, are good and do good for all, and we will thank you for the land and for the sustenance.** Blessed art Thou, God, for the sustenance and the provisions.

after cake and wine / grape juice: **For You, God, are good and do good for all, and we will thank you for the land and for the sustenance and the fruit of the vine.** Blessed art Thou, God, for the Land and the sustenance and the provisions and the fruit of the (in Israel: Land's) vine.

The Borei Nefashot After-Blessing

recited after eating fruits (except for those of the Seven Species), vegetables, drinks, and foods that do not grow from the ground

Blessed art Thou, O God, Lord, King of the World, Who creates many souls and [fills] their deficiency; for everything He created, [in order] to give life to the souls of all life. Blessed is the life of the worlds.

סדר ברכת המזון

נוסח ספרדי

לַמְנַצֵּחַ בִּנְגִינֹת מִזְמוֹר שִׁיר: אֱלֹהִים יְחָנֵּנוּ וִיבָרְכֵנוּ יָאֵר פָּנָיו אִתָּנוּ סֶלָה: לָדַעַת בָּאָרֶץ דַּרְכֶּךָ בְּכָל־גּוֹיִם יְשׁוּעָתֶךָ: יוֹדוּךָ עַמִּים אֱלֹהִים יוֹדוּךָ עַמִּים כֻּלָּם: יִשְׂמְחוּ וִירַנְּנוּ לְאֻמִּים כִּי־תִשְׁפֹּט עַמִּים מִישֹׁר וּלְאֻמִּים בָּאָרֶץ תַּנְחֵם סֶלָה: יוֹדוּךָ עַמִּים אֱלֹהִים יוֹדוּךָ עַמִּים כֻּלָּם: אֶרֶץ נָתְנָה יְבוּלָהּ יְבָרְכֵנוּ אֱלֹהִים אֱלֹהֵינוּ: יְבָרְכֵנוּ אֱלֹהִים וְיִירְאוּ אוֹתוֹ כָּל־אַפְסֵי־אָרֶץ:

אֲבָרְכָה אֶת יְהֹוָה בְּכָל עֵת תָּמִיד תְּהִלָּתוֹ בְּפִי: סוֹף דָּבָר הַכֹּל נִשְׁמָע אֶת הָאֱלֹהִים יְרָא וְאֶת מִצְוֹתָיו שְׁמוֹר כִּי זֶה כָּל הָאָדָם: תְּהִלַּת יְהֹוָה יְדַבֶּר פִּי וִיבָרֵךְ כָּל־בָּשָׂר שֵׁם קָדְשׁוֹ לְעוֹלָם וָעֶד: וַאֲנַחְנוּ נְבָרֵךְ יָהּ מֵעַתָּה וְעַד־עוֹלָם הַלְלוּיָהּ: וַיְדַבֵּר אֵלַי זֶה הַשֻּׁלְחָן אֲשֶׁר לִפְנֵי יְהֹוָה:

נטילת ידיים: מים אחרונים חובה קודם ברכת המזון, ואין להפסיק בין נטילה לברכת המזון אף בדברי תורה. כשנוטל כוס לברך ברכת המזון נוהגים לומר: "כוס ישועות אשא ובשם ה' אקרא". קודם שיברך יאמר:

הִנְנִי מוּכָן וּמְזֻמָּן לְקַיֵּם מִצְוַת עֲשֵׂה שֶׁל בִּרְכַּת הַמָּזוֹן שֶׁנֶּאֱמַר, וְאָכַלְתָּ וְשָׂבָעְתָּ וּבֵרַכְתָּ אֶת יְהֹוָה אֱלֹהֶיךָ, עַל הָאָרֶץ הַטּוֹבָה, אֲשֶׁר נָתַן לָךְ:

אם במסובים יש שלושה, או יותר, גברים בני מצוות, חייבים הסועדים בזימון. וכך מזמנין:

הַב לָן וְנִבְרִיךְ לְמַלְכָּא עִלָּאָה קַדִּישָׁא עונים: שָׁמַיִם.

בִּרְשׁוּת מַלְכָּא עִלָּאָה קַדִּישָׁא וּבִרְשׁוּת מוֹרַי וְרַבּוֹתַי וּבִרְשׁוּתְכֶם נְבָרֵךְ (בעשרה ויותר: אֱלֹהֵינוּ) בסעודת חתן: שֶׁהַשִּׂמְחָה בִּמְעוֹנוֹ שֶׁאָכַלְנוּ מִשֶּׁלּוֹ:

המסובים ואחר־כך המברך: בָּרוּךְ (בעשרה ויותר: אֱלֹהֵינוּ) בסעודת חתן: שֶׁהַשִּׂמְחָה בִּמְעוֹנוֹ שֶׁאָכַלְנוּ מִשֶּׁלּוֹ וּבְטוּבוֹ חָיִינוּ:

כשאין שלושה מתחילים מכאן:

בָּרוּךְ אַתָּה יְהֹוָה אֱלֹהֵינוּ מֶלֶךְ הָעוֹלָם הָאֵל הַזָּן אוֹתָנוּ וְאֶת הָעוֹלָם כֻּלּוֹ בְּטוּבוֹ בְּחֵן בְּחֶסֶד בְּרֵוַח וּבְרַחֲמִים רַבִּים. נֹתֵן לֶחֶם לְכָל־בָּשָׂר. כִּי לְעוֹלָם חַסְדּוֹ: וּבְטוּבוֹ הַגָּדוֹל תָּמִיד לֹא חָסַר לָנוּ וְאַל יֶחְסַר לָנוּ מָזוֹן תָּמִיד לְעוֹלָם וָעֶד. כִּי הוּא אֵל זָן וּמְפַרְנֵס לַכֹּל וְשֻׁלְחָנוֹ עָרוּךְ לַכֹּל וְהִתְקִין מִחְיָה וּמָזוֹן לְכָל־בְּרִיּוֹתָיו אֲשֶׁר בָּרָא בְּרַחֲמָיו וּבְרוֹב חֲסָדָיו כָּאָמוּר פּוֹתֵחַ אֶת יָדֶךָ. וּמַשְׂבִּיעַ לְכָל חַי רָצוֹן: בָּרוּךְ אַתָּה יְהֹוָה הַזָּן אֶת הַכֹּל:

Birkat HaMazon
The Post-Meal Blessing
Sephardic Liturgy

Birkat HaMazon is preceded by these verses:

To the chief musician, a psalm, a song. God be gracious to us and bless us, and cause His face to shine upon us. May Your way be known upon the earth, and Your salvation among all nations. May the nations praise You, God, and may all the peoples give thanks to You. May the nations be glad and sing for joy. For You shall judge the nations with equity, and guide the nations upon the earth. May the nations praise You, God, and may all the peoples give thanks to You. The land has yielded her produce; may God, our God, bless us. May God bless us, and He shall be feared from the ends of the world. I will bless God at all times; His praise is always in my mouth. In the end, when all is said and done: Fear God and keep His precepts, for that is the whole [duty] of man. My mouth shall speak the praise of God, and all life shall bless His holy Name forever. And we will bless God, from now and forever; Praise God! And he spoke to me: This is the table that is before God.

Washing of the hands is obligatory before the Post-Meal Blessings, and one must not talk between the washing and the Blessings, even to say words of Torah. When one recites the Birkat HaMazon upon a cup of wine, it is customary to recite this verse: "A cup of salvations I shall raise, and in the Name of God I will call." Begin with this introduction:

I am prepared and ready to fulfill the positive Torah precept of Birkat HaMazon, as is written, "When you eat and are satiated, you shall bless the Lord your God, upon the good land that He has given you."

 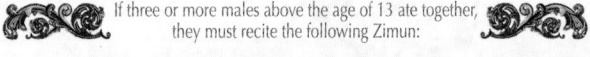

If three or more males above the age of 13 ate together, they must recite the following Zimun:

Leader: Let us bless the exalted holy King. The others: Heaven.

Leader: With the permission of the exalted holy King, and with the permission of the rabbis and the gentlemen, and with your permission, let us bless (if ten are present: our God,) (at a wedding meal: in Whose abode is the joy,) He of Whose food we have eaten.

The others: Blessed is (if ten are present: our God,) (at a wedding meal: in Whose abode is the joy,) He of Whose food we have eaten and from Whose bounty we live.

If there are not three or more males above the age of 13, begin from here:

Blessed art Thou, the Lord God, King of the Universe, the God Who nourishes us and the entire world in His goodness, with grace, kindness, ample sustenance and great mercy. He gives bread to all flesh, for his kindness is everlasting. And with His great goodness, we have never lacked, nor will we lack, food forever, because of His great Name. For He is a God Who nourishes and sustains all, and His table is set for all, and He has designated sustenance and food for all His creations that He created, in His mercy and great kindness. As is written: "You open Your hand and satisfy the desire of every living thing." Blessed art Thou, O God, Who provides nourishment to all.

נוֹדֶה לְךָ יְהֹוָה

אֱלֹהֵינוּ עַל שֶׁהִנְחַלְתָּ לַאֲבוֹתֵינוּ אֶרֶץ חֶמְדָּה טוֹבָה וּרְחָבָה בְּרִית וְתוֹרָה חַיִּים וּמָזוֹן. עַל שֶׁהוֹצֵאתָנוּ מֵאֶרֶץ מִצְרַיִם וּפְדִיתָנוּ מִבֵּית עֲבָדִים. וְעַל בְּרִיתְךָ שֶׁחָתַמְתָּ בִּבְשָׂרֵנוּ. וְעַל תּוֹרָתְךָ שֶׁלִּמַּדְתָּנוּ. וְעַל חֻקֵּי רְצוֹנְךָ שֶׁהוֹדַעְתָּנוּ. וְעַל חַיִּים וּמָזוֹן שֶׁאַתָּה זָן וּמְפַרְנֵס אוֹתָנוּ:

בחנוכה מוסיפים:

וְעַל הַנִּסִּים וְעַל הַפֻּרְקָן. וְעַל הַגְּבוּרוֹת. וְעַל הַתְּשׁוּעוֹת וְעַל הַנִּפְלָאוֹת וְעַל הַנֶּחָמוֹת שֶׁעָשִׂיתָ לַאֲבוֹתֵינוּ בַּיָּמִים הָהֵם בַּזְּמַן הַזֶּה: בִּימֵי מַתִּתְיָה בֶּן יוֹחָנָן כֹּהֵן גָּדוֹל חַשְׁמוֹנַאי וּבָנָיו כְּשֶׁעָמְדָה מַלְכוּת יָוָן הָרְשָׁעָה עַל עַמְּךָ יִשְׂרָאֵל לְשַׁכְּחָם תּוֹרָתְךָ וּלְהַעֲבִירָם מֵחֻקֵּי רְצוֹנָךְ. וְאַתָּה בְּרַחֲמֶיךָ הָרַבִּים עָמַדְתָּ לָהֶם בְּעֵת צָרָתָם. רַבְתָּ אֶת רִיבָם. דַּנְתָּ אֶת דִּינָם. נָקַמְתָּ אֶת נִקְמָתָם. מָסַרְתָּ גִּבּוֹרִים בְּיַד חַלָּשִׁים. וְרַבִּים בְּיַד מְעַטִּים. וּרְשָׁעִים בְּיַד צַדִּיקִים. וּטְמֵאִים בְּיַד טְהוֹרִים. וְזֵדִים בְּיַד עוֹסְקֵי תוֹרָתֶךָ. לְךָ עָשִׂיתָ שֵׁם גָּדוֹל וְקָדוֹשׁ בְּעוֹלָמָךְ. וּלְעַמְּךָ יִשְׂרָאֵל עָשִׂיתָ תְּשׁוּעָה גְדוֹלָה וּפֻרְקָן כְּהַיּוֹם הַזֶּה. וְאַחַר כָּךְ בָּאוּ בָנֶיךָ לִדְבִיר בֵּיתְךָ וּפִנּוּ אֶת הֵיכָלְךָ. וְטִהֲרוּ אֶת מִקְדָּשֶׁךָ. וְהִדְלִיקוּ נֵרוֹת בְּחַצְרוֹת קָדְשֶׁךָ. וְקָבְעוּ שְׁמוֹנַת יְמֵי חֲנֻכָּה אֵלּוּ בְּהַלֵּל וּבְהוֹדָאָה. וְעָשִׂיתָ עִמָּהֶם נִסִּים וְנִפְלָאוֹת וְנוֹדֶה לְשִׁמְךָ הַגָּדוֹל סֶלָה:

בפורים מוסיפים:

וְעַל הַנִּסִּים וְעַל הַפֻּרְקָן. וְעַל הַגְּבוּרוֹת. וְעַל הַתְּשׁוּעוֹת וְעַל הַנִּפְלָאוֹת וְעַל הַנֶּחָמוֹת שֶׁעָשִׂיתָ לַאֲבוֹתֵינוּ בַּיָּמִים הָהֵם בַּזְּמַן הַזֶּה:

בִּימֵי מָרְדְּכַי וְאֶסְתֵּר בְּשׁוּשַׁן הַבִּירָה. כְּשֶׁעָמַד עֲלֵיהֶם הָמָן הָרָשָׁע. בִּקֵּשׁ לְהַשְׁמִיד לַהֲרֹג וּלְאַבֵּד אֶת כָּל הַיְּהוּדִים מִנַּעַר וְעַד זָקֵן טַף וְנָשִׁים בְּיוֹם אֶחָד בִּשְׁלֹשָׁה עָשָׂר לְחֹדֶשׁ שְׁנֵים עָשָׂר הוּא חֹדֶשׁ אֲדָר וּשְׁלָלָם לָבוֹז. וְאַתָּה בְּרַחֲמֶיךָ הָרַבִּים הֵפַרְתָּ אֶת עֲצָתוֹ. וְקִלְקַלְתָּ אֶת מַחֲשַׁבְתּוֹ. וַהֲשֵׁבוֹתָ לּוֹ גְּמוּלוֹ בְּרֹאשׁוֹ. וְתָלוּ אוֹתוֹ וְאֶת בָּנָיו עַל הָעֵץ. וְעָשִׂיתָ עִמָּהֶם נֵס וָפֶלֶא וְנוֹדֶה לְשִׁמְךָ הַגָּדוֹל סֶלָה:

(וְ)עַל הַכֹּל יְהֹוָה אֱלֹהֵינוּ אֲנַחְנוּ מוֹדִים לָךְ וּמְבָרְכִים אֶת שְׁמָךְ כָּאָמוּר וְאָכַלְתָּ וְשָׂבָעְתָּ. וּבֵרַכְתָּ אֶת יְהֹוָה אֱלֹהֶיךָ עַל הָאָרֶץ הַטּוֹבָה אֲשֶׁר נָתַן לָךְ: בָּרוּךְ אַתָּה יְהֹוָה עַל הָאָרֶץ וְעַל הַמָּזוֹן:

We thank you,

O Lord our God, for having granted our fathers a good, expansive and beloved land,
a covenant, the Torah, life and food. And for having taken us out of the Land
of Egypt, and having redeemed us from the house of bondage, and for the Covenant
You sealed on our flesh, and for the Torah You taught us, and for the laws
of Your will that You informed us, and for the life and food
with which You nourish and sustain us.

On Chanukkah:

And for the miracles,

and the redemption, and the acts of might, and the salvations, and the wonders, and the consolations,
and the wars that You wrought for our fathers, at this time in days of old. In the days of Matityahu,
the son of Yochanan, the High Priest of the Hashmonean family and his sons, when the evil Syrian-
Greek kingdom arose against Your people Israel, to make them forget Your Torah and to have them
transgress the laws of Your will. But You, with Your plentiful mercy, stood up for them at their time
of tribulation. You fought their fight; You judged their claim; You took vengeance for them. You delivered
the strong into the hands of the weak, the many into the hands of the few, the wicked ones into the
hands of the righteous, the impure into the hands of the pure, the insolent into the hands of those
who occupy themselves with Your Torah. For Yourself, You made a great and holy Name in Your world,
and for Your people Israel You made a great salvation and redemption, as it is [up to] this very day.
Afterwards, Your children came to Your holy Temple, cleaned out Your sanctuary, purified Your holy
site, and lit lights in the courts of Your sacred Temple, and ordained these eight days of praise and
thanks. You wrought miracles and wonders for them, and we will thank and praise Your great Name.

On Purim:

And for the miracles,

and the redemption, and the acts of might, and the salvations, and the wonders, and the consolations,
and the wars that You wrought for our fathers, at this time in days of old. In the days of Mordechai
and Esther, in Shushan the capital [of Persia], when the evil Haman arose against them, he sought
to destroy, to kill and to annihilate all the Jews, from young to old, children and women, on one day
- the 13th day of the 12th month, the month of Adar - and to plunder their property. But You, with
Your plentiful mercy, confounded his scheme, ruined his plan, and repaid him by having his head;
they hung him and his sons on the tree. You performed miracles and wonders for them, and we will
give thanks to Your great Name.

V'al HaKol

(And) for everything, our Lord God, we thank You and bless your Name,
as is written, "When you eat and are satiated, you shall bless
the Lord your God, upon the good land that He has given you."
Blessed art Thou, O God, for the Land and for the food.

רַחֵם יְהֹוָה אֱלֹהֵינוּ

עָלֵינוּ וְעַל יִשְׂרָאֵל עַמָּךְ. וְעַל יְרוּשָׁלַיִם עִירָךְ. וְעַל הַר צִיּוֹן מִשְׁכַּן כְּבוֹדָךְ. וְעַל הֵיכָלָךְ. וְעַל מְעוֹנָךְ. וְעַל דְּבִירָךְ. וְעַל הַבַּיִת הַגָּדוֹל וְהַקָּדוֹשׁ שֶׁנִּקְרָא שִׁמְךָ עָלָיו. אָבִינוּ רְעֵנוּ זוּנֵנוּ. פַּרְנְסֵנוּ. כַּלְכְּלֵנוּ. הַרְוִיחֵנוּ הַרְוַח לָנוּ מְהֵרָה מִכָּל צָרוֹתֵינוּ. וְנָא אַל תַּצְרִיכֵנוּ יְהֹוָה אֱלֹהֵינוּ לִידֵי מַתְּנוֹת בָּשָׂר וָדָם. וְלֹא לִידֵי הַלְוָאָתָם. אֶלָּא לְיָדְךָ הַמְּלֵאָה וְהָרְחָבָה. הָעֲשִׁירָה וְהַפְּתוּחָה. יְהִי רָצוֹן שֶׁלֹּא נֵבוֹשׁ בָּעוֹלָם הַזֶּה. וְלֹא נִכָּלֵם לְעוֹלָם הַבָּא. וּמַלְכוּת בֵּית דָּוִד מְשִׁיחָךְ תַּחֲזִירֶנָּה לִמְקוֹמָהּ בִּמְהֵרָה בְיָמֵינוּ:

בשבת מוסיפים:

רְצֵה וְהַחֲלִיצֵנוּ יְהֹוָה אֱלֹהֵינוּ בְּמִצְוֹתֶיךָ וּבְמִצְוַת יוֹם הַשְּׁבִיעִי. הַשַּׁבָּת הַגָּדוֹל וְהַקָּדוֹשׁ הַזֶּה. כִּי יוֹם גָּדוֹל וְקָדוֹשׁ הוּא מִלְּפָנֶיךָ. נִשְׁבּוֹת בּוֹ וְנָנוּחַ בּוֹ וְנִתְעַנֵּג בּוֹ כְּמִצְוַת חֻקֵּי רְצוֹנָךְ. וְאַל תְּהִי צָרָה וְיָגוֹן בְּיוֹם מְנוּחָתֵנוּ. וְהַרְאֵנוּ בְּנֶחָמַת צִיּוֹן בִּמְהֵרָה בְיָמֵינוּ. כִּי אַתָּה הוּא בַּעַל הַנֶּחָמוֹת. וַהֲגַם שֶׁאָכַלְנוּ וְשָׁתִינוּ חָרְבַּן בֵּיתְךָ הַגָּדוֹל וְהַקָּדוֹשׁ לֹא שָׁכַחְנוּ. אַל תִּשְׁכָּחֵנוּ לָנֶצַח וְאַל תִּזְנָחֵנוּ לָעַד כִּי אֵל מֶלֶךְ גָּדוֹל וְקָדוֹשׁ אָתָּה:

בראש חדש וביום טוב ובחוה"מ אומרים:

אֱלֹהֵינוּ וֵאלֹהֵי אֲבוֹתֵינוּ יַעֲלֶה וְיָבֹא וְיַגִּיעַ וְיֵרָאֶה וְיֵרָצֶה וְיִשָּׁמַע וְיִפָּקֵד וְיִזָּכֵר זִכְרוֹנֵנוּ וְזִכְרוֹן אֲבוֹתֵינוּ. זִכְרוֹן יְרוּשָׁלַיִם עִירָךְ. וְזִכְרוֹן מָשִׁיחַ בֶּן דָּוִד עַבְדָּךְ. וְזִכְרוֹן כָּל עַמְּךָ בֵּית יִשְׂרָאֵל לְפָנֶיךָ לִפְלֵיטָה לְטוֹבָה. לְחֵן לְחֶסֶד וּלְרַחֲמִים. לְחַיִּים טוֹבִים וּלְשָׁלוֹם. בְּיוֹם

בראש חודש: רֹאשׁ חֹדֶשׁ הַזֶּה:

בפסח: חַג הַמַּצּוֹת הַזֶּה בְּיוֹם (ביום-טוב אומרים: טוֹב) מִקְרָא קֹדֶשׁ הַזֶּה:

בשבועות: חַג הַשָּׁבוּעוֹת הַזֶּה בְּיוֹם טוֹב מִקְרָא קֹדֶשׁ הַזֶּה:

בסוכות: חַג הַסֻּכּוֹת הַזֶּה בְּיוֹם (ביום-טוב אומרים: טוֹב) מִקְרָא קֹדֶשׁ הַזֶּה:

בשמיני עצרת: שְׁמִינִי חַג עֲצֶרֶת הַזֶּה בְּיוֹם טוֹב מִקְרָא קֹדֶשׁ הַזֶּה:

בראש השנה: הַזִּכָּרוֹן הַזֶּה בְּיוֹם טוֹב מִקְרָא קֹדֶשׁ הַזֶּה:

  ## Rachem

Have compassion, O Lord our God, upon us and on Your nation Israel, and on Your
city Jerusalem, and on Mount Zion the abode of Your glory, and on Your sanctuary,
Your abode and Your Temple, and on the great and holy House upon which Your
Name is proclaimed. Our father, guide us, nourish us, sustain us, support us, and
comfort us. Speedily give us relief, O Lord our God, from all our troubles. Please do
not make us dependent, O Lord our God, upon gifts from mortal men, nor upon their
loans - but rather upon Your full, widespread, rich and open hand.
May it be Your will that we not be shamed in this world, nor humiliated in the world
to come. And may You restore the kingdom of the House of David Your Messiah to
its place, speedily in our days.

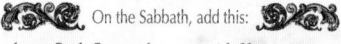 On the Sabbath, add this:

May it please You, Lord our God: Strengthen us with Your commandments, and through
the precept of the Seventh Day, this great and holy Sabbath. For it is a great and holy
day before You, on which we will refrain from work and rest, and delight, in accordance
with the command of Your will. May there be no troubles or sadness on the day of our
rest. And let us see the consolation of Zion Your city, speedily in our days, for You are
the Master of consolations. And though we have eaten and drunk, the destruction of
Your Great and holy House we have not forgotten ; do not forget us forever, and never,
for eternity, abandon us, for You are the great and holy God and King.

 On Festivals, Chol HaMoed and
New Moon celebrations, add this:

Our God and God of our fathers: May there arise and come and arrive successfully,
and be seen, accepted and heard, and be registered and remembered - the
remembrance of us, and of our fathers, and the remembrance of Jerusalem Your holy
city, and the remembrance of Mashiach the son of David Your servant, and the
remembrance of Your entire nation, the House of Israel, before You - for deliverance,
well-being, grace, kindness, mercy, good life and peace, on this day:

Rosh Chodesh: of the New Moon

Pesach: of the Festival of Matzot, this (not on Chol HaMoed: festive) day of proclaimed holiness

Shavuot: of the Festival of Weeks, this festive day of proclaimed holiness

Sukkot: of the Festival of Sukkot (Huts), this (not on Chol HaMoed: festive) day of proclaimed holiness

Shmini Atzeret: of holiday, the eighth day of Assembly, this festive day of proclaimed holiness

Rosh HaShanah: of Remembrance, this festive day of proclaimed holiness

לְרַחֵם בּוֹ עָלֵינוּ

וּלְהוֹשִׁיעֵנוּ. זָכְרֵנוּ יְהֹוָה אֱלֹהֵינוּ בּוֹ לְטוֹבָה.
וּפָקְדֵנוּ בוֹ לִבְרָכָה. וְהוֹשִׁיעֵנוּ בוֹ לְחַיִּים טוֹבִים.
בִּדְבַר יְשׁוּעָה וְרַחֲמִים. חוּס וְחָנֵּנוּ וַחֲמוֹל וְרַחֵם עָלֵינוּ.
וְהוֹשִׁיעֵנוּ כִּי אֵלֶיךָ עֵינֵינוּ. כִּי אֵל מֶלֶךְ חַנּוּן וְרַחוּם אָתָּה:
וְתִבְנֶה יְרוּשָׁלַיִם עִירְךָ בִּמְהֵרָה בְּיָמֵינוּ:
בָּרוּךְ אַתָּה יְהֹוָה בּוֹנֵה יְרוּשָׁלָיִם ואומרים בלחש: אָמֵן:

ברכות למי ששכח לומר "רצה" או "יעלה ויבוא"
שכח לומר "רצה" בשבת או "יעלה ויבוא" בראש חודש, יום טוב או חול המועד,
ונזכר קודם שאמר "ה'" בברכת "בונה ירושלים", אומר אותו שם. אבל אם אמר "ה'"
אם נזכר קודם שהתחיל "הטוב והמיטיב" יאמר:

בשבת:

בָּרוּךְ אַתָּה יְהֹוָה אֱלֹהֵינוּ מֶלֶךְ הָעוֹלָם שֶׁנָּתַן שַׁבָּתוֹת לִמְנוּחָה לְעַמּוֹ
יִשְׂרָאֵל בְּאַהֲבָה לְאוֹת וְלִבְרִית: בָּרוּךְ אַתָּה יְהֹוָה מְקַדֵּשׁ הַשַּׁבָּת:

ביום-טוב וחול המועד:

בָּרוּךְ אַתָּה יְהֹוָה אֱלֹהֵינוּ מֶלֶךְ הָעוֹלָם שֶׁנָּתַן יָמִים טוֹבִים
(בחול המועד מוֹעֲדִים) לְעַמּוֹ יִשְׂרָאֵל לְשָׂשׂוֹן וּלְשִׂמְחָה אֶת יוֹם
בפסח: חַג הַמַּצּוֹת:
בשבועות: חַג הַשָּׁבוּעוֹת:
בסוכות: חַג הַסֻּכּוֹת:
בשמיני עצרת: שְׁמִינִי חַג עֲצֶרֶת הַזֶּה:
בָּרוּךְ אַתָּה יְהֹוָה מְקַדֵּשׁ יִשְׂרָאֵל וְהַזְּמַנִּים:

Lerachem Bo Alenu

to have mercy upon us on it and to bring us salvation. Remember us, Lord our God, for good, and list us for blessing, and grant us salvation for good life. With a declaration of salvation and compassion, have pity and grace us, and have compassion and mercy upon us, and come to our rescue, for our eyes are turned towards You, for You are a compassionate and giving God and King.

And rebuild Jerusalem Your city, speedily in our days.

Blessed art Thou, O God,
Who rebuilds Jerusalem. softly: **Amen.**

For those who forgot to add the special Sabbath or Festival additional passages:
If you remembered the omission before saying God's Name in the previous blessing, recite the additions then, and continue from there. If you remembered after reciting God's Name, but before concluding the blessing, conclude with the words "teach me Your statutes," then recite the additions, and continue from there. If you remembered after completing the blessing, but before the subsequent one, say the following:

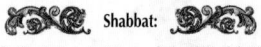 **Shabbat:**

Blessed art Thou, O God, Lord, King of the World, Who gave Sabbaths for rest to His nation Israel with love, for an eternal sign and covenant. Blessed art Thou, O God, Who sanctifies the Sabbath.

On Festivals and Chol HaMoed:

Blessed art Thou, O God, Lord, King of the World, Who gave

(on Festivals: Festival days) (on Chol HaMoed: special days)

to His nation Israel for joy and happiness, this day of:

Pesach: the Festival of Matzot.

Shavuot: the Festival of Weeks.

Sukkot: the Festival of Sukkot (Huts).

Shmini Atzeret: holiday, the eighth day of Assembly.

Blessed art Thou, O God, Who sanctifies Israel and the seasons.

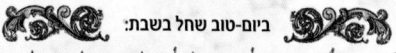

ביום-טוב שחל בשבת:

בָּרוּךְ אַתָּה יְהֹוָה אֱלֹהֵינוּ מֶלֶךְ הָעוֹלָם שֶׁנָּתַן שַׁבָּתוֹת לִמְנוּחָה לְעַמּוֹ
יִשְׂרָאֵל בְּאַהֲבָה לְאוֹת וְלִבְרִית וְיָמִים טוֹבִים (בחול המועד מוֹעֲדִים)
לְשָׂשׂוֹן וּלְשִׂמְחָה אֶת יוֹם

בפסח: חַג הַמַּצּוֹת

בשבועות: חַג הַשָּׁבוּעוֹת

בסוכות: חַג הַסֻּכּוֹת

בשמיני עצרת: שְׁמִינִי חַג עֲצֶרֶת הַזֶּה:

בָּרוּךְ אַתָּה יְהֹוָה מְקַדֵּשׁ הַשַּׁבָּת וְיִשְׂרָאֵל וְהַזְּמַנִּים:

בראש השנה:

בָּרוּךְ אַתָּה יְהֹוָה אֱלֹהֵינוּ מֶלֶךְ הָעוֹלָם שֶׁנָּתַן יָמִים טוֹבִים
לְעַמּוֹ יִשְׂרָאֵל אֶת יוֹם הַזִּכָּרוֹן הַזֶּה:

בָּרוּךְ אַתָּה יְהֹוָה מְקַדֵּשׁ יִשְׂרָאֵל וְיוֹם הַזִּכָּרוֹן:

בראש השנה שחל בשבת: בָּרוּךְ אַתָּה יְהֹוָה אֱלֹהֵינוּ מֶלֶךְ הָעוֹלָם שֶׁנָּתַן
שַׁבָּתוֹת לִמְנוּחָה לְעַמּוֹ יִשְׂרָאֵל בְּאַהֲבָה לְאוֹת וְלִבְרִית וְיָמִים
טוֹבִים לְיִשְׂרָאֵל אֶת יוֹם הַזִּכָּרוֹן הַזֶּה:

בָּרוּךְ אַתָּה יְהֹוָה מְקַדֵּשׁ הַשַּׁבָּת וְיִשְׂרָאֵל וְיוֹם הַזִּכָּרוֹן:

בראש חודש:

בָּרוּךְ שֶׁנָּתַן רָאשֵׁי חֳדָשִׁים לְעַמּוֹ יִשְׂרָאֵל לְזִכָּרוֹן:

בראש חודש שחל בשבת: בָּרוּךְ אַתָּה יְהֹוָה אֱלֹהֵינוּ מֶלֶךְ הָעוֹלָם שֶׁנָּתַן
שַׁבָּתוֹת לִמְנוּחָה לְעַמּוֹ יִשְׂרָאֵל בְּאַהֲבָה לְאוֹת וְלִבְרִית וְרָאשֵׁי
חֳדָשִׁים לְזִכָּרוֹן:

בָּרוּךְ אַתָּה יְהֹוָה מְקַדֵּשׁ הַשַּׁבָּת וְיִשְׂרָאֵל וְרָאשֵׁי חֳדָשִׁים:

The Post-Meal Blessing - Sephardic Liturgy

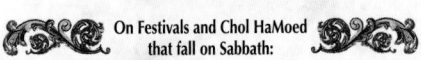 **On Festivals and Chol HaMoed**
that fall on Sabbath:

Blessed art Thou, O God, Lord, King of the World, Who gave
Sabbaths for rest to His nation Israel with love, for an eternal sign
and covenant, and (on Festivals: Festival days) (on Chol HaMoed: special days)
for joy and happiness, this day of:

Pesach: the Festival of Matzot

Shavuot: the Festival of Weeks

Sukkot: the Festival of Sukkot (Huts)

Shmini Atzeret: holiday, the eighth day of Assembly

Blessed art Thou, O God, Who sanctifies the Sabbath, Israel and the times.

On Rosh HaShanah:

Blessed art Thou, O God, Lord, King of the World, Who gave Festival days
to His nation Israel, this day of Remembrance.
Blessed art Thou, O God, Who sanctifies Israel and the Day of Remembrance.

On Rosh HaShanah that falls on the Sabbath:

Blessed art Thou, O God, Lord, King of the World, Who gave Sabbaths for
rest to His nation Israel with love, for an eternal sign and covenant, and
Festival days to His nation Israel, this day of Remembrance.
Blessed art Thou, O God, Who sanctifies the Sabbath,
Israel and the Day of Remembrance.

On the day of New Moon:

Blessed is He Who gave New Moon celebrations
to His nation Israel for remembrance.

On the day of New Moon that falls on the Sabbath:

Blessed art Thou, O God, Lord, King of the World, Who gave Sabbaths
for rest to His nation Israel with love, for an eternal sign and covenant,
and New Moon celebrations for remembrance.
Blessed art Thou, O God, Who sanctifies the Sabbath and the New Moons.

בָּרוּךְ אַתָּה יְהֹוָה

אֱלֹהֵינוּ מֶלֶךְ הָעוֹלָם לָעַד הָאֵל אָבִינוּ מַלְכֵּנוּ אַדִּירֵנוּ. בּוֹרְאֵנוּ. גּוֹאֲלֵנוּ. קְדוֹשֵׁנוּ. קְדוֹשׁ יַעֲקֹב. רוֹעֵנוּ רוֹעֵה יִשְׂרָאֵל. הַמֶּלֶךְ הַטּוֹב וְהַמֵּטִיב לַכֹּל. שֶׁבְּכָל־יוֹם וָיוֹם הוּא הֵטִיב לָנוּ. הוּא מֵטִיב לָנוּ. הוּא יֵיטִיב לָנוּ. הוּא גְמָלָנוּ. הוּא גוֹמְלֵנוּ. הוּא יִגְמְלֵנוּ לָעַד חֵן וָחֶסֶד וְרַחֲמִים וְרֵוַח וְהַצָּלָה וְכָל־טוֹב: ועונים: אָמֵן.

הָרַחֲמָן הוּא יִשְׁתַּבַּח עַל כִּסֵּא כְבוֹדוֹ:

הָרַחֲמָן הוּא יִשְׁתַּבַּח בַּשָּׁמַיִם וּבָאָרֶץ:

הָרַחֲמָן הוּא יִשְׁתַּבַּח בָּנוּ לְדוֹר דּוֹרִים:

הָרַחֲמָן הוּא קֶרֶן לְעַמּוֹ יָרִים:

הָרַחֲמָן הוּא יִתְפָּאַר בָּנוּ לָנֶצַח נְצָחִים:

הָרַחֲמָן הוּא יְפַרְנְסֵנוּ בְּכָבוֹד וְלֹא בְבִזּוּי

בְּהֶתֵּר וְלֹא בְאִסּוּר בְּנַחַת וְלֹא בְצַעַר:

הָרַחֲמָן הוּא יִתֵּן שָׁלוֹם בֵּינֵינוּ:

הָרַחֲמָן הוּא יִשְׁלַח בְּרָכָה רְוָחָה

וְהַצְלָחָה בְּכָלמַעֲשֵׂה יָדֵינוּ:

הָרַחֲמָן הוּא יַצְלִיחַ אֶת דְּרָכֵינוּ:

הָרַחֲמָן הוּא יִשְׁבּוֹר עוֹל גָּלוּת מְהֵרָה מֵעַל צַוָּארֵנוּ:

הָרַחֲמָן הוּא יוֹלִיכֵנוּ מְהֵרָה קוֹמְמִיּוּת לְאַרְצֵנוּ:

הָרַחֲמָן הוּא יִרְפָּאֵנוּ רְפוּאָה שְׁלֵמָה

רְפוּאַת הַנֶּפֶשׁ וּרְפוּאַת הַגּוּף:

הָרַחֲמָן הוּא יִפְתַּח לָנוּ אֶת יָדוֹ הָרְחָבָה:

הָרַחֲמָן הוּא יְבָרֵךְ כָּל אֶחָד וְאֶחָד מִמֶּנּוּ בִּשְׁמוֹ הַגָּדוֹל כְּמוֹ שֶׁנִּתְבָּרְכוּ אֲבוֹתֵינוּ אַבְרָהָם יִצְחָק וְיַעֲקֹב בַּכֹּל מִכֹּל כֹּל. כֵּן יְבָרֵךְ אוֹתָנוּ יַחַד בְּרָכָה שְׁלֵמָה. וְכֵן יְהִי רָצוֹן וְנֹאמַר אָמֵן:

הָרַחֲמָן הוּא יִפְרוֹשׂ עָלֵינוּ סֻכַּת שְׁלוֹמוֹ:

Baruch

Blessed art Thou, O God, Lord, King of the World, forever - God, our Father, our King, our Might, our Creator, our Redeemer, our Holy One, the Holy One of Yaakov, our Shepherd, the Shepherd of Israel, the King who is good and does good to all. For on each and every day, He has done good for us, He does good for us, and He will do good for us. He has repaid us, repays us, and will forever repay us grace, kindness, mercy, ample sustenance, salvation, and all goodness. the others answer: Amen

The Merciful One - may He be praised on the throne of His glory.

The Merciful One - may He be praised in heaven and on earth.

The Merciful One - may He be praised by us for all generations.

The Merciful One - may He raise the horn [of salvation] for His people.

The Merciful One - may He take glory in us for all generations.

The Merciful One - may He sustain us with dignity and not degradingly, in permitted ways and not in forbidden ways, and easily and not with sorrow.

The Merciful One - may He instill peace amongst us.

The Merciful One - may He send blessing, ease and success in everything we do.

The Merciful One - may He grant success in our path.

The Merciful One - may He speedily break off the yoke of exile from our neck.

The Merciful One - may He speedily lead us upright to our land.

The Merciful One - may He grant us a complete cure - health for our souls and health for our bodies.

The Merciful One - may He open His widespread hand for us.

The Merciful One - may He bless each and every one of us in His great name, just as our forefathers Avraham, Yitzchak and Yaakov were blessed "in everything," "from everything," and with "everything," and so too, may God bless all of us together with complete blessing - and may this be God's will and we will say Amen.

The Merciful One - may He spread upon us His shelter of peace.

243

בשבת: הָרַחֲמָן הוּא יַנְחִילֵנוּ עוֹלָם שֶׁכֻּלּוֹ שַׁבָּת
וּמְנוּחָה לְחַיֵּי הָעוֹלָמִים:

בראש חודש: הָרַחֲמָן הוּא יְחַדֵּשׁ עָלֵינוּ אֶת הַחֹדֶשׁ הַזֶּה
לְטוֹבָה וְלִבְרָכָה:

בראש השנה: הָרַחֲמָן הוּא יְחַדֵּשׁ עָלֵינוּ אֶת הַשָּׁנָה
הַזֹּאת לְטוֹבָה וְלִבְרָכָה:

בסוכות: הָרַחֲמָן הוּא יְזַכֵּנוּ לֵישֵׁב בְּסֻכַּת עוֹרוֹ שֶׁל לִוְיָתָן:
הָרַחֲמָן הוּא יַשְׁפִּיעַ עָלֵינוּ שֶׁפַע קְדֻשָּׁה וְטָהֳרָה מִשִּׁבְעָה
אוּשְׁפִּיזִין עִלָּאִין קַדִּישִׁין. זְכוּתָם תְּהֵא מָגֵן וְצִנָּה עָלֵינוּ:

בשלוש רגלים: הָרַחֲמָן הוּא יַגִּיעֵנוּ לְמוֹעֲדִים אֲחֵרִים הַבָּאִים
לִקְרָאתֵנוּ לְשָׁלוֹם:

ביום טוב: הָרַחֲמָן הוּא יַנְחִילֵנוּ לְיוֹם שֶׁכֻּלּוֹ טוֹב:

הָרַחֲמָן הוּא יִטַּע תּוֹרָתוֹ וְאַהֲבָתוֹ בְּלִבֵּנוּ וְתִהְיֶה יִרְאָתוֹ
עַל פָּנֵינוּ לְבִלְתִּי נֶחֱטָא. וְיִהְיוּ כָּל מַעֲשֵׂינוּ לְשֵׁם שָׁמָיִם:

ברכת האורח: הָרַחֲמָן הוּא יְבָרֵךְ אֶת הַשֻּׁלְחָן הַזֶּה שֶׁאָכַלְנוּ עָלָיו
וִיסַדֵּר בּוֹ כָּל מַעֲדַנֵּי עוֹלָם וְיִהְיֶה כְּשֻׁלְחָנוֹ שֶׁל אַבְרָהָם
אָבִינוּ כָּל רָעֵב מִמֶּנּוּ יֹאכַל וְכָל צָמֵא מִמֶּנּוּ יִשְׁתֶּה. וְאַל
יֶחְסַר מִמֶּנּוּ כָּל טוּב לָעַד וּלְעוֹלְמֵי עוֹלָמִים אָמֵן:

הָרַחֲמָן הוּא יְבָרֵךְ בַּעַל הַבַּיִת הַזֶּה וּבַעַל הַסְּעֻדָּה הַזֹּאת.
הוּא וּבָנָיו וְאִשְׁתּוֹ וְכָל אֲשֶׁר לוֹ. בְּבָנִים שֶׁיִּחְיוּ. וּבִנְכָסִים
שֶׁיִּרְבּוּ. בָּרֵךְ יְהֹוָה חֵילוֹ וּפֹעַל יָדָיו תִּרְצֶה. וְיִהְיוּ נְכָסָיו וּנְכָסֵינוּ מֻצְלָחִים
וּקְרוֹבִים לָעִיר. וְאַל יִזְדַּקֵּק לְפָנָיו וְלֹא לְפָנֵינוּ שׁוּם דְּבַר חֵטְא וְהִרְהוּר
עָוֹן. שָׂשׂ וְשָׂמֵחַ כָּל הַיָּמִים בְּעֹשֶׁר וְכָבוֹד מֵעַתָּה וְעַד עוֹלָם. לֹא יֵבוֹשׁ
בָּעוֹלָם הַזֶּה וְלֹא יִכָּלֵם לְעוֹלָם הַבָּא. אָמֵן כֵּן יְהִי רָצוֹן:

The Post-Meal Blessing - Sephardic Liturgy

On Sabbath: **The Merciful One** - may He cause us to inherit a world that is entirely Sabbath and rest, for eternal life.

On the New Moon day: **The Merciful One** - may He bring us this new month for goodness and blessing.

On Rosh HaShanah: **The Merciful One** - may He bring us this new year for goodness and blessing.

On Sukkot: **The Merciful One** - may He grant us the privilege of sitting in the Sukkah of the Leviatan's fur.

The Merciful One - may He grant us great abundance of sanctity and purity from the seven holy and exalted guests. May their merit be our protection and shield.

On the Three Festivals: **The Merciful One** - may He allow us to reach in peace other festivals that are coming upon us.

On all holidays: **The Merciful One** - may He cause us to inherit a day that is entirely good.

The Merciful One - may He implant His Torah and His love in our hearts, and Awe of Him shall be upon us, so that we will not sin, and may all our actions be for the sake of Heaven.

Blessings to be recited by guests:

The Merciful One - may He bless this table at which we have eaten, and may He arrange upon it all the delights of the world, and may it be like the table of our Patriarch Abraham - every hungry person may eat from it, every thirsty person may drink from it. And may it not lack any goodness forever, Amen.

The Merciful One - may He bless the master of this household and this meal - he and his children and his wife and all that is his - with children, may they live, and with assets, may they be plentiful. "Bless his accomplishments, God, and be desirous of his achievements". May his assets, and ours, be successful and close to the town. May he not be involved, before You or us, in any matter of sin or thought of iniquity. May he be eager and joyous all his days, with riches and honor from now and forever; let him not be shamed in this world, nor humiliated in the world to come. Amen; may it be God's will.

בסעודת המילה: הָרַחֲמָן הוּא יְבָרֵךְ אֶת בַּעַל הַבַּיִת הַזֶּה אֲבִי הַבֵּן הוּא
וְאִשְׁתּוֹ הַיּוֹלֶדֶת מֵעַתָּה וְעַד עוֹלָם:
הָרַחֲמָן הוּא יְבָרֵךְ אֶת הַיֶּלֶד הַנּוֹלָד וּכְשֵׁם שֶׁזִּכָּהוּ הַקָּדוֹשׁ בָּרוּךְ הוּא לַבְּרִית כַּךְ יְזַכֵּהוּ לִיכָּנֵס לַתּוֹרָה וְלַמִּצְוֹת וְלַחֻפָּה וּלְמַעֲשִׂים טוֹבִים וְכֵן יְהִי רָצוֹן וְנֹאמַר אָמֵן:
הָרַחֲמָן הוּא יְבָרֵךְ אֶת מַעֲלַת הַסַּנְדָּק וְהַמּוֹהֵל וּשְׁאַר הַמִּשְׁתַּדְּלִים בַּמִּצְוָה הֵם וְכָל אֲשֶׁר לָהֶם:
בסעודת החתן: הָרַחֲמָן הוּא יְבָרֵךְ אֶת הֶחָתָן וְאֶת הַכַּלָּה
בְּבָנִים זְכָרִים לַעֲבוֹדָתוֹ יִתְבָּרַךְ:
הָרַחֲמָן הוּא יְחַיֵּינוּ וִיזַכֵּנוּ וִיקָרְבֵנוּ לִימוֹת הַמָּשִׁיחַ
וּלְבִנְיַן בֵּית הַמִּקְדָּשׁ וּלְחַיֵּי הָעוֹלָם הַבָּא. מַגְדִּיל (ביום שיש בו יש מוסף: מִגְדּוֹל) יְשׁוּעוֹת מַלְכּוֹ. וְעֹשֶׂה-חֶסֶד לִמְשִׁיחוֹ לְדָוִד וּלְזַרְעוֹ עַד-עוֹלָם: כְּפִירִים רָשׁוּ וְרָעֵבוּ. וְדֹרְשֵׁי יְהֹוָה לֹא-יַחְסְרוּ כָל-טוֹב: נַעַר הָיִיתִי גַּם-זָקַנְתִּי וְלֹא-רָאִיתִי צַדִּיק נֶעֱזָב. וְזַרְעוֹ מְבַקֶּשׁ-לָחֶם: כָּל-הַיּוֹם חוֹנֵן וּמַלְוֶה. וְזַרְעוֹ לִבְרָכָה: מַה שֶּׁאָכַלְנוּ יִהְיֶה לְשָׂבְעָה. וּמַה שֶּׁשָּׁתִינוּ יִהְיֶה לִרְפוּאָה. וּמַה שֶּׁהוֹתַרְנוּ יִהְיֶה לִבְרָכָה כְּדִכְתִיב וַיִּתֵּן לִפְנֵיהֶם וַיֹּאכְלוּ וַיּוֹתִירוּ כִּדְבַר יְהֹוָה: בְּרוּכִים אַתֶּם לַיהֹוָה. עֹשֵׂה שָׁמַיִם וָאָרֶץ: בָּרוּךְ הַגֶּבֶר אֲשֶׁר יִבְטַח בַּיהֹוָה. וְהָיָה יְהֹוָה מִבְטַחוֹ: יְהֹוָה עֹז לְעַמּוֹ יִתֵּן. יְהֹוָה יְבָרֵךְ אֶת-עַמּוֹ בַשָּׁלוֹם:

עוֹשֶׂה שָׁלוֹם בִּמְרוֹמָיו
הוּא בְּרַחֲמָיו יַעֲשֶׂה שָׁלוֹם עָלֵינוּ
וְעַל כָּל-עַמּוֹ יִשְׂרָאֵל וְאִמְרוּ אָמֵן:

At a festive meal in honor of a Brit Milah (ritual circumcision), add these passages:

The Merciful One - may He bless the master of this household, the father of the baby, and his birthing wife, from now and forever.

The Merciful One - may He bless the newborn baby. And just as God has given him the merit of entering the covenant, may He also grant him the privilege of entering the world of Torah and commandments, the wedding canopy, and good deeds. May this be God's will, and we will say Amen.

The Merciful One - may He bless their excellencies the sandak [who holds the baby] and the circumciser, and all those who endeavored for this commandment - they and all that is theirs.

At a wedding meal:

The Merciful One - may He bless the groom and bride with male children for the service of God, may He be blessed.

The Merciful One - may He grant us life, and allow us the merit and bring us close to the days of the Messiah, the rebuilding of the Holy Temple, and life of the World to Come. He magnifies (on days when Mussaf is recited, say instead **Tower of**) salvations for His king, and performs kindness for His Messiah, for David and his seed forever. Young lions are weakened and go hungry, but those who seek God will lack no good. I have been young and I have aged, and I never saw a righteous man abandoned and his descendants wanting for bread - a man who always deals generously and lends; his progeny attains blessing. That which we ate should satiate us, and that which we drank should be for health, and that which we left over should be for blessing, as is written, "[Elisha's servant] placed food before the people, and they ate and left over, as was God's word". You are blessed unto the Lord, the Creator of heaven and earth.

Blessed is the man who trusts in God, and for whom God is his trust.

May God grant strength to His nation, and may God bless His people with peace.
He Who makes peace in the heavens, may He, in His mercy, make peace upon us and all Israel, and say Amen. (Amen)

ברכה אחרונה מעין שלוש

(על מיני מזונות מחמשת מיני דגן, על יין או מיץ ענבים ועל פירות משבעת המינים)

בָּרוּךְ אַתָּה יְהֹוָה אֱלֹהֵינוּ מֶלֶךְ הָעוֹלָם

אם אכל מזונות: עַל הַמִּחְיָה וְעַל הַכַּלְכָּלָה.

אם שתה יין: עַל הַגֶּפֶן וְעַל פְּרִי הַגֶּפֶן.

אם אכל פירות משבעת המינים: עַל הָעֵץ וְעַל פְּרִי הָעֵץ.

וְעַל תְּנוּבַת הַשָּׂדֶה וְעַל אֶרֶץ חֶמְדָּה טוֹבָה וּרְחָבָה שֶׁרָצִיתָ וְהִנְחַלְתָּ לַאֲבוֹתֵינוּ לֶאֱכוֹל מִפִּרְיָהּ וְלִשְׂבּוֹעַ מִטּוּבָהּ. רַחֵם יְהֹוָה אֱלֹהֵינוּ עָלֵינוּ וְעַל יִשְׂרָאֵל עַמֶּךָ וְעַל יְרוּשָׁלַיִם עִירֶךָ וְעַל הַר צִיּוֹן מִשְׁכַּן כְּבוֹדֶךָ. וְעַל מִזְבְּחָךְ. וְעַל הֵיכָלָךְ. וּבְנֵה יְרוּשָׁלַיִם עִיר הַקֹּדֶשׁ בִּמְהֵרָה בְיָמֵינוּ. וְהַעֲלֵנוּ לְתוֹכָהּ. וְשַׂמְּחֵנוּ בְּבִנְיָנָהּ וּנְבָרֶכְךָ עָלֶיהָ בִּקְדֻשָּׁה וּבְטָהֳרָה:

בשבת: וּרְצֵה וְהַחֲלִיצֵנוּ בְּיוֹם הַשַּׁבָּת הַזֶּה:

בראש חודש: וְזָכְרֵנוּ לְטוֹבָה בְּיוֹם רֹאשׁ חֹדֶשׁ הַזֶּה:

בראש השנה: וְזָכְרֵנוּ לְטוֹבָה בְּיוֹם הַזִּכָּרוֹן הַזֶּה:

ביום טוב ובחול המועד: וְשַׂמְּחֵנוּ בְּיוֹם.. בפסח..חַג הַמַּצּוֹת בשבועות..חַג הַשָּׁבוּעוֹת

בסוכות ..חַג הַסֻּכּוֹת בשמיני עצרת..שְׁמִינִי חַג עֲצֶרֶת הַזֶּה.

בְּיוֹם (ביום-טוב טוֹב) מִקְרָא קֹדֶשׁ הַזֶּה:

כִּי אַתָּה טוֹב וּמֵטִיב לַכֹּל וְנוֹדֶה לְּךָ יְיָ אֱלֹהֵינוּ עַל הָאָרֶץ

על שגדל בארץ אומר: וְעַל מִחְיָתָהּ וְעַל כַּלְכָּלָתָהּ./ פְּרִי גַפְנָהּ./ פֵּירוֹתֶיהָ:

על שגדל בחו"ל אומר: וְעַל הַמִּחְיָה וְעַל הַכַּלְכָּלָה./ וְעַל פְּרִי הַגֶּפֶן./ וְעַל הַפֵּרוֹת:

בָּרוּךְ אַתָּה יְהֹוָה עַל הָאָרֶץ וְעַל

על שגדל בארץ אומר: מִחְיָתָהּ: /פְּרִי גַפְנָהּ :/פֵּירוֹתֶיהָ:

על שגדל בחו"ל אומר: הַמִּחְיָה: /פְּרִי הַגֶּפֶן: /הַפֵּרוֹת:

ברכת בורא נפשות

על פירות האילן (חוץ משבעת מינים), ופירות האדמה וירקות,
ועל כל המשקאות, ועל דבר שאין גידולו מן הצמח מברכים אחר אכילתו:

בָּרוּךְ אַתָּה יְהֹוָה אֱלֹהֵינוּ מֶלֶךְ הָעוֹלָם בּוֹרֵא נְפָשׁוֹת רַבּוֹת וְחֶסְרוֹנָן עַל כָּל מַה שֶּׁבָּרָאתָ לְהַחֲיוֹת בָּהֶם נֶפֶשׁ כָּל חָי. בָּרוּךְ חַי הָעוֹלָמִים:

The Al HaMichyah After-Blessing

recited after eating a product of the five grains, a fruit of the Seven Species
(such as dates, figs, grapes, pomegranates, or olives), or after drinking wine or grape juice

Blessed art Thou, the Lord God, King of the Universe,

after cake and the like : for the sustenance and provisions

after wine or grape juice : for the vine and the fruit of the vine

after a fruit of the Seven Species : for the tree and the fruit of the tree

and for the produce of the field, and for the good, expansive and beloved land You chose and granted to our fathers, to eat of its fruit and be satiated of its goodness. Have mercy, God our Lord, upon us and on Your nation Israel, and on Jerusalem Your city, and on Mount Zion the abode of Your glory, and on Your altar and Your sanctuary. Rebuild Jerusalem, the holy city, speedily in our days, and bring us up to Jerusalem and let us rejoice in its rebuilding, and bless You there in holiness and purity.

on Sabbath: and may it please You: Strengthen us on this Sabbath day

on the New Moon day: and remember us for good on this day of New Moon celebration

on Rosh HaShanah: and remember us for good on this Day of Remembrance

Pesach: and give us joy on this day of the Festival of Matzot.

Shavuot: and give us joy on this day of the Festival of Weeks.

Sukkot: and give us joy on this day of the Festival of Sukkot (Huts).

Shmini Atzeret: and give us joy on this day of the eighth day of Assembly.

on this (on a Festival: festive) day of proclaimed holiness.

For You are good and do good for all, and we will thank you for the land and for

after having eaten produce of Israel: its sustenance and its provisions / the fruit of its vine / its fruits.

from outside of Israel: the sustenance and provisions / the fruit of the vine / the fruits.

Blessed art Thou, God, for the Land and

after having eaten produce of Israel: its sustenance / the fruit of its vine / its fruits.

from outside of Israel: the sustenance / the fruit of the vine / the fruits.

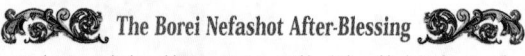 The Borei Nefashot After-Blessing

Recited after eating fruits (except for those of the Seven Species), vegetables, drinks, and foods that do not grow from the ground

Blessed art Thou, O God, Lord, King of the World, Who creates many souls and [fills] their deficiency; for everything You created, [in order] to give life to the souls of all life. Blessed is the life of the worlds.

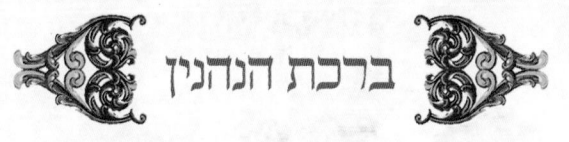

ברכת הנהנין

על הלחם מברך:

בָּרוּךְ אַתָּה יְהֹוָה אֱלֹהֵינוּ מֶלֶךְ הָעוֹלָם
הַמּוֹצִיא לֶחֶם מִן הָאָרֶץ:

על תבשיל מחמשת מיני דגן
ועל מיני מאפה מברך:

בָּרוּךְ אַתָּה יְהֹוָה אֱלֹהֵינוּ מֶלֶךְ הָעוֹלָם בּוֹרֵא מִינֵי מְזוֹנוֹת:

על היין מברך:

בָּרוּךְ אַתָּה יְהֹוָה אֱלֹהֵינוּ מֶלֶךְ הָעוֹלָם בּוֹרֵא פְּרִי הַגָּפֶן:

על כל פרי העץ מברך:

בָּרוּךְ אַתָּה יְהֹוָה אֱלֹהֵינוּ מֶלֶךְ הָעוֹלָם בּוֹרֵא פְּרִי הָעֵץ:

על פרי האדמה מברך:

בָּרוּךְ אַתָּה יְהֹוָה אֱלֹהֵינוּ מֶלֶךְ הָעוֹלָם בּוֹרֵא פְּרִי הָאֲדָמָה:

על בשר ודגים, חלב, ביצה וגבינה, כמהין, פטריות
וכדומה, גם על המשקים חוץ מיין מברך:

בָּרוּךְ אַתָּה יְהֹוָה אֱלֹהֵינוּ מֶלֶךְ הָעוֹלָם
שֶׁהַכֹּל נִהְיָה בִּדְבָרוֹ:

על פירות האילן (חוץ משבעת מינים), ופירות האדמה
וירקות, ועל כל המשקאות, ועל דבר שאין
גידולו מן הצמח מברכים אחר אכילתו:

בָּרוּךְ אַתָּה יְהֹוָה אֱלֹהֵינוּ מֶלֶךְ הָעוֹלָם בּוֹרֵא נְפָשׁוֹת
רַבּוֹת וְחֶסְרוֹנָן עַל כָּל מַה שֶּׁבָּרָאתָ לְהַחֲיוֹת בָּהֶם נֶפֶשׁ
כָּל חָי. בָּרוּךְ חַי הָעוֹלָמִים:

Birkhot HaNehenin
Blessings over Food

Upon eating bread:

Blessed art Thou, O God, Lord, King of the World, Who brings forth bread from the earth.

Upon eating cooked or baked foods of the five grains:

Blessed art Thou, O God, Lord, King of the World, Who creates species of nourishing foods.

Upon drinking wine:

Blessed art Thou, O God, Lord, King of the World, Who creates the fruit of the vine.

Upon eating fruit:

Blessed art Thou, O God, Lord, King of the World, Who creates fruits of the tree.

Upon eating vegetables:

Blessed art Thou, O God, Lord, King of the World, Who creates fruits of the ground.

Upon eating meat, fish, milk, eggs, cheese, mushrooms and the like, and upon drinks other than wine:

Blessed art Thou, O God, Lord, King of the World, by Whose word everything came into being.

Recited after eating fruits (except for those of the Seven Species), vegetables, drinks, and foods that do not grow from the ground:

Blessed art Thou, O God, Lord, King of the World, Who creates many souls and [fills] their deficiency; for everything You created, [in order] to give life to the souls of all life. Blessed is the life of the worlds.

רְפוּאָה שְׁלֵמָה

יש הנוהגים לשאת תפילה זו, הנאמרת גם בציבור בשעת קריאת התורה, לשלומו של חולה במחלה קשה:

"מי שבירך" לחולה

לזכר: מִי שֶׁבֵּרַךְ אֲבוֹתֵינוּ אַבְרָהָם יִצְחָק וְיַעֲקֹב מֹשֶׁה וְאַהֲרֹן דָּוִד וּשְׁלֹמֹה הוּא יְבָרֵךְ אֶת הַחוֹלֶה (פלוני בן פלונית) בַּעֲבוּר שֶׁאֶתֵּן מַתָּנָה בַּעֲבוּרוֹ. בִּשְׂכַר זֶה הַקָּדוֹשׁ בָּרוּךְ הוּא יִמָּלֵא רַחֲמִים עָלָיו לְהַחֲלִימוֹ וּלְרַפְּאתוֹ וּלְהַחֲזִיקוֹ וּלְהַחֲיוֹתוֹ, וְיִשְׁלַח לוֹ מְהֵרָה רְפוּאָה שְׁלֵמָה מִן הַשָּׁמַיִם לְרַמַ"ח אֵבָרָיו וּשְׁסָ"ה גִּידָיו בְּתוֹךְ שְׁאָר חוֹלֵי יִשְׂרָאֵל, רְפוּאַת הַנֶּפֶשׁ וּרְפוּאַת הַגּוּף (בשבת שַׁבָּת הִיא מִלִּזְעוֹק וּרְפוּאָה קְרוֹבָה לָבוֹא). (ביו"ט יוֹם טוֹב הוּא מִלִּזְעוֹק וּרְפוּאָה קְרוֹבָה לָבוֹא). הַשְׁתָּא בַּעֲגָלָא וּבִזְמַן קָרִיב.

וְנֹאמַר אָמֵן:

לנקבה: מִי שֶׁבֵּרַךְ אֲבוֹתֵינוּ אַבְרָהָם יִצְחָק וְיַעֲקֹב מֹשֶׁה וְאַהֲרֹן דָּוִד וּשְׁלֹמֹה הוּא יְבָרֵךְ אֶת הַחוֹלָנִית (פלונית בת פלונית) בַּעֲבוּר שֶׁאֶתֵּן מַתָּנָה בַּעֲבוּרָהּ. בִּשְׂכַר זֶה הַקָּדוֹשׁ בָּרוּךְ הוּא יִמָּלֵא רַחֲמִים עָלֶיהָ לְהַחֲלִימָהּ וּלְרַפְּאתָהּ וּלְהַחֲזִיקָהּ וּלְהַחֲיוֹתָהּ, וְיִשְׁלַח לָהּ מְהֵרָה רְפוּאָה שְׁלֵמָה מִן הַשָּׁמַיִם לְכָל אֵבָרֶיהָ וּלְכָל גִּידֶיהָ בְּתוֹךְ שְׁאָר חוֹלֵי יִשְׂרָאֵל, רְפוּאַת הַנֶּפֶשׁ וּרְפוּאַת הַגּוּף (בשבת שַׁבָּת הִיא מִלִּזְעוֹק וּרְפוּאָה קְרוֹבָה לָבוֹא). (ביו"ט יוֹם טוֹב הוּא מִלִּזְעוֹק וּרְפוּאָה קְרוֹבָה לָבוֹא). הַשְׁתָּא בַּעֲגָלָא וּבִזְמַן קָרִיב.

וְנֹאמַר אָמֵן:

Refuah Shleimah
A Complete Recovery

This prayer is recited in public during the Sabbath Torah reading, and some have the custom of reciting this prayer privately as well, on behalf of one who is very ill:

 Mi SheBeirach

He Who blessed our Forefathers, Abraham,
Isaac and Jacob, Moshe, Aharon,
David and Solomon, May He bless [full Hebrew name],
son/daughter of [mother's Hebrew name],
who is ill, in the merit of my charity
donation on her/his behalf. In return for this,
may the Holy One, blessed be He,
be filled with compassion for him/her,
to cause him/her to recover, be cured,
be strengthened, and be given life,
and may God speedily send him/her
a complete recovery from the heavens
to his 248 organs and 365 sinews,
among all those of Israel who are ill. May he/she be
cured both in spirit and body.
(On Sabbath: It is the Sabbath, when we may not cry out, [but]
may the recovery come quickly)
(On Festivals: It is a Festival, when we may not cry out, [but]
may the recovery come quickly)
Now and speedily - very soon,
and we will say Amen.

ברכת המזוזה

נצטווינו בתורה "וכתבתם על מזוזות ביתך ובשעריך" (דברים ו, ט), לכתוב על קלף את פרשת "שמע ישראל" ואת פרשת "והיה אם שמוע", ולקבעו על מזוזת פתח הבית מימין הנכנס, לזיכרון לאדם באמונת ה', בכל זמן שהוא נכנס ויוצא מביתו. כל בית (= חדר) שיש בו ארבע אמות (כשני מטרים) על ארבע אמות, חייב במזוזה אם הוא משמש למגורי אדם, וכן שערי חצרות, מבואות וערים. בדברי חז"ל מצאנו מאמרים בשבח מצווה זו, שהמקיימה "הכל בחיזוק שלא יחטא", ובגנות המבטלה "שהוא מנודה לשמים". קיום מצווה זו כהלכתה מבטיח שמירה על הבית, וכן אמר אונקלוס הגר לשליחי הקיסר: "מנהגו של עולם - מלך בשר ודם יושב מבפנים ועבדיו משמרים אותו מבחוץ, ואילו הקב"ה - עבדיו מבפנים והוא משמרם מבחוץ".

בָּרוּךְ אַתָּה יְהֹוָה אֱלֹהֵינוּ מֶלֶךְ הָעוֹלָם. אֲשֶׁר קִדְּשָׁנוּ בְּמִצְוֹתָיו. וְצִוָּנוּ לִקְבֹּעַ מְזוּזָה.

אחר שיקבענה ינשקנה ויאמר:

זֶה הַשַּׁעַר לַיהֹוָה צַדִּיקִים יָבוֹאוּ בוֹ

The Blessing for a Mezuzah

In the Torah we are commanded, "And thou shalt write them upon the door-posts of thy house, and upon thy gates" (Deuteronomy 6:9). We are to write on a piece of parchment the portions "Shma Israel" [Hear O Israel] and "Vehayah Im Shamoa" [And if You Hearken] and attach them to the doorpost [mezuzah] to the right of the entrance, to remind one of his faith in the Lord every time he enters or leaves his home. Every home (= room) that is four by four cubits (about 4 square meters) must have a mezuzah if it is used as a person's living space, as well as gates to courtyards, entrance halls and cities. In the writings of the Sages we find sayings that exalt this commandment, and those that follow it "are strengthened not to sin", and those that ignore it "are ostracized from the heavens." The correct following of this commandment promises that the house will be protected, as Onkelos HaGer said to the emissaries of Caesar: "By the custom of the world – a king of flesh and blood sits inside and his slaves guard him from without, while the Lord, blessed be He – His slaves are inside and He guards them from without."

Blessed art Thou, O God, Lord, King of the World, Who has sanctified us with His commandments and commanded us to place the Mezuzah in its place.

 After he sets it in its place and kisses it, he should say:

"This is the gate of God, the righteous will enter through it."

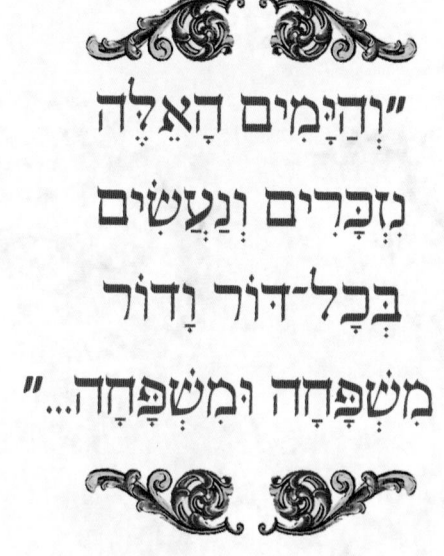

„וְהַיָּמִים הָאֵלֶּה

נִזְכָּרִים וְנַעֲשִׂים

בְּכָל־דּוֹר וָדוֹר

מִשְׁפָּחָה וּמִשְׁפָּחָה...‟

אסתר ט, כח

"and that these days
should be remembered
and kept throughout
every generation,
every family..."

(Esther 9:28)

Event _____ Year _____ Place _____
Participants _____
_____
_____

Event _____ Year _____ Place _____
Participants _____
_____
_____

Event _____ Year _____ Place _____
Participants _____
_____
_____

Event _____ Year _____ Place _____
Participants _____
_____
_____

Event _____ Year _____ Place _____
Participants _____
_____
_____

Event _____ Year _____ Place _____
Participants _____
_____
_____

Event _____ Year _____ Place _____
Participants _____
_____
_____

Event ——————— Year ——— Place ———
Participants ————————————————————

Event ——————— Year ——— Place ———
Participants ————————————————————

Event ——————— Year ——— Place ———
Participants ————————————————————

Event ——————— Year ——— Place ———
Participants ————————————————————

Event ——————— Year ——— Place ———
Participants ————————————————————

Event ——————— Year ——— Place ———
Participants ————————————————————

Event ——————— Year ——— Place ———
Participants ————————————————————

Event _____ Year _____ Place _____
Participants _____
_____
_____

Event _____ Year _____ Place _____
Participants _____
_____
_____

Event _____ Year _____ Place _____
Participants _____
_____
_____

Event _____ Year _____ Place _____
Participants _____
_____
_____

Event _____ Year _____ Place _____
Participants _____
_____
_____

Event _____ Year _____ Place _____
Participants _____
_____
_____

Event _____ Year _____ Place _____
Participants _____
_____
_____

Event _____ Year _____ Place _____
Participants _____
_____
_____

Event _____ Year _____ Place _____
Participants _____
_____
_____

Event _____ Year _____ Place _____
Participants _____
_____
_____

Event _____ Year _____ Place _____
Participants _____
_____
_____

Event _____ Year _____ Place _____
Participants _____
_____
_____

Event _____ Year _____ Place _____
Participants _____
_____
_____

Event _____ Year _____ Place _____
Participants _____
_____
_____

Event _____ Year _____ Place _____
Participants _____
_____
_____

Event _____ Year _____ Place _____
Participants _____
_____
_____

Event _____ Year _____ Place _____
Participants _____
_____
_____

Event _____ Year _____ Place _____
Participants _____
_____
_____

Event _____ Year _____ Place _____
Participants _____
_____
_____

Event _____ Year _____ Place _____
Participants _____
_____
_____

Event _____ Year _____ Place _____
Participants _____
_____
_____

Event _____ Year _____ Place _____
Participants _____
_____
_____

Event _____ Year _____ Place _____
Participants _____
_____
_____

Event _____ Year _____ Place _____
Participants _____
_____
_____

Event _____ Year _____ Place _____
Participants _____
_____
_____

Event _____ Year _____ Place _____
Participants _____
_____
_____

Event _____ Year _____ Place _____
Participants _____
_____
_____

Event _____ Year _____ Place _____
Participants _____
_____
_____

The publisher thanks the following libraries, museums and private collections that have permitted the reproduction of artworks from their collections and who supplied the necessary images.

pp. [6-7]: Hoshana prayer for Sukkot, from the Rothschild Miscellany, illuminated manuscript from northern Italy, 1450-80, Collection of The Israel Museum, Jerusalem.

p. [9]: Esther Scroll, probably Germany, unknown artist, early 18th century, Collection of The Israel Museum, Jerusalem.

pp. [25, 98]: Gold and silver Kiddush cup, Augsberg, Germany, 1737, Collection of The Israel Museum, Jerusalem

p. [32]: Silver plated Kiddush cup crafted by Hieronymus Mittenchet, Augsberg, Germany, 1763, Gross Family Collection, Tel Aviv

pp. [33, 44]: Candlesticks with silver relief, Russia, 1872, Luna Baum Family Collection, Judaica Museum of the Jewish Parent's Home, Riverdale, Bronx, New York

p. [60]: Silver plated Pesach cup with relief decoration, Warsaw, 18th century, Collection of the Jewish Museum, Budapest

pp. [70-71]: Silver and gold Torah scroll, Poland, 1726, Steiglitz Collection, The Israel Museum, Jerusalem

pp. [72-73]: Silver, gold and enamel Torah scroll decoration, designed by Jacob Poussen, Germany, late 19th century, Collection of The Israel Museum, Jerusalem

p. [81]: Roman clay oil lamp shaped like a Menorah, Ashmolean Museum Collection, Oxford

p. [254]: Silver Mezzuzah, Bezalel School, Jerusalem, 1950-60, Collection of the Jewish Museum, New York, gift of the Linder family

p. [257]: Menorah, illumination from the Catalonia Bible of the Duke of Sussex, ca. 1350-75, Collection of the British Library, London